U0080156

看看各級教師們對《人體運動解剖全書》的看法

《人體運動解剖全書》真是本好書！書中的圖片和敘述方式，更適合對「科學術語」感到恐懼的成人讀者來學習。不少圖片都是我在網絡上想找也找不到的！

— BARBARA BEHRENS, PTA, MS, PTA
Program Professor & OTA Program Coordinator
Mercer County Community College

學生們不但都很喜歡這本書，也認為此書相當實用。整體來說，自從用了《人體運動解剖全書》，學生的成績變得更好了。

— JAMES FARNSWORTH II, MS, PhD
Assistant Professor of Exercise Science/Human Performance Program Director
School of Education & Exercise Science, Buena Vista University

不只是我個人非常喜歡《人體運動解剖全書》，學生們也認為這本書對他們很有幫助。這本工具書讓學生更紮實地了解各種觀念，因此我非常推薦。

—BECKY JOHNSON, OT
Senior Instructor, Occupational Therapy Assistant Program
Herzing University

這真是對於人體動作的各種基本概念，相當精彩的總論。《人體運動解剖全書》相當詳盡、深入淺出且鉅細靡遺。真愛這本書。

—NORA ST. JOHN
Master Pilates Instructor, Education Program Director
Balanced Body University

書中搭配的圖片將各種動作的概念拆解開來，而不侷限在單一肌肉的方式，真是太棒了。

—JESSICA MUTCHLER, MSEd, PhD
Assistant Professor of Athletic Training
Georgia Southern University

The original English edition of:
Trail Guide to Movement 2nd edition (ISBN #: 978-0-9914666-2-7)
by Andrew Biel
has been published by Books of Discovery, Boulder, Colorado, USA
Copyright © 2019 Books of Discovery.

人體運動解剖全書〈新修版〉

出　　　版／楓葉社文化事業有限公司
地　　　址／新北市板橋區信義路163巷3號10樓
郵 政 劃 撥／19907596　楓書坊文化出版社
網　　　址／www.maplebook.com.tw
電　　　話／02-2957-6096
傳　　　真／02-2957-6435
作　　　者／安德魯‧貝爾
插　　　畫／蘿蘋‧多恩
審　　　定／蔡忠憲
翻　　　譯／林晏生、黃馨弘
企 劃 編 輯／陳依萱
校　　　對／黃薇霓、周佳薇
港 澳 經 銷／泛華發行代理有限公司
定　　　價／900元
初 版 日 期／2021年10月

國家圖書館出版品預行編目資料

人體運動解剖全書〈新修版〉/ 安德魯‧貝爾著
; 林晏生、黃馨弘翻譯. -- 第二版. -- 新北市：楓
葉社文化事業有限公司, 2021.10　面；　公分

ISBN 978-986-370-319-8　　　（平裝）

1. 運動生理學 2. 肌肉生理

528.9012　　　　　　　　　　110012973

BUILDING THE BODY IN MOTION

TRAIL GUIDE TO MOVEMENT

2ND EDITION
新修版

人體運動解剖全書

林晏生、黃馨弘 譯

安德魯·貝爾
ANDREW BIEL

目錄

本書的企畫實為一團隊合作，若無眾人的聰明才智與悉心竭力，絕對無法完成。萬分感謝蘿蘋・多恩（Robin Dorn）超出要求的付出，在極短的時間內繪製出如此獨特而精美的插圖。萬分感謝整理圖片的 Dana Ecklund、設計本書的 Jessica Xavier，還有偉大的製作團隊，包括傑羅德・泰勒（Jerrod Taylor）、蜜雪兒・空德里奇（Michelle Kondrich）、布里塔尼・維根（Brittnie Wigham）及隆・艾利斯（Ron Ellis）。

萬分感謝探索出版（Books of Discovery）全體人員的回饋、鼓勵與支持。如果沒有副總裁 Melinda Helmick 耐心的傾聽、高超的編輯與敏銳的財經專長，我將無所適從。我同樣也少不了由 Rhoni Hirst、Linda Lee、Jack Leapoldt、Allison Lusby、Kate D'Italia、Timothy Herbert、Louisa McGarty、Julia McGarey 及 Rebecca Campbell 所組成的絕佳團隊。多虧你們的大力協助，我才能完成本書。

感謝 Selena Anduze、Barbara Behrens、加州合格按摩師暨身心語言程式學高級執行師 Jim Donak、Tara Fay、Katie Flanagan、Peter Lakis、Allen Moore、運動筋膜整合師 Eli Thompson 等人審訂本書，尤其是編輯與指導本書內容的 Reese Beisser。

許多靈感及有趣的想法皆來自與他人的對話，包括 Risa Booze、Nada Diachenko、James Earls、Ganesh、Whitney Lowe、Thomas Myers、Robert Shleip、Liz Stewart、Michael Terbor 及 Ruth Werner。

感謝所有協助擔任示範動作的人員，包括 Nicole Arnold、Bob Baker、Dierdre Butler、Jared Burton、Trenton Burton、John Darst、Daniel Fager、Ash Ganley、David Garcia、Simon Harrison、Ellen Hine、Marty Hine、Kat Mackinnon、Julia McGarey、John Martin、Anna Mason、Martina Mason、John O'Brien、Renee Rosario、Kayann Short、Mindy Tallent、Sam Tallent、Jerrod Taylor 及 Lizzie Taylor。

感謝 Brenda Hadenfeldt 在最後階段潤飾我的文字敘述，以及 Allan Nolan、Ray Leveque 等所有 Kromar Printing 辛苦的工作人員。同時還要給 Roger Williams 一個熱烈的掌聲，感謝他對蘿蘋・多恩不離不棄的支持。

最後，要謝謝我親愛的老婆 —— Lyn Gregory，付出無盡的耐心、靈感及建議。謹以本書獻給我的家人：Lynnie、Gracie 及 Elias。

審定者

Barbara J. Behrens, PTA, MS
美國凱佩拉大學理學碩士、物理治療生
現任美國紐澤西摩瑟社區學院數學、
科學及衛生學系教授、
物理及職能治療生學程負責人

Reese S. Beisser, MS
美國科羅拉多大學神經生理與生物力學碩士
現任探索出版編輯

Tara Fay, MS
現任美國斯克蘭頓大學整合生理學碩士

Katie Walsh Flanagan, EdD, LAT, ATC
美國南加州大學教育博士、合格運動傷害防護員
現任美國東卡羅萊納大學衛生教育學系教授、
運動醫學中心主任

W. Allen Moore Jr., PT, PhD
美國維吉尼亞聯邦大學醫學博士、物理治療師
現任美國林奇堡學院物理治療學程助理教授

專文推薦

◎《人體運動解剖全書》如同封面所描述，精闢、新鮮、聰明‧幽默，讓人體結構與運動模式變得簡單易懂，也是我書櫃上的心頭好，身為瑜伽練習者、運動愛好者與師資訓練教學者，此書讓我更輕易地掌握人體運動研究知識，不但讓自我訓練事半功倍，更讓教學與備課工作變得輕鬆且有樂趣呢！

——Goddess Yoga Tw 心流旅程創辦人／Vicky 老師

◎《人體運動解剖全書》透過將人體比喻為一台正在拆解的汽車，由工作人員一步一步把零件拆解的方式，讓人簡單又快速的了解身體由外而內的構造與日常動作。這樣的敘述方式在眾多解剖書籍當中相當少見，但卻非常有效。

——Hunter 物理治療師／Hunter

◎在複雜的解剖學和複雜的人體運動科學之間，出現了這一本淺顯易懂的《人體運動解剖全書》，讓所有從事運動訓練的人們，可以最直接地學習這些立即可用的基礎知識。

——怪獸肌力及體能訓練中心總教練／何立安

◎如果你對於運動中身體的變化十分有興趣的話，那麼這本書將用淺白的口吻提供你一個十分完整且深入的觀點。對於專業與非專業的人都十分的有幫助。

——揪健康 創辦人、物理治療師／李曜舟（阿舟）

◎精美清楚的圖片，配合上淺顯易懂的說明，不管是一般民眾還是專業人士，都能夠更容易了解肌肉骨骼系統的運動原理。

——大夫訓練／吳肇基醫師

◎我非常喜歡《人體運動解剖全書》中的概念：除了去學習人體的各個零件（例：骨頭、肌肉、神經……）外，也要考量這些零件組合後的狀況。如果有這個認知，我們對人體的理解將更完整。這本書利用許多生動精緻的插圖，將原本艱深的醫學知識，變得引人入勝，很開心有這個機會將此書推薦給所有想進一步了解人體與動作的讀者閱讀。

——陽明交大領航物理治療所 共同創辦人、Kinetic Control 國際講師／林維萱

◎現代人運動的時間越來越多，運動傷害發生機率也更高，咎因於不瞭解人體的基本構造，本書幫你補足運動解剖知識。

——台北原力復健科醫師／侯鐘堡

◎如果你曾經覺得運動解剖是一門艱深難懂的學問，那麼《人體運動解剖全書》將會是令你改觀的一本書！書中運用許多日常生活中輕鬆有趣的實例，搭配簡明生動的陳述方式，讓每個人都能輕易了解複雜的人體運動原理。

——臺灣瑜珈療癒協會秘書長、C-IAYT 瑜珈療癒師／蔡士傑 Janus Tsai

◎本書有著安德魯‧貝爾一概的敘事特色，利用精美豐富的圖文，深入淺出說明運動所需的身體構造與系統，接著帶入相關的力學與運動原理，非常適合作為入門相關領域的先備書籍！

——Physiomotionlab 創辦人／劉奕辰

◎《人體運動解剖全書》內容將整個動作產生的方式，用淺顯易懂的圖片及文字說明，適合所有的身體工作者（物理治療師、教練、醫師等等）一起閱讀，會使您受用無窮。

——泫申物理治療所所長、物理治療師／鄭睿程

◎台灣民眾的運動風氣已隨著世大運、奧運選手們榮耀戰績帶領漸漸普及，但錯誤的運動觀念卻造成更多人獲得運動傷害，最終仍須以乾針才能根治；但如果能在運動前先學好正確觀念預防運動傷害，不就能更開心無憂運動、少看醫生？

此書貫徹肌筋膜概念，生動結合日常常見運動，輔以細膩的解剖學解說，甩開過去解剖學較生硬的刻板印象，傳授如何預防運動傷害，讓不僅僅是醫療專業人士，連非醫療相關的民眾都能輕鬆消化，這麼實用又重要，能不讀嗎？

——乾針名醫‧《醫學瑜伽 解痛聖經》暢銷作家／謝明儒 Dr. Victor

審定序

繼《人體解剖全書》後，如果你想更清楚探究從頭到尾、由內到外如何拼整出一個人體並賦予動作的能力，那本書就是最好的參考書了！

《人體運動解剖全書》是《人體解剖全書》作者的另一項大作，內容涵蓋人體組成到動作功能的分享，無疑的，這本書中的精美圖像是作者的一大巧思，有清楚的手繪解剖組織圖，也有相當有趣的手繪動作意象圖，雖然是一本相當嚴謹紮實的肌動學（kinesiology）及生物力學（biomechanics）書籍，但卻有著細膩而舒服的視覺享受，如同一本童話書般讓人可以愉悅地閱讀。

可別以為本書只是一本圖像書，內容確實相當精實嚴謹，具體來說本書將人體拆到最細部，從細胞的層級開始分享，環繞著「人如何產生我們所看到的姿勢與動作」這樣的思維，你可以看到作者介紹的筋膜理論、軟組織特性、肌筋膜單元、結締組織肌肉骨骼神經血管構造、形成人體後如何維持姿勢及開始動作、人體的動作槓桿，甚至來到正常與異常的步態分析，想要找一本可以簡單入手肌動學與生物力學的觀念，這本書就是最佳選擇。

書中幾個巧思的部分，包括〈In The Lab〉中進階觀念的討論、每個章節結束時的問題可以為自己複習、附錄中對於重要名詞的清楚定義等等，抓住作者想要給讀者的觀念脈絡，一步一步走進作者設計的內容中。我們在醫學院時期那些再難的知識，都可以輕鬆在這裡完成學習。

我很喜歡作者在書名下的這句話：「Building The Body In Motion。」過往的學習相當單調，而且將「人體結構」和「人體動作」分開探討，但這其實是一個一連串合併產生的學問。這本書就是從這個思考下去建構，讓人體在動作中建立，過去 15 年的工作經驗裡，我便一直是這樣在臨床為患者看診、分析動作，治療他們的動作失能，也為他們提供人體產生正確動作的衛教，這本書，就是我們這些以人體動作為基礎、照顧人們身體並提供人們健康的專業人士，最值得擁有的一本參考書。

我誠摯推薦本書給你，你一定會有許多收穫！

——康富物理治療所創辦人 蔡忠憲物理治療師

序言

我在十歲的時候遇到了拳王阿里（Muhammad Ali）。那時我們在芝加哥的歐海爾國際機場，父親彎下腰，低聲對我說：「安迪，你看。」這位被譽為「最棒的」（The Greatest）偉人筆直朝我走過來（我想我應該是整個人愣在原地一動也不動），一邊用巨大的手握著我，一邊說：「很高興見到你。」阿里走了以後，我整整一星期都沒洗手。

那年暑假，我把父親老舊的軍用沙包裝滿破布，然後吊在樹枝上，每天像冠軍拳擊手一樣去打那個沙包。雖然我的拳擊生涯持續不滿一個暑假，但是當我在撰寫本書時，還是會常常想起在歐海爾國際機場的那段巧遇。

在拳擊場上，阿里展現出人體運動的三大美感：敏捷、平衡與力量。他的雙腳在場上逍遙遊走，雙拳在空中快閃飛舞，記記鉤拳以千軍萬馬之勢將對手摜倒。

對我們這些凡人來說，想要在體能上向拳王阿里、女子足球員米婭・哈姆（Mia Hamm）或游泳天王麥可・費爾普斯（Michael Phelps）看齊，那簡直是痴人說夢。然而，現在卻是成為運動科學從業人員或顧客的大好時機。過去三十年來，在平衡、運動及姿勢方面的研究有了長足的進步與了解。手法治療、瑜伽、體育及私人訓練、按摩、皮拉提斯等等只是眾多運動方式中的幾樣代表，供人們選擇來維護其身體活動。

不幸的是，受各種動機及欲望驅使而做出的動作對身體來說並不總是最好的。關節及四肢的過度使用、使用不足或使用錯誤皆可能造成長、短期的疼痛。身為醫護專業的學生、教師或從業人員，部分的任務便是要協助患者改善其柔軟度、減少疼痛及增加活動範圍。藉由對人體運動及失衡狀態的了解，

你將能在傷害發生時給予更佳的協助。

在進入活動度與穩定度的世界以前，讓我們先記住，並不一定要像拳王阿里所說的「飄如蝶、螫如蜂」才能成為冠軍。拜託，只要能成功換裝電燈泡且沒有因為這樣拉傷背部，就已經算是一件值得大聲播出《洛基》電影主題曲來慶祝的事了好嗎？希望本書協助你以及你的病患都能做自己的冠軍。

目的

- 當你想搭建人體時，列出哪些成員可能會對你的設計團隊有所幫助。

- 在閱讀內文的同時，試著描述你個人的學習過程和見解，以幫助你理解人類運動。

- 列出每個動作所需要的人體結構。

- 描繪出神經筋膜骨骼系統中的特殊結構。

- 融會貫通各種人體動作。

本章精華

　　快速翻一下這本書，你就能發現這本書和其他的教科書不太一樣。

　　沒錯，你說對了。

　　這本書的主要目標不只是為了要讓你能應付課堂考試，也希望能啟發和培養你這一生對人體動作的興趣。換句話說，這是專為你心目中理想的職業生涯，所設計的一本書。

　　這趟旅程，你絕對不會感到孤單。

　　為了好好探索、釐清肌動學這門學問，我們找來了由建築工、實驗室技師和設計工程師組成的專業團隊，和你一起建構人體所有可能的動作。沒錯！我們打算用活生生的人，來代表你和你的患者。

　　話不多說，讓我們從頭開始吧：學習怎麼使用這本書來辨識身體各個關鍵部位，然後去感受人體各部位的運動。

　　先來試試看，你能不能回答以下的問題：

◆ 為什麼研讀人體動作對你研究的領域相當重要？

◆ 你認為你身上最常見到哪一類的動作？

◆ 當你觀察別人的動作時，你會最先注意到哪些動作的要素呢？

◆ 在開始搭建人體之前，你覺得哪一個系統（神經、骨骼、肌肉、韌帶）會是控制人體動作的主要關鍵？

本章節內容

如何使用本書 該分離還是該結合？

《人體運動解剖全書》是《人體解剖全書》（繁體中文版由楓葉社文化出版）的搭配用書，《人體解剖全書》以解剖學為主，而《人體運動解剖全書》則探索骨骼、筋膜、關節、肌肉等是如何彼此協調，以構成人體運動。也就是說，在《人體解剖全書》帶你認識各種組織後，《人體運動解剖全書》則讓你對整個人體進行全盤了解。

本書目的是向醫師、教師及學生們，全面地介紹人體運動學的相關研究。不過，即使是沒有相關背景的新手，也能從閱讀中獲得許多樂趣。對於哪些工作內容與人體極為密切的人來說，充分了解人體構造、功能及生物力學可謂至關重要。就像我們都會找專業的技師來幫自己修車一樣，你也會希望在自己身上動刀的醫療人員，對人體有深入了解又經驗豐富。

為了理解運動、平衡及穩定的神奇之處，我們必須深入人體去理解各個部件。傳統上，這個過程是拿著手術刀一層層地切開各種組織，直到最深的骨骼及臟器（圖 A ～ C）。近百年來，幾乎所有的解剖及運動教科書中，包括《人體解剖全書》，都證實了以「大體解剖法」為主的學習，相當實用。

不過，本書將採用截然不同且非傳統的角度切入。放棄傳統將人體拆分成細小、孤立的片段的方式，改成將人體逐漸組裝成較大、相互連結的系統。我們試著不去鑽牛角尖，而是由小到大，逐步**建構**出完整的**人體**（第 3 頁，**圖 1 ～ 5**）。

這個概念並非是天外飛來一筆的創舉，而是透過「從小處著手」的概念來組合人體的各個部位，讓讀者有機會能夠戴上安全頭盔、穿上實驗袍來親手參與建造人體的過程，徹底了解人體運作的方式。

我們要建構、解析的人體並非是「其他人的」身體，而就是「你自己的」身體——你的膝蓋、你的肌肉、你的步態（行走的姿態）。

就像《人體解剖全書》中所說的，你必須「挽

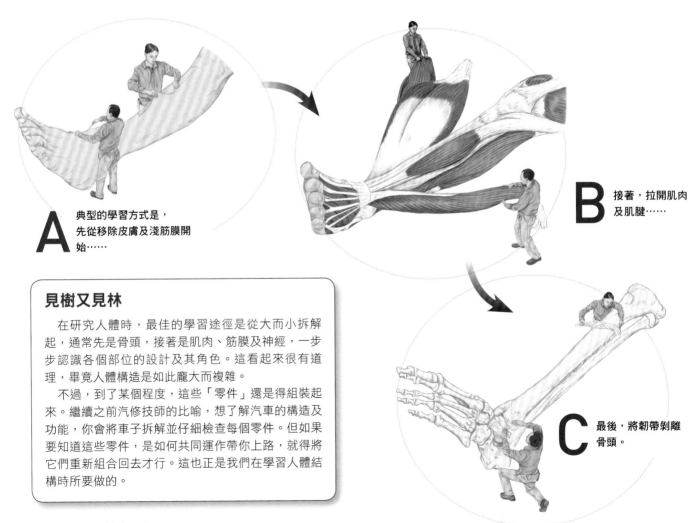

A 典型的學習方式是，先從移除皮膚及淺筋膜開始⋯⋯

B 接著，拉開肌肉及肌腱⋯⋯

C 最後，將韌帶剝離骨頭。

見樹又見林

在研究人體時，最佳的學習途徑是從大而小拆解起，通常先是骨頭，接著是肌肉、筋膜及神經，一步步認識各個部位的設計及其角色。這看起來很有道理，畢竟人體構造是如此龐大而複雜。

不過，到了某個程度，這些「零件」還是得組裝起來。繼續之前汽修技師的比喻，想了解汽車的構造及功能，你會將車子拆解並仔細檢查每個零件。但如果要知道這些零件，是如何共同運作帶你上路，就得將它們重新組合回去才行。這也正是我們在學習人體結構時所要做的。

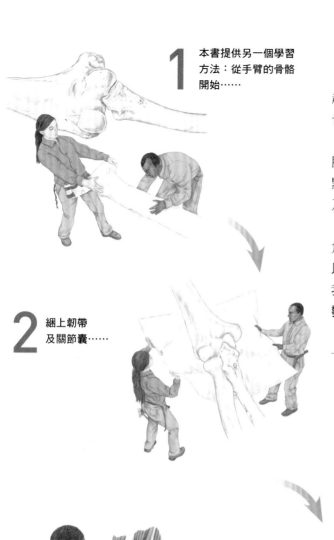

1 本書提供另一個學習
方法：從手臂的骨骼
開始⋯⋯

2 綑上韌帶
及關節囊⋯⋯

3 裝上各種肌肉
及筋膜⋯⋯

4 再拉出數條長
長的神經以及
血管⋯⋯

5 只要正確組裝，該部位便可
正常運作。以前臂及手部為
例，最終的測試是要能輕輕
握住雞蛋而不弄破蛋殼。（呃，如
果失敗的話就回實驗室重來吧！）

「起袖子」親身體會人體，即便不是真的自己動手，
也要用心觀察。

　　特別注意，我們沒有要建構你的全身，例如腎
臟或扁桃腺（儘管它們也非常重要）就不是我們的焦
點。相反地，我們要留意的是與人體運動相關的組織
及系統。

　　首先，我們要設計四個在人體運動中扮演關鍵
角色的結構：①**結締組織**，像是骨骼、筋膜、肌腱
以及韌帶，②**關節**，③**肌肉**，以及④**神經**。接著，
我們將應用**生物力學原理**來讓你的「身體」進行**姿
勢**及**步態**（站立及行走）的終極測驗。

　　第一步（在接下來的數頁中），我們必須先擬
一份人體零件清單，然後踏上瘋狂血拼之路。

零件清單

如果我們的任務是打造一副平衡、穩定的人體，而且這具人體，還具備所有你認為正常人都應具備的運動能力，該怎麼做才能達成呢？該如何打造「像你一樣能動的人」？現在，我們應該對基本設計都有共識（是直立智人，有兩手與兩腳等等）。所以我們已經可以先**列出一張零件清單**，接著想辦法將這些零件**組裝**起來。最後，再進行**人體實測**，確認是否能夠正常運作，就完成了。（這也差不多就是這整本書的摘要了。）

綜觀整張零件清單，可以發現一共只需要四種材料：結締組織（骨骼、筋膜等等）、肌肉、關節以及神經。很難相信吧？但真的只需要這四種材料。人體構造驚人地極其複雜，但與運動相關的要素，卻又是出奇地簡單。

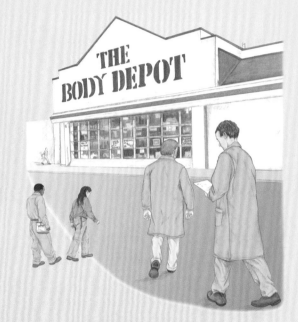

1.1　你絕對會愛上裡面寬敞的走道、友善的服務以及新鮮的韌帶。

1.2　結締組織區的東西，可能會讓你雙手沾得黏糊糊的。

那這些東西要上哪兒找呢？我們一起擠進小貨車，直奔「人體倉庫」（1.1）去採購吧！

跟著走進放滿骨骼、內臟以及四肢的走道，我們開始一起準備清單上的材料。首先是**結締組織**（第3、4章）。就像書桌、洋蔥或樹屋都需要一副有結構的骨架，人體也是一樣。各種結締組織，例如骨骼、筋膜、韌帶、肌腱以及關節囊，能夠提供支撐架構，使你能夠自成一體地正常運動（1.2）。

儘管人體是一個高度統合的有機體，但某些部位也要能夠獨立運動。這時你需要介於骨骼與骨骼之間的關節（第5、6章）。關節是由各種結締組織構成，作用就跟門片上的鉸鏈一樣，讓人體如願產生動作（1.3）。

1.3　這樣的關節組合正確嗎？

讓身體能夠運動是一門學問，但身體如何產生各種動作又是另一門學問了。你的身體需要一些**肌肉組織**組成動力來源（1.4，第7章、第8章、第9章）。最後，所有的零件必須由一套中央系統來協調，在此我們挑選一些高科技（且高價位）的材料來組裝神經系統（1.5，第10章、第11章）。

本書後半部，將介紹生物力學的原理，確保你的人體組織能夠在符合物理定律的條件下運作（第12章、第13章，生物力學）。至於壓軸的最終章，將對組裝的人體進行實測，檢查其站立及行走的功能（第14章、第15章，姿勢及步態）。

現在，先讓我們結帳（掛在骨頭先生的帳上）並把各種材料搬上貨車。在進入組裝人體的階段前，先繞個路去看看每個人一天中身體會如何運動吧！

1.4　大塊的肌肉組織特價中唷！

1.5　誰知道末梢神經會這麼貴啊？

一起組裝

科學家，尤其是解剖學家，總是在找尋新方法，將人體拆解成更細小的零件。我們則是採取相反地方式：將各個零件裝配起來。幸運的是，人體的構造讓這個工作簡單許多。這怎麼說呢？因為雖然人體運動看似需要多個系統，但其實廣義來說只有一個，也就是**神經肌肉筋膜骨骼**系統。

讓我們一個一個來看：神經控制了肌肉，筋膜則負責包覆肌肉。同時，骨骼也是由筋膜連接，並依靠肌肉牽引。所有動作都需經由這些主要組織相互協調產生。不騙你！就算只缺了其中一部分也不行！

日常動作

接下來四頁將呈現一些你每一天都可能會進行的動作，這些動作再普通不過，你或許從來都沒仔細注意過，但每一個的機制其實都非常神奇。

例如，不管你的身體現在是否正在進行某些動作，你的大腦與身體肯定都需要相互溝通合作，確保在你能力所及的範圍內，以優雅的姿態完成你想要的動作。不管你現在是躺在床上、把東西塞進嘴裡，或穿著容易滑倒的棉襪，卻還能輕輕鬆鬆地走過打蠟的地面，都是一樣，它僅是一個小事蹟而已。

這本書不只跟你有關，而且還對你有用。跟你「有關」，是因為你的身體，就正巧能夠進行部分或所有書中所提到的動作。所以你能夠爬山、喝咖啡、掃落葉、忍痛、盯著電腦、抓頭思考人生目的，身為現代人，擁有一本書介紹你的身體，實在很值得。

這本書也對你「有用」，因為你可能是學生、教師或醫師，需要對人體運動和醫病關係有更深入的了解。

你可曾想過自己為何能夠運動、站立或行走？請站在鏡子前，這是回答這個問題的好方法。一般來說，你可以看到與軀幹相連的雙手雙腳，以及最上面的頭部。

多數人不是三隻手加上一條腿，也不是三條腿和一顆從身體側邊冒出來的頭。人體設計經過千年演化成為對稱、雙足且直立，只為了一個目的——運動。消化及其他身體功能，雖然也很重要，但我們可以大膽假設這些功能都是為了滿足更重要的目的，也就是讓身體能夠自由自在地「移動」。

伸個大懶腰為一天揭開序幕。

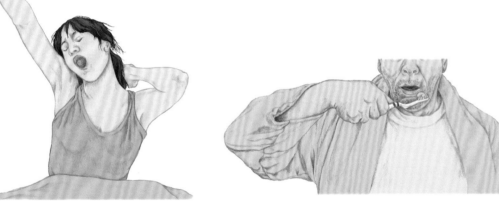

刷刷牙。握住牙刷的雖然是手沒錯，但這一切都得從肩胛胸廓關節的肩膀開始動起。

上學途中試圖追上同學。

和Fido一起在沙灘上跑步。

運動的過程時而相抗，時而合作，包括強弱變化、結構與功能、重力與升力、穩定與機動、筋膜的伸展與骨骼的壓縮、協調與不一、動與靜、支撐與崩倒、前進與休止、固體與液體、平衡與不安。

人體運動的要素有平衡、姿勢、移動、步態（行走姿態）及穩定，並牽涉到關節、骨骼、肌肉、神經以及筋膜，包括按摩治療師、物理治療師、職能治療師、肌動學家以及運動傷害防護員皆須對其內容加以研究，而皮拉提斯、瑜伽、手法治療、亞歷山大技巧（Alexander Technique）、費登奎斯法（Feldenkrais Method）及許多其他專業都使其研究更深更廣。

比起大多數的動物，人類算是動物界中手腳不協調的佼佼者。畢竟，人類已經選擇脫離可靠的四個支點，改用雙腳站立。

除了袋鼠、鴕鳥及其他不會飛的鳥（牠們非本書的重點），再無其他物種像人類一樣，完全發展成雙足直立，而且有些人站著還真是好看，這對原始設計是水平姿勢而非垂直的生物來說，實在是個不錯的結果。

人類直立的姿勢、靈巧的雙手以及其他結構／功能特質的發展並非一蹴可幾。許多看似簡單的技巧，其實都經歷了反覆嘗試、不斷摸索才有今日的成就。只要花一個下午觀察還在學步的嬰兒，就可想起包括站立、行走，甚至是握一支小湯匙等動作，都代表了對神經肌肉系統平衡及同步的一大挑戰。

有了這樣的技巧跟知識，我們便能享受輕鬆的步態、平衡的姿勢與呼吸的起伏。可惜並非就此一帆風順。具備如此特異功能的身體，同時也潛藏著一些威脅。在你尚未意識到前，惱人的疼痛、關節受損或劇烈疼痛就會找上門來。接著身體會出問題，人體結構失去平衡，地心引力慢慢地對人體造成傷害，人生啊！

用拇指進行交談。

合氣道是作用力與反作用力的結合。

膝蓋僵硬，下腰向骨盆傾斜。

在一堂漫長的講課中，隨著時間，各種姿勢會陸續出籠。

日常運動（續）

近數十年間，人類所處的外在環境已經大幅改變，對活躍且多元的運動需求大不如前。隨著時序推移，人們花在兩地間的移動時間越來越短，相反地，停留在某地的時間則是越來越多。

儘管我們已將世界形塑成地球村，但物理距離依舊存在。古時候，最近的食物來源可能是在隔壁山頭上漫步的野鹿，和現代人從沙發到冰箱這段「偉大旅程」相比，兩者所要求的移動能力簡直是小巫見大巫。即便如此，你仍需要動員全身的肌肉、關節及組織。

別忘了，你如何移動身體四肢、行走站立，都將影響你的思考方式。而你思考、觀察、覺察世界的方式，更將影響你所做的決定。此外，當你進入人生不同的階段時，運動的能力也將隨之改變。若你想要在七老八十的時候還能每週上課跳恰恰，那你最好仔細想想現在要如何運動（假設你還不到八十歲）。

除了欣賞表演者在身體和心理上戲劇性的變化外，我們之所以熱愛運動及肢體藝術（例如舞蹈、戲劇），也是因為這是我們得以目睹人體展顯榮光的機會。

看著用腳尖旋轉的芭蕾舞者、將球運過半場的籃球員、演獨角戲的演員或攻克聖母峰的冒險家，你會發自內心地認同，人體在運動時所展現的力量、姿勢及美感。

單獨、可見的一個「運動」其實是由人體一連串細微、連續的動作所構成，需要全身的神經、骨骼、肌肉、關節以及筋膜通力協調。人體的動作有時從人體中心開始往四肢發散，有時則是從四肢往內發展。

不管從什麼角度來看，運動都象徵了生命的存在。尋找最基本的生命徵象時，我們大多會不由自主地檢查一個經典、終生都需進行的動作——呼吸——來確認一個人是否已經去世。活動！活動！要活就要動。

爬行、站立、跨步。

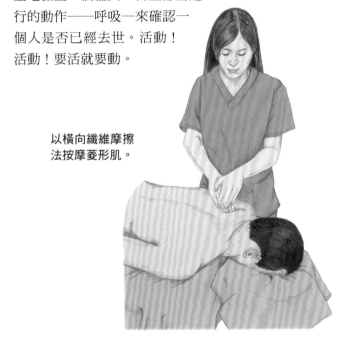

以橫向纖維摩擦法按摩菱形肌。

一個人會被稱為「懶骨頭」是有原因的。

工具的形狀很可能也會影響人的姿勢。

你的身體動作可慢、可快，可以是突發的、獨立的或反覆的，這些對關節可能沒有什麼影響，但也可能造成嚴重的扭傷。你可能得在冥想時保持固定姿勢、在橫越崎嶇小徑時採取不同的行走方式、在柔道課重複演練某個招式、或停在某處一動也不動。生活中總要面對許多動靜之間的挑戰，問題是，你要如何與之共處？

即便是在睡眠中，你的神經、肌肉及筋膜仍舊是在「營業中」。它們不但確保身體組織的完固，更控制數以千計細微的生理功能。

最後，你可能無法繼續隨時保持優雅的動作。事實上，還會變得相當笨手笨腳。不過，儘管你得在疼痛聳肩、彎腰駝背、足弓下陷中度過，你的身體還是日復一日、從早到晚陪伴著你。

「保持平衡」是兒時的基本挑戰及樂趣之一。

兒童遊樂場裡的挑戰。

傾斜髖部、脊椎和身體，以抵銷購物籃帶來的「便利」。

人的睡姿。

我們將討論的活動度及穩定度不僅適用於你，也適用於你的患者的動作、姿勢及習慣的運動模式。不過了解自己身體的運動是一回事，觀察並覺察到別人的動作，又是另一回事。而這需要開闊的心胸、和藹的視線以及輕柔的接觸，這些也同時是能讓病患倍感窩心的特質。

21世紀的運動

經歷前段一整天的「日常運動」後，你大概已經注意到一件有趣的事：21世紀的人體運動變得有些詭異。一方面是對人體運動的認識及創新迅速發展（一百年前還沒有像現在這樣的書），另一方面，人類在經過萬年的演化後，不知不覺改變了自己的生活型態及環境，使得真正的運動機會越來越少，也許就快跟電影《瓦力》（WALL-E）中所描述的哪些懶惰蟲相差無幾了。

大體上來說，造成這個局面的原因可歸納成兩點：椅子及螢幕。對人們來說，坐上椅子讓臀部承受自己的重量，同時一邊盯著或大或小的螢幕，並不全然是件壞事。我們的祖先可能曾經夢想「躺在沙發上」，也許他們甚至對於「電視上只有一個頻道」感到厭倦。就是這一點點的星火，讓我們在歷經千年的肢體運動後，自認應該有資格好好放鬆休息一下，不是嗎？

如果只是短時間、用適當的姿勢支撐身體組織及器官，那麼影響不大。但不幸的是，現代人習慣長期久坐且坐姿不良，失去健康的運動能力，只留下渾身病痛的身體。我們走路、跑步的機會變少，搭乘、駕駛的機會變多；用來表達意見、分享心事的主要媒介

搭手扶梯而非走樓梯。

不再是嘴巴與舌頭，而是手指。

這也不能怪任何人，畢竟要在現代的生活方式中，避免這一切並不容易。在機場裡，你可以看到電動步道、接駁電車和手扶梯這些讓人更輕鬆的科技，噢，當然，飛機也是。上廁所時雖然有些動作還是免不了，但現在也可能不一定需要自己轉水龍頭、撕擦手紙甚至沖馬桶。不管你想怎麼移動身體（上下或水平），都有新的方法讓你不花一分力氣，就可抵達目的地。

你不這麼想？只要低頭看看自己的身體就能了解。人體並非設計用來過這種少動多坐的靜態生活，人體是要動！動！動！的。

身陷椅子及螢幕中，正是人體結構及應用功能不佳的好例子。

邊吃邊開車。

理解人體不適合現代化生活的這個事實，對於將從事醫療相關產業的你，可能會帶來什麼衝擊呢？當然，這會是一大挑戰，你得從教育你自己和你的病患做起。你的工作就是必須了解你自己的運動模式，進而喚醒病患的認知，讓他們也能清楚自己過去使用身體的習慣，可能會對身體造成傷害。

是啊，坐在椅子上實在很舒服，螢幕裡的內容也很有教育意義，但必須適可而止了。再來，讓我們約定一下：如果 21 世紀的運動，真的變得像我們一開始所討論的那樣「詭異」的話，那麼就讓這種怪異轉成舞步吧！沒有什麼比扭腰擺臀的舞蹈，更能展現人體運動的可能性，尤其是越奇怪的舞步。來吧！挑選你的舞步，豁出去盡情跳吧！

在回到運動實驗室開工前，先翻開下一頁，認識一些有關運動的基本概念吧！

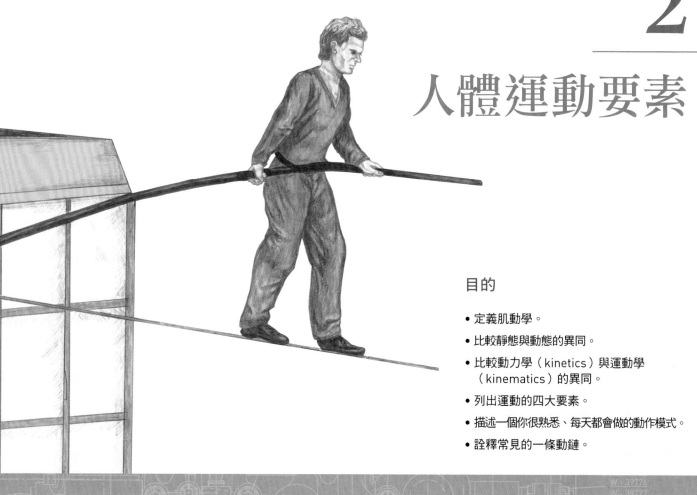

2

人體運動要素

目的

- 定義肌動學。
- 比較靜態與動態的異同。
- 比較動力學（kinetics）與運動學（kinematics）的異同。
- 列出運動的四大要素。
- 描述一個你很熟悉、每天都會做的動作模式。
- 詮釋常見的一條動鏈。

本章精華

1974 年 8 月 7 日凌晨，一位女士在曼哈頓下城區散步，抬頭一看，她完全不敢相信她看到的畫面。她慢慢地伸出手指，指向天空，其他紐約客才跟著伸長了脖子，看往世界貿易中心雙塔之間。在將近 1350 英尺（約 410 公尺）高的天空，居然有個人正在雲間走動！

整整 45 分鐘，來自法國的菲利普・佩提在兩座高塔間繃緊的纜繩上，時而蹬步、時而跳舞，甚至還躺了下來，風靡了整個紐約市。直到下雨，他才停了下來。

作為史上最了不起的肌動學之舉，佩提騰雲駕霧的舉動，正戲劇化地展示了待會兒我們在這個章節會介紹的內容：例如協調性、連續動作、生物力學以及平衡！

◆ 佩提結合了哪些活動度、穩定度、平衡感及協調性的方法，來完成他在半空中的動作呢？

◆ 當教練教我們投球時，總是提醒我們把動作完成非常重要。你覺得在球離手之後，剩下的動作對身體來說為什麼很重要呢？

◆ 當我們的身體因為某種理由無法對正，身體會為了平衡回正，而有所補償。如果你有受傷的經驗，你注意到了哪些補償效應嗎？

本章節內容

人體運動要素

肌動學

在進入運動實驗室開始動手打造你的身體前，我們要先強調幾個重要的術語及觀念。

對於運動（在此指人體運動）的研究，我們稱之為**肌動學**（kinesiology，來自希臘文表示運動的 kinesis 及表示研究的 -logy）。要了解這個領域，必須結合其他三種科學知識：**解剖學**（anatomy）、**生理學**（physiology）及**生物力學**（biomechanics）（2.1）。前兩者處理的是人體的結構及功能，後者所關注的則是如何將力學原理應用到有機體上，例如人體。

舉例來說，三角肌是多條肌肉的匯集點（2.2），與鎖骨、肩胛及肱骨相接（解剖學），透過收縮功能帶動肩關節進行不同角度的運動（生理學）。其所產生的力量與鄰近旋轉肌群結合後，能夠在肩關節外展時控制其動作、保持其穩定（生物力學）。

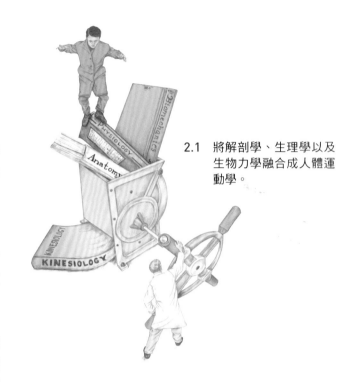

2.1　將解剖學、生理學以及生物力學融合成人體運動學。

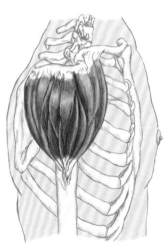

2.2　位於肩部的三角肌側面圖。

2.3　瑜伽動作中的拜月式，屬於靜態動作。

靜態與動態

在理想的狀況下，我們將為你打造的身體應該要能夠適應兩種情形：一、平衡不動（靜止），以及二、不平衡且動作中（運動）。因此，生物力學可以分成靜態及動態。

靜態（statics）生物力學處理的是「非運動系統」，當我們調整骨架、設計維持身體直立的姿勢肌（postural muscles）時，便輪到它出場。然而，靜止所指的並不一定是跌倒在地的那種「癱軟無力」，還包括了藉由相關組織提供的主動穩定，以及慢動作或靜止姿勢的動態緊繃（2.3）。在執業時便會遇到這些狀況，例如以穩固的姿勢使身體維持「靜止不動」，以便在病患身上施加持續的壓力。

動態（dynamics）生物力學則針對「運動系統」。在本書中，動態生物力學將聚焦於快速變形的「動態身體」，以及各種不同的力量如何對其造成影響（2.4）。對動作如何起始並隨著身體姿勢而持續改變的感知將影響你在療程中如何活動患者的關節，並保持你自己對身體的覺察。

動態生物力學又可再分為動力學及運動學（第15頁）。

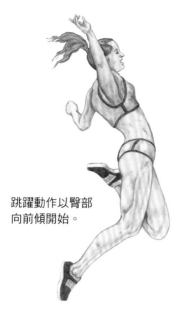

跳躍動作以臀部
向前傾開始。

以臀部向後縮結束。

2.4　跳遠屬於動態動作。

動力學與運動學

動力學（kinetics）是研究作用於人體以產生或改變動作的力量（例如重力、摩擦力及壓力）。**運動學**（Kinematics）則是以力學的角度（例如時間及空間）針對運動進行分析。

從動力學的角度來看，踩到香蕉皮滑倒（2.5）要探討的是果皮和地板之間的摩擦力大小，以及重力如何讓你出醜。至於運動學關心的，則是你踩到香蕉皮時的行進速度和身體重心的下降距離。兩者同樣都與你是否心不在焉，全然無關。

我們將在 第168頁更進一步討論這些概念。

2.5　唉唷喂呀！

活動度、穩定度、平衡感及協調性

如果人體動作是個芭蕾舞團，那麼其中會有四位首席女演員：活動、穩定、平衡及協調，幾乎日常生活中的所有動作都需要這四者的精心編排。

活動度（mobility，也就是移動能力）在動作中屬顯而易見的面向，最受到矚目。至於活動度靜悄悄的搭檔——**穩定度**（stability），則是經常被忽略且遺忘。無論是跨欄動作還只是站立不動，「保持穩固堅定的能力」總是在幕後默默地作動著。透過不斷變動的關節及肌筋膜單位，穩定度提供活動度所需（有時是拮抗）的支撐。

若你想讓「穩定度」獨享一下聚光燈，那麼試著玩玩「扭扭樂（Twister）」。在這個遊戲當中，穩定度最為重要，全靠它讓你能夠保持在墊子上（2.6）。在你開始下一個詭異的移動前，你得先一直保持著穩定（謀定而後動），思考著接下來的姿勢該如何加強固定，以免跌進其他人的手跟腳中。

想用便宜的方法，將扭曲姿勢用於人體運動學上的分析嗎？只要少量錢和幾位同學，就可玩的「扭扭樂」絕對是王道。

2.6　現在明白「穩定」的重要了吧！

人體運動要素（續）

　　若是一切按照計畫進行，你是可以保持**平衡**（balance）的。如此「平均分配體重」，使你得以保持直立而穩定，這種與生俱來的平衡傾向不只表現在身體上，在生活中的許多層面也都隨處可見。儘管如此，有一點必須要特別注意：「不平衡」，至少在本書中，並非不受歡迎的，原因在於如果少了不平衡，有些動作根本不可能完成。舉例來說，在路上行走便需要「穩定」與「不穩定」的不斷交替。

　　再舉個例子，假設你正在走鋼索，打算要向前跨出一步（2.7），首先，你會將雙腳固定在鋼索上，保持穩定，確定身體達到平衡且幾乎靜止。接著，抬起其中一腳並向前傾，使身體處於一種微微的不穩定狀態。為了避免往前摔倒，身體會以一股少量的動能將重心向前移，噹啷，就在跨步的同時，身體再度回到平衡。能夠輕易完成這些連續動作，靠的是神經、關節以及肌肉的**協調**（coordination），也就是組織不同運動要素的能力。

2.7　菲利普・佩提（Philippe Petit，法國籍鋼索大師）於1974年8月7日在紐約世貿中心的雙子星大樓間進行高空走鋼索。

同時與連續動作

　　若你想體驗**同時動作**（simultaneous movement），那就試試在坡道上以滑板騰空躍起（2.8），觀察自己的全身如何在同一時間運動，完成同時動作。

　　噢，摔慘了！要把自己從地上撐起來，需要的是另一種更常見的運動方式——**連續動作**（sequential movement）（2.9），也就是可拆解成一連串細微而連貫的身體運動的動作。在起身站立的這個例子中，首先，你必須一節一節地收縮脊椎，接著舉起一側的膝蓋，再收縮臀部、伸展雙膝成站姿。與此同時，包括腳踝、手腕、手肘以及肩膀都會參與其中。因此，這「一」個動作其實是透過全身大範圍的關節們，彼此協調串連而成的。

2.8　同時動作。

2.9　連續動作。

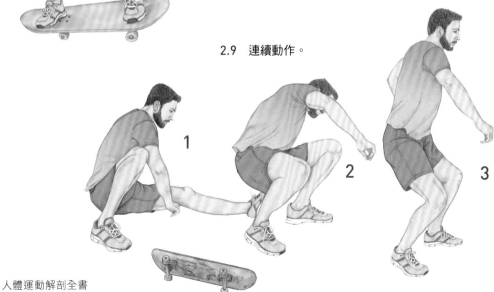

1　　2　　3

運動模式及動力鏈

現在，讓我們暫時放下手邊的人體藍圖，改用打造《LIS 太空號》（Lost in Space，不知道的話，請Google看看）機器人的方式來處理你的身體看看。身為機器人，其四肢是藉由一套高度分工而獨立的動作系統所驅動。一個活塞啟動後，導致一個關節屈曲，接著另一個活塞啟動，諸如此類。很顯然的，這樣的動作會顯得遲緩愚蠢，真的就像是機器人一樣。

相反地，人體運動很少只由單一關節或肌肉所控制，日常生活的動作都是根據一套完善的**運動模式**（movement pattern）而來的。

所謂「運動模式」指的是有組織的身體律動，用來連結關節及肌群而產生目標動作。例如：要整理碗盤時，在櫥櫃和餐桌間移動，將碗盤一一歸位。如果你常做家事，這樣的動作在經歷無數次後，一切將如行雲流水般地從臀、腿、腳依序自然展開。

運動模式中可預測的連續步驟被稱為**動力鏈**（kinetic chain），指的是「沿著運動軌跡所安排的

肌肉與骨骼連結而成一系列的關節群」。如果聽不太懂，試著回想〈枯骨〉（Dem Bones）的歌詞：「趾骨連接到了腳骨，腳骨連接到了踝骨……」所有骨骼接續相連，若非如此，人體將無運動可言。

動力鏈包含了**關節鏈**（articular chain）、**肌筋膜鏈**（myofascial chain）以及**神經鏈**（neural chain），這三套系統分工合作，完成人體各種運動。

例如：棒球選手透過這三套系統（關節、肌筋膜以及神經）將力量從作為支點的腳，傳到丟擲棒球的手，過程中統合了通過腳趾、下肢、臀部、核心、軀幹、上肢以及指間的力道、彈性與幅度，將球精準而有力地拋出。動力鏈中不當或鬆弛的連結都會削弱力量的傳送，導致動作不協調。

另一個例子：誇張地抖開瑜伽墊時也包含了這三套系統的運作，透過從肩胛到指骨間的骨骼及關節才構成一連串的動作（2.10）。（更多關於動力鏈的說明請參閱第 85 頁。）

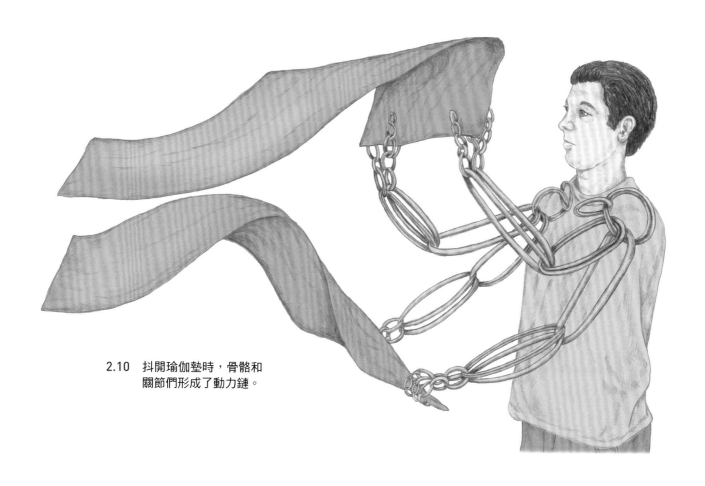

2.10　抖開瑜伽墊時，骨骼和關節們形成了動力鏈。

人體運動要素（續）

比例、對稱與代償

　　啊，維特魯威人（Vitruvian Man）！這是李奧納多・達文西（Leonardo da Vinci）呈現人體完美比例與極致對稱的經典畫作（2.11）。呃，想得美。在現實世界中，凡人不是矮胖、高大、肥碩、瘦長，就是彎腰駝背等奇形怪狀（2.12、2.13）。全身上下都是完美**比例**（proportion，尺寸符合特定等分）且完全**對稱**（symmetry，左右完全重疊相似）的型男美女根本是鳳毛麟角。

　　人體的理想設計是比例均衡且相互對稱，可惜往往事與願違。印在解剖學教科書上的絕對都是體態完美勻稱的希臘雕像式人像，但現實中所存在的卻是長腿、聳肩、短身、駝背或過大的頭顱。

　　遺傳基因的奇妙多變，使得身體左右兩邊要完全對稱幾乎是不可能的任務，更別提還要加上個人運動模式中慣用手、優勢眼以及難改的各種習慣性行為等變因。這還只是體外我們看得到的部分，體內更有各自的組織差異，像是肌肉附著點或筋膜組織的些微變化，不只左右有別，個體之間也不盡相同。

　　那麼，身體要如何處理這些問題呢？事實上，唯一能做的就是**代償**（compensation）了。人體藉由神經系統的傳導而與肌肉、筋膜及關節達成協作。從你自子宮破羊水而出，進入這個重力無所不在的世界那一刻，身體第一個重要的代償機制就開始運作。從那時起，便開啟一連串內外力間永無止境的代償作用。

　　希望你對比例、對稱、代償等概念已經有了初步了解，身為醫師，這些都是至關重要的，畢竟病人的體型及姿態對其運動方式有極大的影響，活動範圍、平衡及協調也都與其有關聯。

　　有了這些概念後，就讓我們開始打造提供人體骨架和組成的結締組織吧！

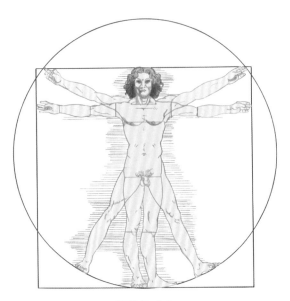

2.11　維特魯威人。

2.12　股骨內旋、肩頸歪斜。

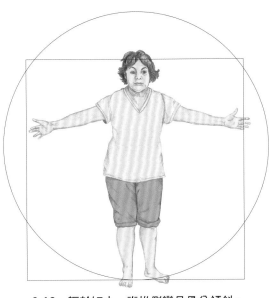

2.13　軀幹短小、脊椎側彎且骨盆傾斜。

章節回顧問答：人體運動要素

（你可以上網在 booksdiscovery.com 學生專區找到解答）

1. 研究人體運動的科學稱為？（P.14）
   a. 解剖學
   b. 生理學
   c. 肌動學
   d. 生物力學

2. 要維持姿勢穩定需要持續的穩定度和動態張力，一般稱為？（P.14）
   a. 動態生物力學
   b. 靜態生物力學
   c. 動力學
   d. 運動學

3. 身體改變體型與位置的能力稱為？（P.14）
   a. 動態生物力學
   b. 靜態生物力學
   c. 代償
   d. 變形

4. 哪一個名詞最適合用來形容重力、摩擦與壓力等研究？（P.14）
   a. 運動學
   b. 本體感覺
   c. 生物力學
   d. 動力學

5. 日常生活中像是洗碗等動作，需要......？（P.15）
   a. 協調、力量與智力
   b. 活動度、穩定度、平衡感及協調性
   c. 本體覺、對稱與代償
   d. 代償、平衡與協調

6. 當一個動作模式有可預期的順序，會被稱為？（P.17）
   a. 旋轉
   b. 代償
   c. 動力鏈
   d. 對稱

7. 當身體做出與肌肉、筋膜和關節相反地效果時，稱為？（P.18）
   a. 代償
   b. 協調
   c. 對稱
   d. 力量

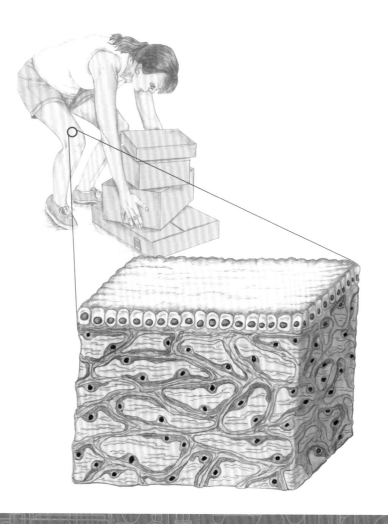

3

結締組織
第一部分

目的

- 列出結締組織的各種組成。
- 舉出三種膠原纖維的類型。
- 定義軟組織的不同特性。
- 描述不同結締組織，結構上的差異。
- 描述不同結締組織，功能上的差異。

本章精華

　　長久以來，科學家們認為這種充滿液體、立體塊狀的「結締組織」分布在全身各處。直到 2018 年三月，紐約時報還有報導標題寫著：科學家對人體的間隙，又有了全新的認知！

　　為什麼直到現在，我們對於人體間隙還能有新的發現？過去的研究多半是基於從人體上拿下來的實驗樣本，樣本上的「結締組織」多半流失了液體，組織結構也遭破壞。如今，研究人員終於能夠應用解析度夠高的穿透式電子成像設備，像顯微鏡一樣，即時地檢視人類活體組織。

　　對長期以來就認為結締組織對人體健康，具有重大功能的臨床專業人員來說，這項研究等於是對各種未來可能的發現，打開了一道大門。這對像你一樣的讀者，也是大好消息，我們將會在本章節仔細探索結締組織與類似組織的組成、特性，以及各種型態。

◆ 回想你上次脫水時的樣子。脫水會對結締組織造成什麼影響呢？

◆ 即便移除了對軟組織有負面效應的因素之後，可能的傷害還會持續多久呢？

◆ 在開始運動前，我們都習慣進行暖身運動，讓表淺的組織層升溫。暖身運動對皮下的結締組織，又有什麼影響呢？

本章節內容

無所不在的材料

結締組織概論

　　結締組織就像石油、木材、鋼鐵一樣，是一種可塑形的原料，好比石油可以轉化為塑膠或燃料、木材可以做成木板或木屑。這種解剖學上非凡的材料可說是變化多端，能夠形成各種樣態，例如透明的覆蓋物、柔軟的薄層、堅固的棒狀，這些在你的小指上就都一應俱全。

　　結締組織具有多變、普遍、三維的特性，存在於人體的各個角落。事實上，結締組織多到就算我們能夠神奇地將全身上下非結締的組織：肌肉、神經、上皮都去掉，你的外型看起來還是跟原來幾乎一模一樣（3.1）。

　　結締組織的形狀與組成樣態之多令人難以想像，包括骨骼、筋膜、肌腱、韌帶、滑囊、關節囊、軟骨、骨膜、血液及淋巴液、脂肪組織以及黏液等等都是。儘管各有其名，但所有結締組織之間的關係卻是密不可分。某個組織的底部，可能是另個組織的頂部；某個組織的終點，可能是另個組織的起點。沒有哪塊組織是完全的孤島。

　　不過，各式各樣的結締組織卻似乎擁有彼此矛盾的功能，時而連接、時而隔離。人類作為動物，必須在移動身體的同時保持其結構完整，結締組織正好同時負責這兩項工作，不但是運動所不可或缺，也是穩定的中流砥柱。紙上談的兵夠多了，讓我們來實際操作吧！

結締組織成分

　　你也許會好奇，一種組織怎麼會有那麼多樣的型態。不過，就像任何一位糕餅師傅都會說的：只要有奶油、麵粉和糖，什麼糕餅都做得出來。因此，關鍵就在於比例。結締組織相當簡單的組成使其成為打造身體的橫樑、鐵皮、纜線、滑車及軸枕等絕佳建材（3.2）。

　　基本上，結締組織是由兩種簡單的物質構成：

- 細胞
- 細胞外基質

細胞是生物學上最小的有機功能單位，以各種型態存在。細胞外基質則非由細胞組成，是被細胞排擠在外、由不同種的**蛋白纖維**（protein fiber）所構成，懸浮於一種稱為**基質**（ground substance）的溶液中（事實上還要複雜許多，不過目前姑且以此簡單的方式理解即可）。

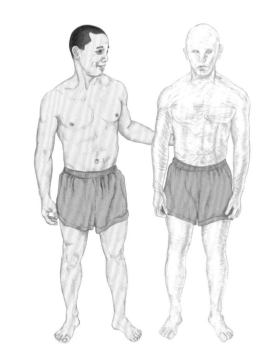

3.1　左邊是完整的身體，而右邊是只有結締組織支撐的人。

　　結締組織通常血液供給相當豐富且布滿神經。不過肌腱、韌帶及腱膜只有少量的血液，軟骨則是兩者皆無：既沒有血管也沒有神經。

3.2　關鍵就在於比例。

細胞

根據不同的功能及部位，人體需要幾種不同的結締組織細胞。**纖維母細胞**（fibroblast）是最常見的結締組織細胞，負責分泌纖維及基質。作為建材，在骨骼裡稱為**成骨細胞**（osteoblast），在軟骨裡則稱為**軟骨母細胞**（chondroblast）。

各種結締組織的特性是由纖維母細胞所分泌的細胞外基質的質與量決定，例如：肌腱的基質堅韌但柔軟，不過骨骼的基質則是堅固而剛硬。

結締組織另一個獨特的地方在於其組成密度相當低（不像肌肉細胞擠得跟沙丁魚罐頭一樣），由細胞外基質填補在細胞之間。

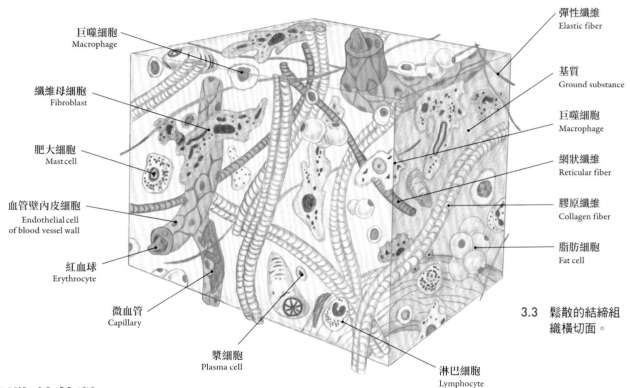

巨噬細胞
Macrophage

纖維母細胞
Fibroblast

肥大細胞
Mast cell

血管壁內皮細胞
Endothelial cell
of blood vessel wall

紅血球
Erythrocyte

微血管
Capillary

漿細胞
Plasma cell

淋巴細胞
Lymphocyte

彈性纖維
Elastic fiber

基質
Ground substance

巨噬細胞
Macrophage

網狀纖維
Reticular fiber

膠原纖維
Collagen fiber

脂肪細胞
Fat cell

3.3　鬆散的結締組織橫切面。

細胞外基質

細胞外基質（extracellular matrix）不只是細胞之間果凍般的填充物，而是一種主要由長條狀的膠原纖維及無固定形狀的基質所組成的混合物（3.3）。與神經及肌肉這兩種完全由細胞決定其特色的組織不同，結締組織的結構與功能泰半取決於無機的細胞外基質。

膠原蛋白（collagen）是人體內最豐富的一種蛋白質，組成細胞外基質中的一種纖維，在結締組織裡扮演關鍵角色。膠原蛋白的拉伸強度有如鋼絲，足以提供結構及功能的完固，尤其是肌腱及韌帶所需。根據不同結締組織，膠原纖維可以是平行或交錯、緊密或鬆散排列（3.4）。在生肉上閃閃發亮的光澤條紋上，便可觀察到數以百萬計的白色長條纖維。

3.4　整理膠原纖維。

PACKED COLLAGEN
GESCEHET.
C 15.2
GRP. 7

無所不在的材料（續）

結締組織的細胞外基質除了由膠原蛋白組成的纖維外，還有另外兩種纖維。**彈性**纖維（elastic fibers）在纖維中所佔的比例較少，比膠原纖維薄，就像名字一樣相當有彈性，能夠延展為原本的兩倍長而毫無損傷，提供結締組織所需的「彈性」——物質在拉伸後回復原形的特性（3.5）。清晰可見的妊娠紋正是結締組織被拉伸時超過了彈性纖維的安全上限，無法正常彈回而受損所留下的痕跡。**網狀**纖維（reticular fibers）形成有如漁網般的結構，支撐許多組織，例如神經及血管。

人體結締組織的細胞與纖維並無法在乾燥的環境中存活。相反地，這些組織必須獲得充足的水分並維持基質潤滑。基質為透明的流質，稠度與生蛋白相當，存於體內所有的結締組織（甚至包括充滿纖維的韌帶及筋膜）中，提供結締組織細胞所需的環境。

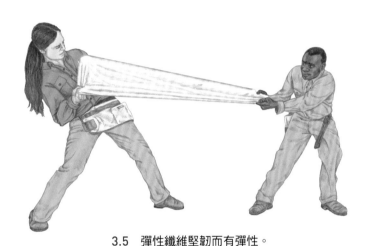

3.5 彈性纖維堅韌而有彈性。

等待充水的膠原纖維。

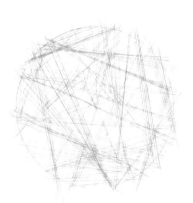

在靜液壓下，纖維被撐緊。

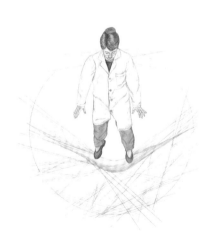

張力抵抗壓力。

基質就像是能夠吸引氫與氧的磁鐵，可以抓住水分。

其親水的特性自然地帶進液體，創造出可滲透的環境來吸引水分進入細胞外基質（上圖左）。當液體進入這些密集的細胞網絡後，基質隨之膨脹，使周遭的膠原纖維產生拉力，這些強韌的纖維因抵抗壓力而膨脹（上圖中）。此一動態張力強化了細胞外基質，有助於承受壓力（上圖右）。（這恰好強調了人體補水的重要性）

等我們動工後，基質的含水性將顯得相當重要。當賀爾蒙、營養素及抗體等間質組織在動脈、靜脈及淋巴系統外進行交換時，基質內的流體環境亦上演相同的戲碼。

繞去肉品區轉轉

結締組織雖然無所不在，卻不容易觀察。如果想要弄清楚什麼是結締組織，最好且又不貴的方法，莫過於到肉品區逛逛。許多被人類馴養的脊椎動物，擁有與人體相同的筋膜組織。雞肉、豬肉及牛肉等選項中，我們決定先看看家禽類。

假如你在市場上賣雞肉的攤位買了一隻小全雞，帶回家打開放在流理台上。儘管你也許還沒意識到，不過筋膜網絡具有伸張力的事實已經不證自明。整隻雞沒有像一團熱布丁一樣垮掉，就是其結締組織具有包覆及支撐特性的最佳佐證。即便這隻雞已失去生命，但依舊保持原形。

你可以試著捏住雞皮，然後將皮從雞身上剝下來。雞皮可能會有一點晃動，但因為有筋膜附著、固定著，所以不會像一件寬鬆的襯衫一樣一扯就掉。拿一把利一點的刀，在雞腿處小心地劃開一小道切口。將手指鑽進雞皮裡，試著將皮剝下，同時觀察淺筋膜的白色網狀物如何對抗你的拉扯。

繼續切開雞皮，探索底下的肌肉，你會發現雞腹被一層薄亮的深筋膜包覆著。輕輕將其捏起，感受一下它們所提供的移動範圍有多小。即便這些腹部肌肉每一塊看似涇渭分明，卻也幾乎是無法相互分離的。

一隻小全雞。

雞皮被結締組織固定。

接著拿起刀子，小心地劃開肌腹，然後將其中一塊橫向切開，仔細看看其中的纖維束。如果你以為會看到鬆散的纖維掉出來，那你可要失望了。筋膜網絡布滿在所有肌肉的每一條微纖維上，無一例外。現在，觀察腹部肌肉的尾端，看看哪些肌肉間膜如何纏繞在一起形成肌腱。

我們可以繼續切開其他部位，看看筋膜是如何連接韌帶、骨膜、骨骼及器官（若你買的雞還有器官的話），只要你說得出來的地方，都有筋膜的蹤影。

最後，將雞放進烤盤，以 175℃ 烘烤 90 分鐘。計時器響後，讓其冷卻。此時若是再次切開雞肉，已經可以輕易地取出雞骨，而不帶任何組織。這在烘烤前根本是不可能的。奇怪的是，雖然肌腱、韌帶都還在，卻已骨肉分離，雞皮也是一剝就掉。

哪些薄薄的筋膜組織發生什麼事了？原來全都已經熔化，變成在烤盤底部的雞汁油脂了。把它們收集起來放進冰箱，觀察哪些充滿膠原纖維的湯如何凝固成膠狀脂肪。即便是在雞失去生命、甚至被烹煮後，這些神奇的蛋白質依然挺立著。

切開肌肉，觀察更深層的筋膜。

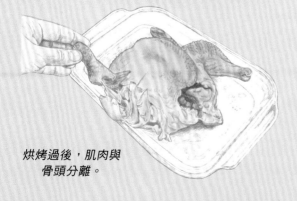

烘烤過後，肌肉與骨頭分離。

回到肉品區，仔細看看牛肉切口的橫斷面，即可以見到肌肉的纖維組織（筋膜）以及有如大理石紋的肌間脂肪（如上圖）。

軟組織特性

「軟組織」一詞包括了筋膜、肌腱、韌帶、軟骨、支持帶、脂肪、關節囊、滑膜，以及肌肉、神經、血管，但是不包括骨骼。

柔軟的結締組織（例如以上所提到的哪些）負責連結、支撐或包覆其他人體組織。由於建構人體的工作往往是以軟組織為主，因此就讓我們來近距離看看它們究竟有何三頭六臂吧！

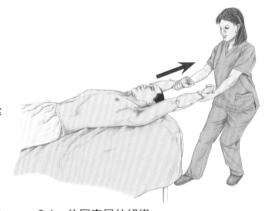

3.6 伸展東尼的組織。

伸展

你正在看診，替東尼做治療。他仰臥在床，而你引導他的雙手平舉過頭，好好地伸展了一下他的肩帶。他柔軟的結締組織正在**伸展**（stretch），展現其「延長而不會受傷的能力」。這個延長的能力對運動來說十分重要，舉例來說，試著在不伸展任何手臂或手掌組織的前提下搔耳朵——根本是不可能辦得到的。由於長期收縮的組織極易受傷，因此在其身上所做的伸展運動必須緩和地進行（3.6）。

彈性

隨著東尼吐氣，你將他的雙臂放回身體兩側（3.7）。多虧有彈性，他的身體組織才不會一直保持在先前伸展的狀態（否則也太恐怖了）。**彈性**（elasticity）指的是伸展（或變形）後恢復原來長度或形狀的能力，就像橡皮筋或蹦床的彈簧一樣。東尼身上密度較高的結締組織（例如韌帶、筋膜）也有彈性嗎？雖然是由不具彈性的膠原纖維所構成，但它們仍有些微的變形空間，絕大部分的原因得歸功於膠原蛋白的皺摺設計。

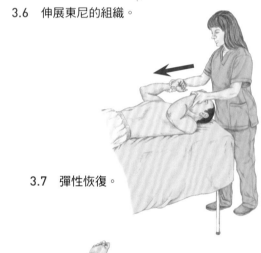

3.7 彈性恢復。

可塑性

身為前體操選手，東尼擁有彈性很好的韌帶、關節囊以及筋膜，讓他擁有過人的活動範圍（3.8）。在多年持續的伸展後，他的身體組織展現出**可塑性**（plasticity），也就是變形並維持的能力。當組織變形（不論是收縮或伸展）都可藉其彈性恢復原本長度。不過，當組織超過其彈性，將展現其可塑性而維持在新的長度。

3.8 可塑形變。

潛變

由於平日伏案工作的關係，東尼的姿勢需要稍微改進。頭部前傾造成他的肩頸有些組織被壓短、有些被拉長（3.9）。這種因組織承受緩慢且持續的力道，諸如：擠壓、緊繃或扭轉而逐漸變形的現象，被稱為**潛變**（creep）。這些力道的來源可能是重力或姿勢，甚至是身體工作療法。

若是形變還在組織彈性恢復的範圍內，那麼潛變就只是暫時的。不過，若是超過了彈性限度而進入可塑的階段，潛變就有可能變成永久的。潛變也可以是良性的變化，例如當你在東尼的肩膀上施加緩慢而深沉的運動，藉此縮短過度伸展的組織或拉開過度壓縮的組織。

3.9 潛變悄悄地發揮作用。

觸變性

在替東尼的肩膀大動作治療前，你會先替他的組織熱身一下（3.10）。幸運地，他的基質相當樂於配合，這便是所謂的**觸變性**（thixotropy），也就是能夠隨著溫度（或其他因素，例如壓力）變化而從膠狀變為液體，或液狀變為膠狀。岩漿、蜂蜜及「壓不扁的傻蛋（Silly Putty）」也都具有相同的觸變性。

基質在低溫且靜止時會變得濃厚黏稠，可以藉由暖身運動或摩擦效應來使其變稀薄鬆軟。當你在運動而肌肉收縮使關節及結締組織熱起來時，便可清楚觀察並感受到這個變化。藉由指壓或熱敷東尼的組織，便是應用觸變性來活化局部冷硬的基質，同時使結締組織變柔軟而更有彈性。

拉伸強度

接下來這個特性，我們的焦點將從東尼轉到你身上。當你在移動東尼的腿時，你自己的手臂所展示的便是結締組織的**拉伸強度**（tensile strength），一種被拉往兩個不同方向而不會受傷的能力（換句話說，能夠承受張力），而這都得歸功於你身上的膠原纖維。

舉例來說，當你撐著他的腿時，你肱肌以及肱二頭肌的組織便是在承受張力（3.11）。這個動作同時以反方向拉扯你的肌肉及筋膜，你的肌肉纖維被縮短而結締組織被拉開。為了承受這股張力，你的筋膜必須具備相當的拉伸強度。

要弄清楚的是，伸展與拉伸強度是不同的。伸展處理的是組織能夠變得多長，而拉伸強度則是關於能夠應付多大的拉力（無論是在受擠壓或被拉長的狀態）。

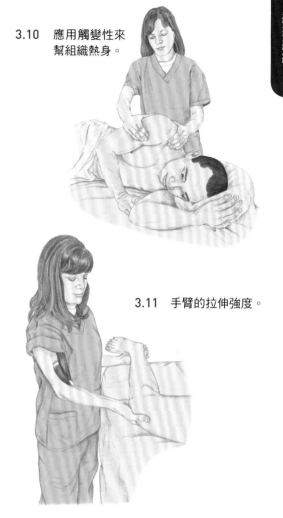

3.10 應用觸變性來幫組織熱身。

3.11 手臂的拉伸強度。

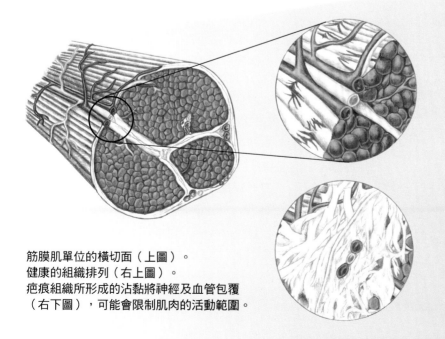

筋膜肌單位的橫切面（上圖）。
健康的組織排列（右上圖）。
疤痕組織所形成的沾黏將神經及血管包覆
（右下圖），可能會限制肌肉的活動範圍。

疤痕組織

東尼的身體在一兩次碰撞後，難免留下了一些腫塊及瘀傷。為了應付這種意外狀況，人體很聰明地在各組織中布下由膠原纖維為主的疤痕組織，負責進行修護工作。然而，人體有時把這個工作做得太好，導致分泌出過量的黏性物質而使兩個應該分離的組織合在一起。組織黏著會限制正常的活動，而身體工作療法或是運動等其他日常活動，都有助於移除部分這樣的疤痕組織。

軟組織特性（續）

壓電效應

要認識軟組織的下個特性，我們得先縮得跟原子一樣小。進到奈米世界後，我們便可見到當稠密的結締組織承受壓力時，其分子位移而產生電荷（3.12）。這個現象被稱為**壓電效應**（piezoelectric effect），人體大部分的組織都會發生，包括骨骼，當組織受到運動內力或是身體工作療法的擠壓／伸展時，便會發生。

這個微乎其微的電麻感會造成什麼影響呢？如果我們放大成細胞，即可見到當附近的細胞被拉扯或推擠時，因受到刺激而產生纖維。這些纖維會重新安排細胞外基質，使其沿著壓電壓力的方向排列。

若是我們回到肉眼可視的大小，看看東尼和他的兒子丟棒球（3.13）。此時，這些微觀的效應，會隨著收縮和舒張的動作，讓組織液流入軟骨，保持關節潤滑和健康（與你幫東尼看診時做的動作所產生的效果類似）。只要東尼持續這些運動，他的肩部韌帶組織即可藉由壓電效應而逐漸強壯。

這個作用所引起的神奇反應還造成了其他意外的結果。例如：幾年下來，東尼的肩頸開始逐漸前傾。在這個過程中，該部位的分子逐步接收局部力道所造成的推拉壓力訊號，於是做出換能而產生壓電電流的反應。

至於細胞的反應則是產生數百萬精微的結構改變，重新排列其組織，紓解緊繃的部位，縮短或拉長其他地方。最後，他駝背的姿勢彷彿成了「常態」。這不能說是身體的錯，各個組織都只是盡其所能地各司其職罷了。

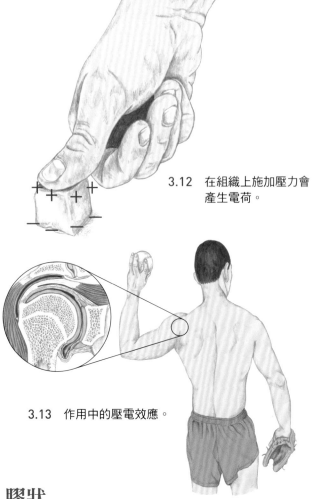

3.12　在組織上施加壓力會產生電荷。

3.13　作用中的壓電效應。

膠狀

在治療東尼的時候，很重要的一點是你必須慢慢進行，尤其是在越深層的時候。這是因為結締組織是**膠狀**（colloidal），就像熟石膏、濃泥漿或鮮奶油一樣，都是「由懸浮在液體中的固態粒子所組成」（結締組織細胞及纖維就像懸浮粒子，基質則是液體）。這樣的結構讓結締組織雖具備彈性，卻又幾乎難以擠壓。

這點特性在身體工作療法中該如何運用呢？由於其特性，施加的作用力速度越快，阻力就越大。例如：當你慢慢將一根棍子拖過濃泥漿，遇到的是最輕微的阻力。若是試圖讓棍子加速通過，反而會更困難。當遭受過大的外力時，神經系統便會發出警報，結締組織於是也產生類似的反應。（所以當你練習強力的動作時，別怪你的身體組織不配合。相反地，慢慢來，就能漸漸放開了。）

要在家體驗膠狀性質的話，可以倒一杯玉米粉在烤盤裡，慢慢加水並攪和成濃稠狀。接下來就好玩了：把手指插進去慢慢划動。當你緩緩將手指拖過粉團時，注意所遭遇的阻力之輕微（3.14）。但當你欲加速通過時，反而感覺到粉團變硬，甚至出現裂痕，正所謂遇強則強，遇弱則弱，如果你沒耐性的話，膠狀物也沒在客氣的（3.15）。

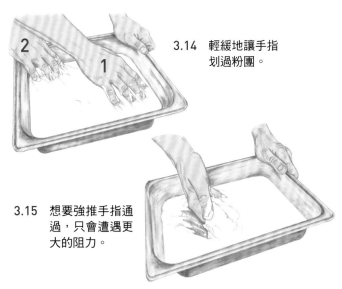

3.14　輕緩地讓手指划過粉團。

3.15　想要強推手指通過，只會遭遇更大的阻力。

結締組織類型

依結構區分

結締組織是人體最多變的組織，有兩種分類方式：依照「結構」或依照「功能」。

結構上來說，結締組織可分成五種。

3.17　疏鬆結締組織的海綿質。

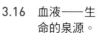

1 液態結締組織（liquid）的外基質90%是水分。血液、淋巴液及其他黏液都屬於液態結締組織（3.16）。

3.16　血液——生命的泉源。

2 疏鬆結締組織（loose）僅有少量的纖維散布在大量的基質中，對於位在皮膚下的淺筋膜或脂肪組織來說，是相當完美的組合（3.17）。

3 緻密結締組織（dense）是由稠密的纖維以及少量的基質所組成，筋膜、肌腱、韌帶、骨膜以及關節囊等都是（3.18）。

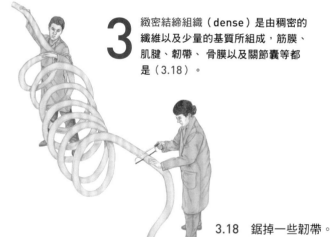

3.19　在骨骼末端加一些相稱的軟骨。

3.18　鋸掉一些韌帶。

4 人體有三種軟骨結締組織（cartilaginous），分別是透明軟骨、纖維軟骨以及彈性軟骨（3.19）。

5 硬骨結締組織（osseous）存在於骨骼中，含有增加硬度的礦物鹽（3.20）。

3.20　打造骨骼。

還記得我們的糕點師傅吧？只要幾樣原料，便可做出各式各樣結締組織。假如你需要液體來新陳代謝，在基質中加一點點纖維即可，很簡單。如果我們減少流質，增加纖維，便可做出神經、皮膚所需的網格或器官的支撐。進一步減少流質、增加纖維，得到的是緻密的纖維物質（筋膜），能夠包覆肌肉、形成肌腱或韌帶。最後，如果我們丟進一些礦物鹽，得到的將是最堅固的結締組織，也就是骨骼。

結締組織類型（續）

依功能區分

上一頁將結締組織依照結構區分，接下來我們根據其**功能**來看看。

首先，每種結締組織都具備多樣功能。骨骼像是槓桿，韌帶支撐關節，而其他組織則負責運輸養分、抵抗疾病、修復組織、儲存能量及保護隔絕內臟。由於本書旨在了解人體運動，因此將結締組織依照功能區分成兩類：**壓力組織**（compression tissues）以及**張力組織**（tension tissues）。

在開始討論這兩類時，我們必須先問一個簡單但重要的問題：你要如何支撐身體，才能讓它擁有搖晃骨骼、舉起四肢、彎腰等等的能力呢？

初步、大略的猜測可能會是從下方以竿子支撐或從上方用提線懸吊（3.21、3.22）。儘管這兩個想法聽起來有些瘋狂，但離正確答案卻相當接近。我們只需要將這「兩個」概念統整起來在身體「內部」即可。

這個「下撐上吊」的想法並非如此荒誕的理由，是因為支撐一個結構的方法只有兩種（至少在這個宇宙），也就是依靠**壓力**或**張力**，換句話說，不是被撐著就是被吊著。例如：摩天大樓是由下往上支撐，平衡懸掛是由上往下吊掛（3.23、3.24）。

你周遭的所有東西（椅子、植物、茶杯、房子、彈翻床或你的身體）都是根據這兩者之一的原理設計，因為所有結構都是依其所需而選用這兩種力的。

例如：坐在凳子（典型的下撐物）上，感受其如何依靠「壓力」來支撐你的體重。此時所有椅腳的上下受到擠壓，產生的張力則在每支椅腳周長所能承受的範圍內（3.25）。

相反地，躺在吊床（典型的懸吊物）上，感受其如何依靠「張力」來支撐你的體重。繩索被撐開的同時，壓力使各股纖維緊繃而變細（3.26）。

如此壓力與張力之間的動態交互作用能透過第三個靜止的選項——健身球，輕鬆感受到。健身球的上下互相擠壓，而兩側則因張力而外擴分離（3.27）。

接下來，就讓我們看看究竟這些和你的結締組織有什麼關聯吧！

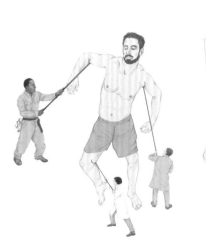

3.21 從下支撐身體。

3.22 從上吊掛身體。

3.23 威利斯大廈，又名西爾斯大樓，依靠壓力支撐建造。

3.24 懸掛吊飾是靠張力達到平衡。

3.25 凳子以壓力為主，張力為輔。

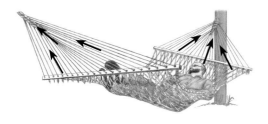

3.26 吊床以張力為主，壓力為輔。

3.27 健身球——張力及壓力相輔相成。

組織的推拉

壓力及張力與結締組織有什麼關係呢？關係可大了！你仔細瞧瞧，在重力、地面、椅子、收縮的肌肉等等之間，存在著許多內力及外力，足以影響我們即將要帶你打造的人體。我們必須要審時度勢，建構出最能夠支撐你的結締組織。其他功能面，例如位置、用途及設計，也必須納入考量，但這邊有一個根本的問題：一種結締組織主要只應付一種力（壓力或張力）嗎？換句話說，一種結締組織主要只負責被擠壓或被伸展嗎？

骨骼及軟骨在大部分的活動種類中都是負責承載你的體重（例如沿著步道往上跑），擔任你的**壓力組織**（3.28）。雖然它們也具有張力的特性，但其細胞組織主要還是被擠壓在一起的。

3.28　骨骼及軟骨承載重量。

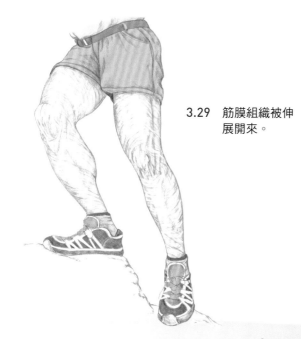

3.29　筋膜組織被伸展開來。

至於其他結締組織，也就是**筋膜組織**──固有筋膜、肌腱、韌帶及其他，則是擔任你的張力組織。當你從事像是沿著步道往上跳的活動時，它們將會大量地伸展（3.29）。

如此一來，骨骼（你身體的「支架」）負責撐起你的身體，而筋膜組織（你的「提線」）則吊起你的四肢、內臟及其他組織。這個推拉組織的動態二重奏將替你可動的身體創造出一個理想的內部架構。

在結締組織的如此安排中，有兩種不同的結構網絡。所有**張力組織**（固有筋膜、肌腱、韌帶等等）在全身形成連續的**張力網絡**（tensional network，第46頁）。

若是我們加入扮演間隔物，負責支撐張力網絡的骨骼及軟骨，接著倒進形成人體的體液，便可得到全身的**結締組織網絡**（Connective tissue network）（第46頁）。

了解後，讓我們一起來打造你的壓力單位──骨骼及軟骨吧！

帳篷柱（你的骨骼）。

帳篷布（你的筋膜組織）。

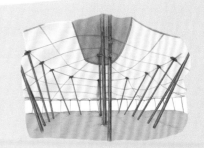

完成組裝。

我們很快就會看到筋膜與骨骼是如何相互依靠的。筋膜天生的抗張（可伸展）特質必須仰賴堅固的骨骼，撐起並提供空間。少了骨質「帳篷柱」，你的筋膜「帳篷布」便會坍塌在地（上方左及中圖）。

從另一方面來看，若是少了像帆布般的筋膜，你的骨架就會變成一群雖足以抗壓但堆疊不得的支架而傾倒崩落。筋膜和骨骼彼此相依，使你的身體最終既是「堆疊」又是「懸掛」（上方右圖）。

徹底解析：結締組織

　　讓我們透過懸掛吊飾（經典的張力應用裝置）的結構，替結締組織的特性及種類分類吧！

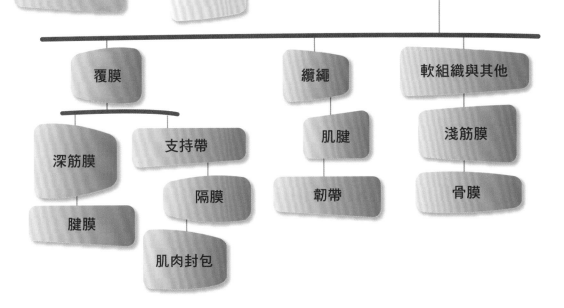

結締組織

特性

種類（結構）

種類（功能）

伸展

彈性

可塑

潛變

觸變性

拉伸強度

膠狀

壓電效應

液態

疏鬆性

緻密性

軟骨性

硬骨性

壓力組織

張力組織

軟骨

硬骨

覆膜

深筋膜

支持帶

腱膜

隔膜

肌肉封包

纜繩

肌腱

韌帶

軟組織與其他

淺筋膜

骨膜

章節回顧問答：結締組織，第一部分

（你可以上網在 booksdiscovery.com 學生專區找到解答）

1. 下列哪一種組織，並未在本章提及？（p.22）
   a. 肌肉、結締組織、表皮
   b. 肌肉、神經、表皮
   c. 結締組織、神經、表皮
   d. 結締組織、肌肉、神經

2. 結締組織由哪兩種基本成分組成？（p.22）
   a. 細胞與細胞外間質
   b. 張力與擠壓
   c. 骨頭與筋膜
   d. 肌腱與韌帶

3. 下列哪一種蛋白質纖維，對於維持結締組織的
   支持功能和結構完整性相當重要？（p.23）
   a. 網狀結構
   b. 硬骨
   c. 軟骨
   d. 彈性蛋白

4. 哪一種結締組織的特性，表示結締組織被改變
   型態後能維持在新的狀態？（p.26）
   a. 彈性
   b. 可塑性
   c. 可收縮性
   d. 潛變

5. 哪一個例子具有膠狀（colloidal）的特性？
   （p.28）
   a. 泥
   b. 水
   c. 氧氣
   d. 塵土

6. 就結構上而言，脂肪組織和硬骨分別是哪種類
   型的結締組織？（p.29）
   a. 液態；疏鬆性
   b. 軟骨性；硬骨性
   c. 疏鬆性；硬骨性
   d. 液態；緻密性

7. 就功能上而言，結締組織可分為哪兩大類？
   （p.30）
   a. 壓力組織、張力組織
   b. 筋膜組織、張力組織
   c. 壓力組織、硬骨組織
   d. 張力組織、延展組織

8. 下列選項，哪一個是壓力結締組織？（p.31）
   a. 韌帶
   b. 肌腱
   c. 皮膚
   d. 軟骨

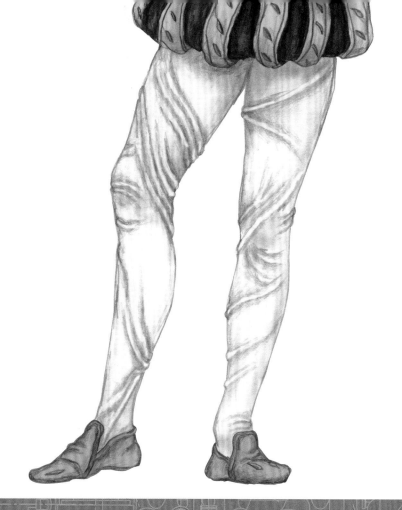

4

結締組織
第二部分

目的

- 列出硬骨組織的功能與成分。
- 將軟骨組織簡單定義為三種不同類型。
- 簡單定義筋膜組織的類型。
- 簡單定義肌腱與韌帶。
- 列出並描述何謂結締組織網絡。

本章精華

　　關於筋膜，可講的故事可多著。當我高中演出莎士比亞舞台劇時，我勉強地把自己塞進一件緊身褲裡，結果發現我根本無法走路。我的兩條腿向著奇怪的方向走著。幾年後，當我用力擰乾一件濕衣服的時候，我也有相同的感受。我的身體和手臂，深深感受到材質的扭曲程度。

　　多年以來，類似的感覺一直讓我感到困惑。直到我讀了愛達‧魯爾夫的《Rolfing and Physical Reality》才了解當深層筋膜纏繞的時候，我的淺層筋膜也會感到緊繃。緊身褲裡旋轉的力量，讓我的髖部轉向不同方位，影響我的下肢和足部的位置，破壞了我身體的對位，失去平衡。

　　我總記得：「當人身上各筋膜的排列順序被轉位、揪成一束或是卡住時，生物力學就會失去平衡，會影響他們的姿態、步態和各種功能！」好吧，這樣也許有點誇張，但身為未來的臨床人員，我覺得這句話滿有啟發性的。也許本章節──將專注於韌帶、肌腱與其他筋膜等結締組織──也會對你有某些啟發。

◆ 你有發現每天例行的各種活動和姿勢，像是開車、使用滑鼠或是用搖桿打電動，會對你的手臂和胸廓造成什麼影響呢？

◆ 如果肢體因為受傷打了石膏，長期缺乏活動，又會對筋膜造成什麼影響？對於對側手臂又會造成什麼影響呢？

◆ 牛頓認為所有的力，皆有相對應的反作用力。這個概念又將如何應用在筋膜的運作上？

本章節內容

骨骼

讓我們復工繼續打造人體吧！為了獲得適當的活動度及穩定度，人體必須具備一組結構支架，在塑形連結後，能作為肌肉運力的槓桿並提供組織所需的空間。換句話說，你需要的是一些「骨骼」。

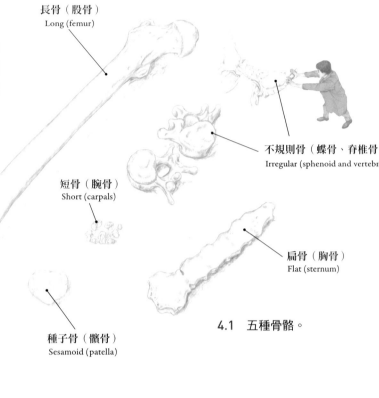

長骨（股骨）
Long (femur)

不規則骨（蝶骨、脊椎骨
Irregular (sphenoid and vertebr

短骨（腕骨）
Short (carpals)

扁骨（胸骨）
Flat (sternum)

種子骨（髕骨）
Sesamoid (patella)

4.1　五種骨骼。

骨骼種類

我們的施工藍圖一共需要 206 塊骨頭來完成你的骨架，其中約有 175 塊是和自主運動有關的。我們將按照計畫組裝，但有時多出或遺失一根肋骨、一塊脊椎骨、一節指骨或其他骨頭也是常有的事。

人體的骨頭將被打造成幾種類型：長骨、短骨、扁骨、種子骨及不規則骨（4.1）。股骨及肱骨屬於**長骨**，而手部及腳部的塊狀骨頭則是**短骨**。**扁骨**包括胸骨及髂骨，**不規則骨**則包括臉部及脊椎骨。嵌入肌腱中的骨頭，例如髕骨，則屬於種子骨。

整副骨架可分為兩個部分：中軸骨（axial skeleton）以及四肢骨（appendicular skeleton）。**中軸骨**位於骨架中心，包括頭蓋骨、脊椎骨、肋骨、胸骨以及舌骨。**四肢骨**則有雙臂、雙腿、肩帶（肩胛骨、鎖骨）以及骨盆帶（髖骨）。這些骨骼的分類將有助於我們進行步態及姿勢的討論。

骨骼功能

骨骼扮演人體工學及新陳代謝等角色，這裡我們要將重點放在與運動及支撐相關的部分。

人體骨骼以整副骨架為一體的方式運作，組成結構支架的一部分來支撐身體，並替周圍的組織提供區隔空間。此等功能有助於保持身體外形。做幾下開合跳（4.2）看看，你得感謝全身堅固的骨頭，讓你沒有在跳第一下的時候就像張可麗餅一樣癱軟在地（4.3）。

此外，人體骨骼還必須能夠承受體重及其他力量。站立時你或許還沒注意到，但當你持續做了幾下開合跳後，便會感覺身體各部位分別承受大大小小的體重及動量。骨骼便是設計來承受這種壓力，再加上筋膜對張力的抵抗，使你的身體成為獨一無二、動態平衡的有機體。

人體許多組織構造都需要一個附著點，對此骨

4.2　用有骨骼的身體進行開合跳是這樣……

4.3　……沒有骨骼的話會變這樣。

骼藉由提供肌肉（經由肌腱）、筋膜及器官可靠的附著點來支撐組織（4.4）。

有趣的是，以上所提到的五項功能都可在馬戲團帳篷的柱子上觀察到。它們組成帳篷的**骨架**，替帳篷的頂端、底部及側邊創造**空間**，維持帳篷的**外形**，承載其**重量**，並讓板金、線材及看板有**附著**的地方。

最後，骨骼還可擔任運動時的**槓桿**。就跟你使用螺絲起子、胡桃鉗或剪刀一樣，人體肌肉也利用骨骼的堅硬。當肌肉收縮時，便會牽引（扮演槓桿的）骨頭，於是在該部位產生動作。若是缺少骨骼的硬度，你的運動能力大概會銳減至剩下滑行。

骨骼負責的功能相當驚人，因此，讓我們回到實驗室去想想該如何規劃其**結構**吧！

4.4 肌筋膜單元需要附著點。

我們來打造骨骼吧

骨骼結構

骨骼的結構需求不鳴則已，一鳴驚人：強如生鐵，輕如木頭。你大概會認為骨組織的成分也會像其結構一樣令人讚嘆，但其實就只是細胞、膠原纖維、水及一些填固物。

打造骨骼的祕方

一份的**骨細胞**（約占骨質的 10%）：包括成骨細胞、骨細胞及蝕骨細胞，這些功能特殊的結締組織細胞僅存在於骨骼中。**成骨細胞**（osteoblast）分泌膠原蛋白至周圍的細胞外基質，直到完全被分泌物包覆後，成骨細胞即轉**成骨細胞**（osteocyte）。骨細胞為骨組織中的主要細胞，藉由血液交換營養及廢物，維持每日新陳代謝。**蝕骨細胞**（osteoclast）體型巨大，負責分解並清除細胞外基質。

一份的**有機物**（約占骨質的 10%）：由膠原蛋白組成，提供骨骼微量但重要的拉伸強度。更重要的是其網繩狀的排列，能夠固定使骨質硬度及密度增加的礦物質。

六份的**無機物**（約占骨質的 60%）：主要成分為由磷酸鈣所組成的礦物鹽，是一種無法溶解的合成物，填充在細胞外基質裡擔任凝固劑，使骨質堅硬，成為最堅固的結締組織。

兩份的**水**（約占骨質的 20%）：即便是在人體密度最高的部位，水分仍然是其中重要的成分。（注意：以上成分所佔的百分比會隨著年齡、運動量及其他個別差異而有所變動。）

我們沒有時間慢慢等骨骼生長，因此用我們神奇的「長骨燈」來偷吃步。

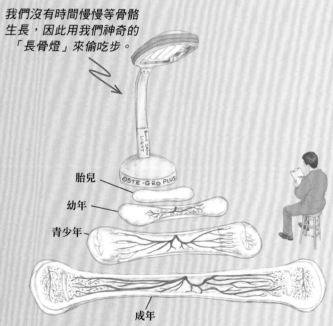

胎兒
幼年
青少年
成年

4.5 骨骼在「長骨燈」下生長。

在此我們是用拼裝的方式打造你的身體，但在「真實世界」裡，你身上的壓力組織（骨骼及軟骨）在子宮裡就已經開始發展，從嬰兒時期一直到成年，都持續地成長。這些組織在你成長過程中所承受過的重量及壓力，將是主導、影響骨骼發展的來源。

我們來打造骨骼吧（續）

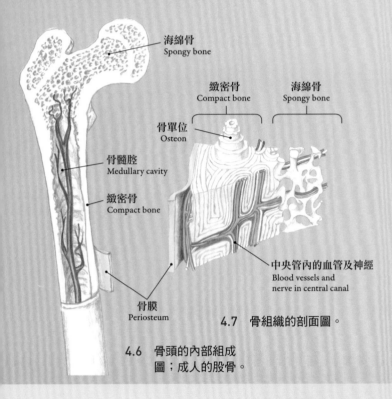

海綿骨
Spongy bone

緻密骨
Compact bone

海綿骨
Spongy bone

骨單位
Osteon

骨髓腔
Medullary cavity

緻密骨
Compact bone

中央管內的血管及神經
Blood vessels and
nerve in central canal

骨膜
Periosteum

4.7　骨組織的剖面圖。

4.6　骨頭的內部組成
圖；成人的股骨。

主要部位

趁神奇的長骨燈正在處理你的骨頭時（4.5），讓我們來檢視一下骨組織中高密度的**緻密骨**吧！這種骨組織是構成長骨——例如股骨（4.6）的主要成分。作為骨頭最外面的薄層，緻密骨負責保護對抗重量及運動所產生的壓力。無巧不巧的是，若把緻密骨放大數千倍（4.7），其環狀的設計與樹幹極為相似呢！

骨骼內其他的部分則是由**海綿骨**組織所組成，其排列看起來似乎雜亂無章，但其中的骨小樑（trabeculae）作用就像房屋的橫樑一樣，能夠承受壓力、轉移力量。當你將股骨擺直並開始奔跑時，海綿骨的孔隙設計便可依照壓力的方向重新排列，使其達到最大的支撐力量。

骨膜（覆蓋在股骨表層的纖維膜）也是筋膜張力網絡的一部分，我們將會在第 45 頁詳細討論。

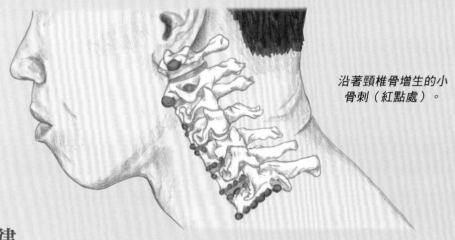

*沿著頸椎骨增生的小
骨刺（紅點處）。*

沃爾夫定律

人體骨骼會不斷地重組，將舊組織瓦解並以新組織取代。此時此刻，你全身上下約有 5%的骨骼正在循環再生。不過這整個過程是以快慢不等的速率發生，例如股骨的末梢每四個月便會更新一次，但股骨骨幹骨的部分則需耗時整個成年期才能完成。

至於人體骨骼又是怎麼知道何時以及如何進行重組呢？其實一切訊息都是由你提供的。經由運動，骨骼會變強壯；若是整個冬天都賴在沙發上，那麼骨質變差也不令人意外。

受到擠壓時，很多物質在壓力之下都會縮減，但骨骼卻不會。根據**沃爾夫定律**（Wolff's Law），在壓電效應下，骨組織在承受壓力時會變得更緻密，形成更堅固的骨骼基質。而當壓力移除時，骨組織便會重新吸收待用的物質。「不使用就失去」，這是千真萬確的。

也許你還沒注意到，不過這個生理法則在你的患者東尼身上可是顯而易見，例如：他的脛骨粗隆及其他骨骼特徵由於肌腱的拉扯張力而增大。然而，同樣的狀況發生在他的頸部就不是什麼好消息了。過度的壓力施加在位移的頸椎骨上（見上圖的 X 光照），造成骨刺——位於骨骼表面不健康的鈣質堆積增生。

堆疊與擠壓？

讓我們來釐清兩個關於骨骼常見的錯誤觀念。首先,有些人認為人體骨架像是一座層層堆疊而平衡穩固的高塔,這個想法錯誤的地方在於骨骼其實無法保持垂直組合,更別說要彼此連結了。其末端關節的部分並非四四方方,而是有圓滑或不平整的表面,這也就是為什麼教室裡的人體骨骼模型必須用掛鉤懸吊或擺放在支架上,並且以螺栓及絲線紮牢,否則骨頭是不會一根一塊乖乖堆好的(下圖)。

若是上述屬實,人體骨骼又是如何承受體重並構成骨架呢?小提示,周圍的筋膜組織可是大幫手呢!這個討論與第二個謬見有關,也就是人體基本上

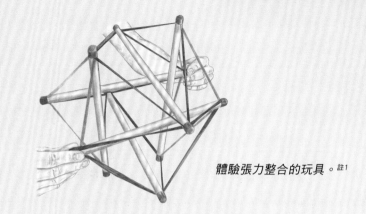

體驗張力整合的玩具。註1

為一壓力結構,由堆疊下壓的零件構成,頭部坐於頸上,頸部坐於軀幹,頭、頸、軀幹再坐於骨盆、接著是雙腳上。沒錯,你的雙腳的確使勁承受身體最大的壓力,但這些壓力並非單靠骨骼從頭到腳傳遞而來。

事實上,跟一堵磚牆比起來,人體更像一個張力整合(tensegrity)的玩具(上圖)。這個天才的裝置展示了木釘(骨骼)與橡皮筋(筋膜)如何結合其張力及壓力的特性,組成一個動態的架構(右下圖)。人體內也存在這種團隊合作,骨骼位置的平衡即有賴筋膜(及其被封包的肌腹)的張力發揮。

少了筋膜支撐,
骨頭將分崩離析。

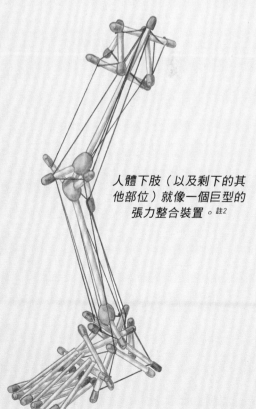

人體下肢(以及剩下的其
他部位)就像一個巨型的
張力整合裝置。註2

註1:可於 www.tensegri-teach.com 購買。

註2:改自湯姆・弗萊蒙斯(Tome Flemons)的設計。可上他的網站(www.intensiondesigns.ca)參閱更多關於張力整合的產品及討論。

軟骨

剛出爐的股骨(第38頁)最後將與脛骨首尾相接，構成脛股關節，也就是膝關節。為了避免骨頭的接觸面互相磨損，我們必須在兩骨尾端安裝一些緩衝物。

當然，這可不是隨便一塊老舊的車輪護板就行得通的。我們替關節裝設的材質必須提供低摩擦的平滑表面，足以承受巨大的重量（膝蓋幾乎要承載全身的體重），並有足夠彈性可以恢復擠壓前的原形。藉由混合橡膠及軟塑膠的特性，在有機的活體組織中，我們得到的正是身體所需的**軟骨**（cartilage）。

軟骨是稠密的膠原及彈性纖維網絡，分布在凝膠狀而非液態的基質裡，能夠承受比其他緻密結締組織（例如韌帶或肌腱）還要大許多的壓力。不幸的是，軟骨的血液供給極差，使其傷後自我療癒的功能受限。

我們有三種軟骨可供使用：

纖維軟骨（fibrocartilage）最堅固，能承受極大的拉伸強度（被拉扯伸展），是作為椎間盤、膝關節半月板（4.8）、肩關節唇以及髖臼的絕佳材料。

彈性軟骨（elastic cartilage）最為柔軟，適合用來維持組織結構外形，例如外耳（4.9）、耳咽管以及會咽（在吞嚥時蓋住氣管的軟骨）。

透明軟骨（hyaline cartilage）又稱關節軟骨，是人體中最豐富的軟骨組織，存在於與運動相關的關節。透明軟骨分布在骨骼的連接面，形成關節的第一道防線（就是雞骨末端發亮的透明狀物質）。儘管只有 1 ~ 7mm 的厚度，但多虧其彈性結構，因此得以減少摩擦、吸收震動。你猜得沒錯：透明軟骨最適合拿來放在股骨末端膝關節處了（4.10）。

4.8　椎間盤（上圖左）以及半月板（上圖右）都是纖維軟骨。

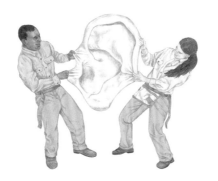

4.9　彈性軟骨保持耳朵的外形。

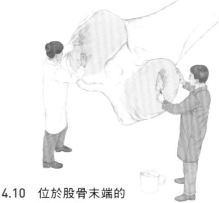

4.10　位於股骨末端的透明軟骨。

不過，我們該如何裝上透明軟骨呢？用膠水？用釘子？人體自有其奧妙。還記得骨骼和軟骨都是結締組織，儘管非常緻密，卻能夠融合形成意想不到的堅固連結嗎？沒錯，就是這麼一回事。軟骨藉由鈣化來將自己安坐在骨組織上（4.11）。

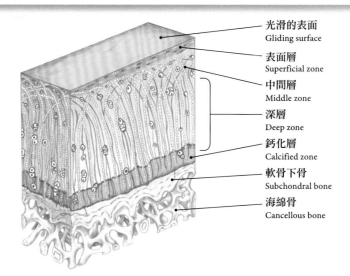

4.11　透明軟骨及骨骼的剖面圖。

光滑的表面
Gliding surface

表面層
Superficial zone

中間層
Middle zone

深層
Deep zone

鈣化層
Calcified zone

軟骨下骨
Subchondral bone

海綿骨
Cancellous bone

筋膜組織

在完成骨骼及軟骨等壓力組織的建構後，讓我們來看看其他產生「張力」的結締組織吧！

筋膜組織（fascial tissues）是人體的板金、繩索、導管以及填料，由疏鬆或緻密結締組織構成（第29頁），包括肌腱、韌帶、淺筋膜以及包裹肌腹的組織。與骨骼或軟骨不同，這些組織利用其緊繃的特性形成一道全身的張力網，不但能將組織綑綁在一起，還能讓它們平穩地滑動、覆蓋彼此。

再過幾章，我們即將看到肌肉纖維如何擔任發動收縮及可動性的引擎。既然如此，你也許會覺得奇怪：筋膜組織在運動中又是扮演什麼角色呢？打個比方你就明白了。就像車子少了驅動軸、傳動帶及機油便只能在原地空轉一樣，肌肉組織若是沒有筋膜組織（**4.12**）所提供的能量統籌、移轉以及潤滑的話，便毫無用武之地了。

我們將把筋膜組織分成三個部分：①覆膜（**固有筋膜**）、②纜線（**肌腱及韌帶**），以及③其他類型（例如**淺筋膜** superficial fascia **及骨膜** periosteum）。

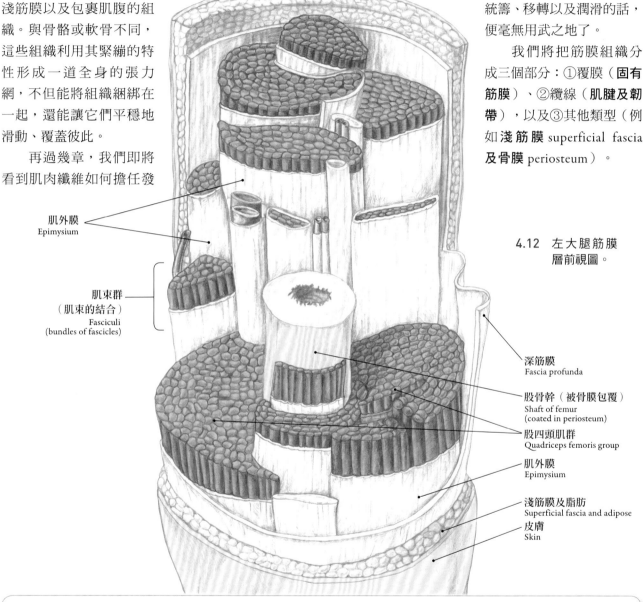

肌外膜
Epimysium

肌束群
（肌束的結合）
Fasciculi
(bundles of fascicles)

4.12 左大腿筋膜層前視圖。

深筋膜
Fascia profunda

股骨幹（被骨膜包覆）
Shaft of femur
(coated in periosteum)

股四頭肌群
Quadriceps femoris group

肌外膜
Epimysium

淺筋膜及脂肪
Superficial fascia and adipose

皮膚
Skin

單一的大片組織

筋膜長期以來被忽略，其在可動性及姿勢完整性所扮演的角色直到最近才獲得應有的認可，甚至在一個每年舉辦兩次的「筋膜研討大會（Fascia Research Congress）」上專門討論。（是的，真的有那麼一個會議，甚至你也可以參加。）

筋膜（原文「fascia」在拉丁文中意指「綁繩、繃帶或皮帶」）被定義為「漫布人體全身的結締組織系統之軟組織成分」，不過筋膜的本質卻讓其相當難以界定。儘管將這些組織區隔出來一一描述，但它們其實也只有在命名上各自獨立。去上一堂大體課程（誠心推薦），你便能目睹並感受到「這些」組織其實應該是「一大片」組織。當我們進一步打造探索時，請記住「筋膜組織」的確只是單數的一個組織。

固有筋膜

固有筋膜（proper fascia）構成人體全身上下緻密結締組織的覆膜，種類涵蓋包覆及滲入肌腹的筋膜，以及隔膜、腱膜、支持帶、關節囊。

不同於肌腱中平行排列的膠原纖維，固有筋膜的膠原纖維是交錯相織的，因此能提供人體主要的完整性及肌耐力。

深筋膜

深筋膜（fascia profunda）是緊貼在皮膚及淺筋膜下的一層緻密結締組織，包覆著肌腹，使其連接在一起，並根據不同功能區分成群，同時填補肌腹間的空隙，支撐血管及神經的通道。深筋膜分布之廣，甚至滲透到肌腹中，另外命名為肌外膜（epimysium）、肌束膜（perimysium）以及肌內膜（endomysium）。

假如我們要建造你的腿，須先將你的肌肉及周圍的筋膜封包、擺放正確（4.13～4.15），接著用深筋膜將肌群及整個下肢包裹起來（4.16）。最後，我們再加上淺筋膜以及皮膚。下面的圖以有趣的方式呈現建造過程，不過，事實上所有的筋膜層（從淺筋膜一直到肌內膜）就只是單一一個組織。

為了達到可動性，筋膜組織（再次強調是不可分割的一個組織）的確需要與周圍組織劃分責任範圍，以便各行其是。有趣的是，深筋膜不但「連接」身體各部位，同時也負責「區分」出重要的群組。例如當胸大肌縮短而胸小肌拉長時，你的深筋膜不僅會把肩膀夾緊，並且會提供一個平穩的表面讓這些動作一起進行。

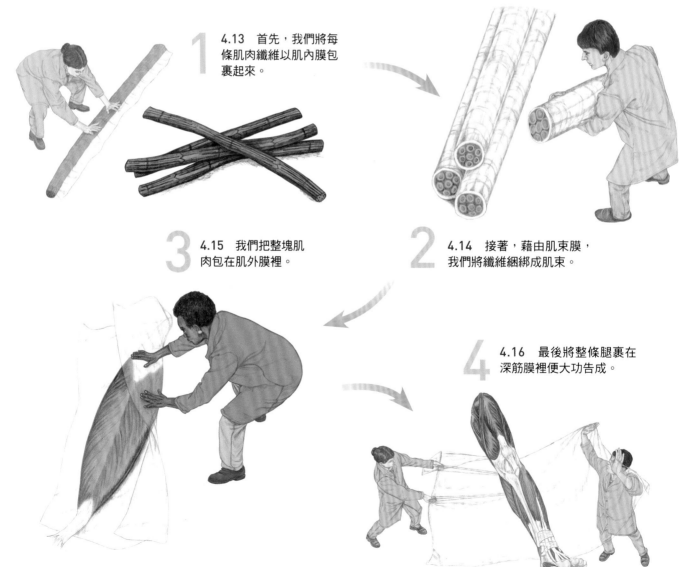

4.13 首先，我們將每條肌肉纖維以肌內膜包裹起來。

4.15 我們把整塊肌肉包在肌外膜裡。

4.14 接著，藉由肌束膜，我們將纖維綑綁成肌束。

4.16 最後將整條腿裹在深筋膜裡便大功告成。

肌肉封包（Muscle Envelope）

　　肌肉及其筋膜組成一個**肌筋膜單元**（myofascial unit），試圖將其拆開（不論是用念力還是解剖刀）都不太有意義。兩者互相依存，當肌肉組織善盡其收縮的「引擎」責任時，筋膜的部分則組織其力量分配至張力網絡。

　　深筋膜將肌肉裹成任務群組，例如前臂的屈肌，接著逐一包覆各條肌肉，更深入每個肌腹，裹住每條肌束及微小的肌肉纖維。最後，再將自己纏繞於肌肉尾端，形成肌腱（4.15）。我們將在第七章進一步探討這個部分。

隔膜

　　人體全身上下有許多肌間隔膜（septum）有待搭建，這些「區隔四肢多種肌群」的「筋膜層」主要分布在手腳的中間及側邊。

　　隔膜扮演雙重角色。首先，隔膜從骨頭或骨緣處以扇形散開，替肌肉的肌內膜（肌腹最外層的筋膜）提供額外的「筋膜把手」。同時，隔膜也擔任「筋膜中間人」，區隔相鄰的肌腹，使其能夠各自獨立運作（4.17）。

腱膜

　　與分隔肌肉的隔膜不同，腱膜（aponeurosis）附著在肌肉末端，是寬寬扁扁的肌腱。腱膜遍布全身，由緻密結締組織構成，用來增加穩定性或肌力，例如負責支持腰椎骨盆區域的胸腰腱膜（thoracolumbar aponeurosis）。

骨間膜

　　當我們在打造你的手腳時，一定會在橈骨與尺骨、脛骨與腓骨間加入一層保持穩定的骨間膜（interosseous membrane）。這些細薄但強韌的纖維膜會將骨骼綑綁在一起，同時充當肌肉的附著點（4.18）。

支持帶

　　長條的肌腱（例如手腕及腳踝裡）完全組裝啟用後，有時會出現相當劇烈的轉動。我們將會安裝數條支持帶（retinaculum）（環繞關節並固定穿過該部位的肌腱），幫助這些肌腱在前後滑動時能夠保持在正確的軌道上（4.19）。

關節囊（Joint Capsule）

　　針對你的滑液關節（將是我們討論的重點），我們會以緻密結締組織來提供關節穩定及控制。我們將在第66～68頁針對這部分深入討論。

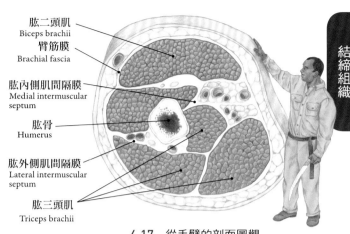

肱二頭肌
Biceps brachii
臂筋膜
Brachial fascia
肱內側肌間隔膜
Medial intermuscular septum
肱骨
Humerus
肱外側肌間隔膜
Lateral intermuscular septum
肱三頭肌
Triceps brachii

4.17　從手臂的剖面圖觀察隔膜。

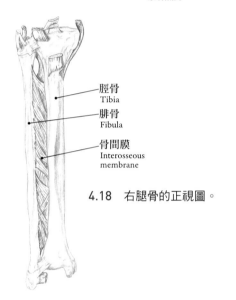

脛骨
Tibia
腓骨
Fibula
骨間膜
Interosseous membrane

4.18　右腿骨的正視圖。

上伸肌支持帶
Superior extensor retinaculum

下伸肌支持帶
Inferior extensor retinaculum

4.19
在腳踝周圍安裝支持帶。

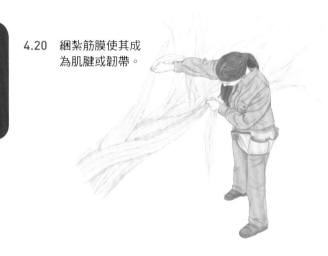

4.20 綑紮筋膜使其成
為肌腱或韌帶。

韌帶與肌腱

接下來將建造兩項人體偉大的中介物—— 連接骨骼成關節的**韌帶**（ligament），以及連接骨骼與肌肉的**肌腱**（tendon）。

韌帶及肌腱是由緻密結締組織構成，兩者皆可視為局部的筋膜「增厚」（4.20），內含少量的細胞以及大量充滿膠原纖維的細胞外基質，使其結構擁有鋼索般的拉伸強度。**韌帶**須承受來自各個方向的張力（想想看在打籃球時膝蓋所承受的扭轉力），因此為了支撐關節對抗多向的力量，韌帶纖維是以平行相交的方式排列而成，藉此賦予其針對關節運動更好的穩定、強化及限制功能。

相反地，位於**肌腱**的纖維則是以彼此平行的方式排列，這是因為作用於肌腱上的力量幾乎完全是單向的（4.21），也就是說，力量是沿著其所連接的肌肉到位於骨骼的附著點傳遞而來（4.22），使肌腱能夠將肌肉的收縮（當肌肉縮短時）轉移到骨骼上。換句話說，當肌肉收縮時，肌腱被拉扯，於是牽引骨骼移動。回想一下在第 43 頁被稱為**腱膜**（aponeurosis）的寬寬扁扁的肌腱吧！

肌腱及韌帶的組成使其免於遭拉扯變形，卻讓它們有被撕裂的風險，而這正是最常發生的傷害。其緻密結締組織跟軟骨一樣，所能提供的血液量都很低，因此傷後不易復原。

韌帶及肌腱又是如何附著在股骨及脛骨上的呢？我們將採取建造摩天大樓的方法，就像是在水泥中加入鋼筋一樣，把膠原纖維鑽進包覆骨組織的骨膜，使其牢固。事實上，韌帶及肌腱在穿透骨骼表面時，其實變得比較像骨頭（礦化）了（4.23）。

膠原纖絲
Collagen fibril

膠原纖維
Collagen fiber

腱內膜
Endotenon

腱鞘
Epitenon

4.21 修剪肌腱的尾端。

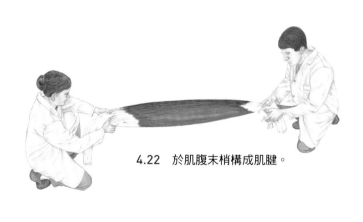

4.22 於肌腹末梢構成肌腱。

4.23 將肌腱及韌帶與膝蓋
骨及骨膜連接起來。

肌腱與 Tootsie Roll巧克力糖

解剖學家之所以將人體全身上下各個韌帶及肌腱，跟其他的結締組織結構一樣分門別類是可以理解的（區分周遭事物是人類的天性，即便是自己體內也不放過）。但事實上，人體對此其實一無所知。在大多情況下，韌帶就只是關節囊較厚實濃稠的部分。至於肌腱，它們就像高檔的 Tootsie Roll巧克力糖包裝紙捲起的兩端。筋膜層（包裝紙）包裹著肌腹（糖果），事實上，它們還微微穿透了糖果本身，在兩端相合構成肌腱。從肌腱到筋膜再到肌腱，是一整個連續的組織。

其他類型的筋膜

淺筋膜是一種疏鬆結締組織，就位於皮膚之下，包覆著全身。淺筋膜經常被誤認為是一層薄膜，但其實是充滿了脂肪組織、神經、血管及淋巴管的三度空間，作用是隔絕周圍的組織並增加緩衝，同時儲存脂肪及水分（4.24）。

包裹骨幹外表的**骨膜**，則是一層充滿緻密組織的薄膜（4.25）。骨膜的造骨細胞負責增加股骨的厚度（而非長度），並借力支撐與其相連的肌腱及韌帶。除了保護及治癒骨骼外，骨膜還擔任骨骼與韌帶、肌腱之間重要的「中間人」。

另外，我們將在第 66 ～ 68 頁有關關節的章節花更多篇幅探討其他結締組織，包括關節盤、關節囊、關節唇、滑液、滑液膜、半月板以及脂肪墊。

4.24　把腿包在淺筋膜裡。

4.25　塗上骨膜。

紓解、放鬆及呼吸

該如何善用這些關於結締組織的新知在你的醫療行為上呢？其實，只要讓身體動起來就可以了。這些組織，就如同它們的名字所說的，負責「結」合「締」交，有時甚至是對健康無益。而藉由抬舉、推壓、拉脫等手法，即很有可能使筋膜層分散、紓解、放鬆並「呼吸」。靠著雙手不僅能手動增加基質的液體，還能間接啟動壓電效應，增加水分吸收及新陳代謝。

當骨骼接近皮膚表面時，該部位的組織會變得格外膠著。腳踝、膝蓋、鎖骨及肩胛棘就都是真皮、淺筋膜及骨膜容易纏結的部位。想想結締組織的膠狀特質，你現在有很好的機會施行「以退為進」的身體工作療法，慢慢試著將層層纏結解放開來。

全部組裝起來

骨骼筋膜及其他

在探討過壓力及張力結締組織後，讓我們一起把它們組裝起來來結束這一章吧！與此同時，我們將創造出兩套不同的網絡。

當我們結合相互連結的「筋膜組織」：固有筋膜、肌腱及韌帶等等，可形成一個連續的**張力網絡**（4.26）。

若是我們更進一步加入「骨骼」及「軟骨」（並且將全身灌滿「體液」），我們將得到一個全身的**結締組織網絡**（4.27）。骨骼在此則是以分段式的間隔來支持張力網絡。

上述第二套全身的網絡系統將有助於我們理解這些組織如何分工合作，如何在你坐、站、走等動作中扮演重要的角色。讓我們一起來仔細瞧瞧這套遍布人體的結締組織網絡吧！

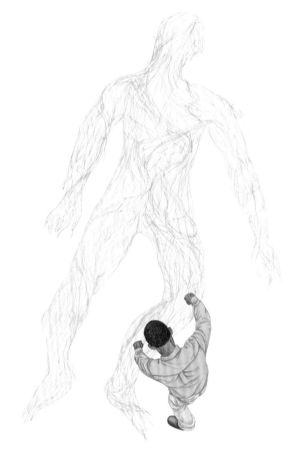

4.26 布置你的張力網絡。

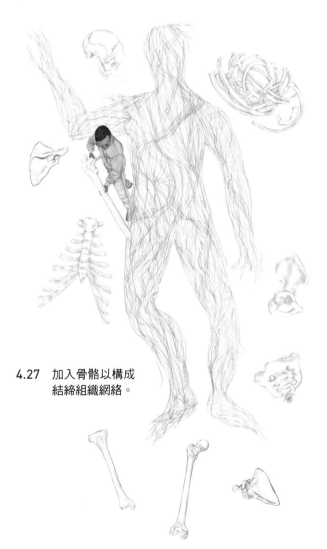

4.27 加入骨骼以構成結締組織網絡。

結締組織網絡的功能

整體而言，你的骨骼、筋膜組織及其他──也就是你的結締組織網絡，負責兩項重要任務。第一，**構成人體完整的結構**。（仔細想想，這工作還有誰能勝任？）結締組織網絡組合細胞成組織、組織成器官，結合骨骼與肌肉，連接骨骼成關節，封包肌肉、脂肪及內臟。簡而言之，它形塑、懸吊、支撐了人體。如果把筋膜基質從結締組織中去除，你就會像無數堆的肌肉、神經，整坨癱軟在地，連聳個肩都辦不到，簡直可與沙包媲美了。

第二，**提供肌肉及關節所需的力學支援**。如何辦到呢？答案是藉由骨骼所提供的槓桿以及筋膜、韌帶、關節囊的強化。例如：當肌肉收縮時，其周圍的筋膜會沿著肌肉隨之縮短，拉扯筋膜纏繞的末端──也就是肌腱，於是牽引骨骼產生動作。（這個解釋經過相當的簡化，事實上還有更多細微的穩定動作發生在周圍的組織上。我們將在第八章有關肌肉的部分來討論。）

向日葵、體液與你

如同在第 46 頁所暗示過的，我們還需要「第三個」結構要素才能使人體運動。除了壓力結構（例如骨骼）及張力組織（例如筋膜）外，完整的結締組織網絡還需要體液，而且是大量的體液（見第 24 頁下方的方格）。

不小心割傷自己時，流出來的不是固體或氣體，而是液體。人體大約有 80% 的成分是水，若說人是水做的一點也不為過。一般人對體液所扮演的多重角色並不陌生（輸送養分及廢物、潤滑關節等等），比較不為人知的是其在結構完整性方面所發揮的功能。

想像一株盛開的向日葵，由其堅韌的植物內部結構「獨挑大樑」，撐起其莖幹及花瓣。靠著靜水壓，它能夠汲取水分釋放至各個部位，並且「花如其名」地不斷使其花序隨著太陽轉向（4.28）。

現在，將莖幹切斷，觀察水分如何從切口流出。原本封閉的導管被剖開後，植物內部的水壓下降，穩定張力減弱，導致其開始枯萎（4.29）。

4.28　一朵靜水壓飽滿的向日葵。

4.29　切斷莖後，可以看到花會漸漸枯萎。

4.30　將只有結締組織的你，套進皮囊裡去。

不過尚有一線希望。把花插進一瓶清水，便可見到它起死回生。就像這朵花一樣，人體組織也依靠一個加壓環境來支撐其架構，一個從內部產生組織張力的環境。換句話說，你（一個嘰嘰喳喳不斷說話、全身都是水且四肢突出的傢伙）需要靜水壓才能存在。

在骨骼及筋膜都就定位後，讓我們一起把身體灌滿體液，來完成結締組織網絡吧！首先，我們得將你所有的結締組織網絡塞進一個袋子裡，在此即為你的皮膚（4.30）。「拉上拉鍊」後，我們會在你的腳踝連接一條水帶。

當你將向日葵切開時，其所有的汁液並不會一次傾洩完畢，這是因為大部分的水分都被包覆在其組織裡。舉例來說，當你將一顆肥碩多汁的葡萄的皮剝下時，便能觀察到汁液所導致的壓力或腫脹，也許只會滲出一小滴葡萄汁。人體組織也是一樣的。當然是有凝結（血液凝成血塊的過程）的作用，不過重點是人體的體液並非毫無組織規劃，而是與身體組織深深結合的。

全部組裝起來（續）

因此當體液漸漸充斥全身細胞，你的身體會慢慢開始膨脹（4.31），隨著更多體液流入，身體終於成形。在我們將你灌滿體液後，有很重要的一點要記得：你的壓力及張力組織並非死屍身上乾燥破滅的材料，而是存在於（且依賴著）一個「液體環境」來施加、散布壓力至全身。

有趣的是，若我們能夠神奇地爬進你的組織裡，微調筋膜線路並校正液壓，保持身體直立這項任務

的大部分工作就都完成了。此時你的骨架彷彿就只是附屬結構，是維持穩定度及保有活動度所必需，但絕不是唯一的基礎要素。

當然，少了其他重要組織，例如肌肉及神經，你還是動彈不得，不過人體運動的根基正始於結締組織及其內含體液等基本要素，為進入下兩章——關節，奠定重要的基礎。

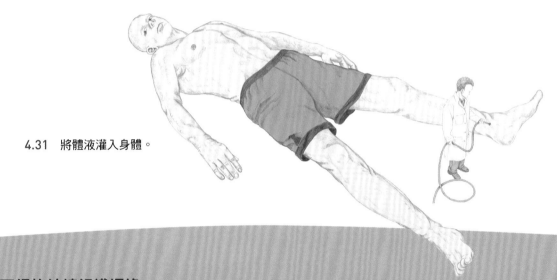

4.31　將體液灌入身體。

綿延不絕的結締組織網絡

假如我們將結締組織網絡以外的部分全部從你的身上移除（第46頁），接著縮小成奈米機器人——變——然後爬進位於拇指指甲下的基質。

你想去哪兒呢？先任選一個人體的奧妙「地址」，例如「右比目魚肌大道205號」吧！要從拇指移動到小腿底部並不會太困難，畢竟有無數的骨骼橋樑、韌帶通道及筋膜隧道可供通行，麻煩的是要如何在數千條路徑中選取擇一。多虧筋膜是一套單一、相連且滲透率百分百的網絡，讓我們能夠在你體內任意悠遊（如下圖）。

儘管這是一趟虛擬的旅程，但你應該可以想像得到這些結締組織是如何無始無終，一個個之間慢慢變化融合連接在一起。筋膜鞘聚集成肌腱，肌腱再融入骨膜及骨骼。骨骼末端變形成關節囊，再與連接下一塊筋膜的韌帶相合，綿延不絕。

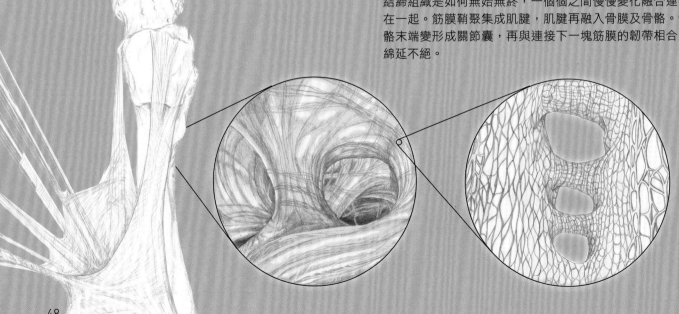

局部、整體、內在及外在

　　稍後，待我們將你的肌肉及神經安裝好，部分結締組織網絡即可傳遞張力至**局部**區域。例如：彎舉啞鈴時，你的肱二頭肌肌腱會傳遞一個局部的拉力至手肘。

　　不過，局部的動作卻會產生「整體」的影響。同在一個網絡，手臂和肩膀相鄰的組織會產生筋膜漣漪效應。最後，基質會將肱二頭肌屈曲的張力能量做**整體**的散布，傳遍全身的組織：下至背部、臀部及（信不信由你）小腿（如圖 A）。

A一彎舉啞鈴影響的不只是局部，還有整體。各條吊帶在此象徵全身肌筋膜單元間的相互連結。

B一若是少了整體性，像是重力這樣的外力，便會帶給結締組織嚴重的傷害。

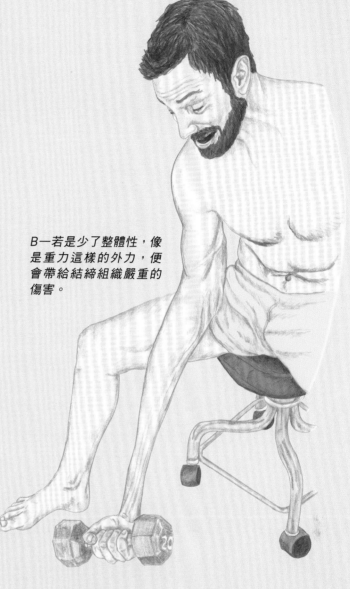

　　還有其他不同的「力」也會產生局部及整體的影響，例如肱二頭肌收縮所產生的**內力**，其包裹肌腹的筋膜就像是在幾個分離的骨骼之間綁起的吊帶，不過因為人體遍布各種充滿肌肉纖維的吊帶，所以肱二頭肌的拉力（張力）會進行「整體」傳送，影響鄰近或是更遠的吊帶。

　　除了這些發自體內的力量外，**外力**——例如因重力而存在的體重，也會在你體內傳遞。當我們再次彎舉啞鈴時，若是你手臂的筋膜網絡老舊不堪，你的組織在試圖對抗體重所引起的張力時，便會四分五裂（如圖 B）。而一套彼此交織的張力網絡則可幫助你的手臂及周圍組織對抗重力，免於將啞鈴砸到腳上。

膠原、需求與代謝

讓我們將結締組織與運動的三個生理學原則串連起來，更進一步理解兩者並為本章作結吧！

- 第一、你是一台生產膠原的機器。
- 第二、你的身體會對需求做出反應。
- 第三、運動會促進新陳代謝。

第一點：就像一座無窮無盡源自地底的噴泉一般，**你的身體會持續不斷地製造膠原蛋白**。膠原蛋白作為結締組織的主要成分，大量存在於肌腱、韌帶、軟骨、硬骨、椎間盤及其他部位，如此神奇的蛋白質不僅負責區隔組織，更有將其綑綁的功用。

既要區隔又要綑綁，可見這需要相當的均衡協調。一方面，膠原蛋白過多，會導致過度黏稠而限制活動範圍；反之，則可能陷於不穩固。

更麻煩的是，並非所有部位所需的膠原蛋白都是等量的。例如主要依靠胸腰腱膜維持穩固的下背部需要大量的膠原蛋白，相較之下，活動量大的三角肌肌纖維則僅需少量即可。

還有更複雜的，並非所有部位的運動量也都相同。例如手肘每天的活動量相當大，而頸部、髖部就沒那麼常伸展了。

那麼，人體怎麼知道哪裡需要比較多膠原蛋白呢？答案是，它真的「不知道」。相反地，它是靠暗示，尤其是人體運動的暗示。

這就是我們要討論的第二點：**人體會對需求做出反應**。「用進廢退」可不是隨便講講，對組織健康及活動範圍來說，是直接了當的箴言。只要運動，人體組織便會自我調適來維持可動性；若不運動，人體組織也會隨之調整。

或許最佳的實例是看看國際太空站新進的太空人，於無重力的狀態下度過兩個月後的樣子。在太空船發射升空後，由於少了地心引力，關節、骨骼、肌肉以及其他組織即開始萎縮。相反地，若是接受鐵人三項全能運動的訓練，則可感受到骨骼及肌筋膜組織在均衡健康的運動生活下，如何因其所承受的壓力而成長增強。

另一個比較俗氣（又不幸）的例子則是戴護頸，三個月後移除時，注意頸椎大幅降低的可動性。除了發生在頸部肌肉的「本體感覺重新校正（proprioceptive recalibration）」（肌肉重繪決定其適當休息長度的「藍圖」，詳見第 158 頁）外，僵硬的感覺大多是由於這些部位裡及附近肌腹的膠原蛋白之發展未受監督所致。

身體會覺得：「哦，我們現在沒有要移動頸部了，是吧？沒問題，那我們就堆一層厚厚的膠原蛋白來增加穩定性吧！」人體總是會接受訊息並隨之調整。

問題來了：如果組織（尤其是筋膜及肌肉）發生沾黏而無法在彼此間自由輕鬆地滑動，那麼身體運作會怎麼樣呢？答案是：不怎麼順利。

除了動作幅度受限外，僵直的組織還可能會是造成關節疼痛的一大因素。用前面提過的頸椎案例來看，便是肌筋膜單元在不應該的地方發生沾黏。肌肉被拉扯而牽引其他肌肉，最後導致關節偏離了正常的位置。周圍的肌肉被迫執行分外的工作，不消多久時間（在接下來幾章我們便會談到），一連串負面的影響便會發酵。因此，身體某部位發生沾黏，將導致某關節功能失調以及疼痛。

這提醒了我們運動較少被頌揚的益處（第三點）：**運動能夠促進膠原纖維的新陳代謝。**

假如你希望在高齡八十五歲時依舊老當益壯跳恰恰，那麼很重要的一點是你不僅要運動身體，更要疏通「體內」的東西。例如有部分相當重要的體液是存在於心血管系統之外，由於缺乏內建的幫浦系統，這些體液會停滯在組織的陰暗角落。反過來說，組織間隙液（interstitial fluid）、酵素以及許多細小的微粒物質，主要須依靠關節拖曳的推力以及組織的波動起伏完成循環。因此，運動不僅讓關節動起來，更可過濾、更新哪些關節及組織周圍的體液。

膠原、需求與代謝這三個觀念合一，代表著筋膜組織、活動度及穩定度間的不斷律動。

人體是一個聰明的有機體，早就知道像膠原蛋白這種能夠用來綑綁同時又可以區隔的原料總有派上用場的時候。原因之一是它可以節省力氣，不需動用肌肉組織的收縮特性來穩定某塊組織或身體部位，只要打造一些膠原「基礎建設」即可有效率地達成目標。筋膜鞘、腱膜及韌帶都是人體善用膠原蛋白的例子。既然如此，何不使用膝蓋韌帶來支持脛股關節，好讓股四頭肌及其他周圍的肌肉好好休息一下呢？

章節回顧問答：結締組織，第二部分

（你可以上網在 booksdiscovery.com 學生專區找到解答）

1. 請問有多少塊骨頭與自主運動有關？（p.36）
   a. 145
   b. 206
   c. 175
   d. 200

2. 全身骨架可分為哪兩大部分？（p.36）
   a. 上和下
   b. 中軸骨與胸廓
   c. 四肢骨與胸廓
   d. 四肢骨與中軸骨

3. 打造骨骼的正確祕方是？（p.37）
   a. 60% 水與 20% 有機質
   b. 60% 無機礦物質與 20% 水
   c. 50% 磷質與 30% 水
   d. 40% 鈣質與 20% 水

4. 哪一個法則描述施加壓力於骨組織，會促進骨骼生長？（p.38）
   a. Newton 法則
   b. Davis 法則
   c. Wolff 法則
   d. Chamber 法則

5. 在頻繁需要動作的關節處，常常會出現下列哪一種軟骨？（p.40）
   a. 纖維軟骨
   b. 網狀軟骨
   c. 彈性軟骨
   d. 透明軟骨

6. 下列哪一個選項由疏鬆與緻密的結締組織組成，構成身體的板金、繩索與導管？（p.41）
   a. 筋膜組織
   b. 軟骨組織
   c. 硬骨
   d. 脂肪組織

7. 一個肌筋膜單元由哪兩種結構組成？（p.43）
   a. 肌腱與韌帶
   b. 韌帶與關節囊
   c. 肌肉與筋膜
   d. 筋膜與腱膜

8. 以下哪一個選項由緻密的結締組織組成，形成厚且緻密的韌帶？（p.45）
   a. 筋膜
   b. 關節囊
   c. 肌肉
   d. 腱膜

9. 肌腱就像是哪一種糖果包裝的側邊？（p.45）
   a. Tootsie Roll 巧克力
   b. Peppermint Patty 薄荷糖
   c. 冰淇淋三明治
   d. Snickers 士力架巧克力

10. 下列哪一種緻密結締組織，是覆蓋在骨幹外圍表面的滲透膜？（p.45）
    a. 筋膜
    b. 韌帶
    c. 骨內膜
    d. 骨外膜

11. 除了張力結締組織與壓力結締組織外，還有哪一個也是結締組織網絡的重要組成？（p.46）
    a. 筋膜
    b. 硬骨
    c. 組織液
    d. 皮膚

12. 部分的結締組織網絡不只將張力傳到周邊，甚至也能 ......？（p.49）
    a. 傳到遠端肢體
    b. 緩慢地傳到脊椎
    c. 傳往全身
    d. 緩慢且均勻地傳遞出去

5

關節
第一部分

目的

- 定義解剖位置。
- 描述並列出三種不同的解剖平面與轉軸。
- 說出身體主要的幾種運動模式名稱為何，並試著表演看看。
- 定義並指出人體關節的主要分類。
- 分析三種不同結構的關節。
- 描述並列出滑液囊的組成。
- 定義並說出六種不同類型的滑液囊。

本章精華

　　一位平常較少運動的的女性，正想從地板上舉起一個很重的箱子，突然覺得下背傳來一陣灼熱的疼痛感；街角的那一端，則有一名三十歲的建築工人，因為肩膀的慢性疲勞與無力，讓他無法再繼續工作；小鎮另一頭，一位二十歲的體操選手，因為一個錯誤的著陸，弄傷了左腳踝，當下就知道自己的職業生涯已經結束。

　　這些不幸的遭遇都在告訴我們，關節和周邊組織有多麼容易因為低度使用、過度使用或是錯誤使用而受傷。這些傷勢不只是改變他們的體能狀態，也會影響他們的醫療保險、服藥習慣、工作狀態和生活品質，甚至會改變人生。

　　例如，那位女性上班族可能會尋求各種臨床人員接受治療，開始增加生活中的體能強度；那一位工人則可能需要復健，並試著尋找體能需求較低的工作，而過程很有可能是令人感到極度沮喪的；那位受傷的運動員，則可能需要接受手術治療，甚至放棄她自小堅持的運動員身分。

　　每天，這樣的狀況都真實地發生在你我身邊。他們需要你的幫助，這個章節對關節的簡介，也許就是個好的開始。

◆ 針對上班族、建築工人和運動員，你有什麼建議的預防措施嗎？

◆ 比較你的上肢與下肢，哪些關節有類似的運動模式？它們的功能有什麼相似和相異的地方呢？

◆ 關節損傷是最常見的一種運動傷害。根據你自己的觀察和理解，哪一種關節最常受傷？

本章節內容

平面及轉軸

由生化魔術師溫尼以及他忠心的助手汪達帶來以下演出

解剖學姿勢

當我們坐定位要觀賞表演時，汪達的身體成**解剖學姿勢**（anatomical position），代表人體自然的姿勢，其他姿勢或動作皆由此開始（5.1）。

解剖學姿勢一詞來自仰臥的屍體，需要一具直立的屍體，雙眼向前平視，手臂自然下垂於兩側，掌心及足尖朝前（在飛刀轉盤上旋轉的情形並不常見）。解剖學姿勢在我們討論關節運動時相當方便。

5.1　汪達盡力讓自己呈現解剖學姿勢。

動作平面

當我們觀賞表演時，一邊吃著爆米花，一邊在座位上搖晃拍手。雖然這些動作想起來很簡單，但要用運動的詞彙來描述就不容易了。幸運的是，平面及轉軸等詞剛好讓我們有組織地用普遍用語來加以釐清說明。

動作**平面**就像一片窗玻璃，是個想像的扁平面。當你運動時（不論是一隻手臂還是全身）都是在空間中移動。由於空間是三維的，因此運動的平面也有三種：矢狀、額平及橫切，這些是所謂的**基準平面**（cardinal plane）。

矢狀面（sagittal plane）將人體分成左右兩部分。矢狀切面有無限個，而正中切面（midsagittal plane）則劃過人體中線，切出左右兩等分。「正中（medial）」或「側邊（lateral）」都是用來描述與此平面相似的用語。當汪達做出屈曲或伸展的動作時，便是發生在矢狀面上（5.2、5.5）。

額平面（frontal plane）或**冠狀面**（coronal plane）將人體分成前後兩部分，「前半部」及「後半部」即以此切面定義。當汪達做出內收或外展的動作時，便是發生在額切面上（5.3、5.6）。

將人體分成上下兩部分則是**橫切面**（transverse plane）**或水平面**（horizontal plane），「上半部」及「下半部」便是靠其定義。旋轉（例如汪達的頭部或軀幹）的動作就發生在橫切面上（5.4、5.7）。

5.2　溫尼將神奇的矢狀面切穿她的身體。

5.3　額平面。

5.4　橫切面。

5.5　汪達在矢狀面上做出肩部、手肘、髖部以及膝蓋的屈曲。

5.6　右肩與左髖的外展、左肩的內收以及頸椎的側屈都發生在額平面。

5.7　頸椎、右肩及左髖的旋轉都發生在橫切面上。

斜面（oblique plane）指的是結合兩個或三個基準平面的平面（5.8）。例如：朝馬戲團觀眾席上的朋友揮手這個動作便同時涵蓋三個平面——手臂在矢狀切面與額平面間對角移動，而肩部則在橫切面上旋轉。

因為你不是機器人，所以你所有的動作幾乎都發生在這些平面的組合上。在單一平面上的運動則是少數例外。

5.8　組合動作發生在斜面上。

平面及轉軸（續）

轉軸

　　三種基面各自有一根相對的基軸（cardinal axis）。如果說平面像窗玻璃，那麼轉軸就像一根銷桿，是「垂直」於平面的一條線，是動作發生的中心點。例如：當輪子繞著輪軸轉動時，輪子是在平面上轉動，而輪軸就是其轉軸（5.9）。

5.9　轉軸垂直於平面，如圖中單輪車的輪軸及輪子所示。

屈曲手肘時會用到的**矢狀軸**，貫穿軀幹的左右（5.10）。

5.10　輪到汪達了！在此她將矢狀軸插進溫尼屈曲的手肘。

出現於脊椎側屈的**額狀軸**，貫穿軀幹的前後（5.11）。

5.11　當他身體側屈時，貫穿軀幹的是額狀軸。

縱軸貫穿上下，如圖中從頭往下經脊椎（5.12）。

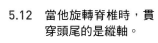

5.12　當他旋轉脊椎時，貫穿頭尾的是縱軸。

5.13　當他屈曲、外展、外轉髖部時，將斜軸穿過他的髖部。噢！

　　當運動沿著斜面發生時，也有一根與其垂直的**斜軸**。在此溫尼藉由屈曲、外轉及外展等動作，忍痛展示這根轉軸（5.13）。
　　在稍後幾章我們探討特定的關節及肌肉運動時，你會對這些術語更加熟悉。

人體運動

以下各頁所示為人體主要的運動，幾乎所有日常姿勢及動作都是這些運動的組合。舉例來說，若是沒有肋骨、骨盆、肩帶等等合作，脊椎的旋轉將會變得非常困難。

頸部

（頸椎）

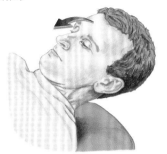

屈曲

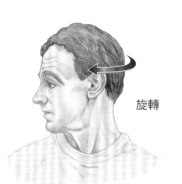

旋轉

頸椎活動範圍	
屈曲	40–60°
伸直	40–75°
側屈	45°
旋轉	50–80°

寰枕關節活動範圍	
屈曲	5°
伸直	10°
側屈	5°
旋轉	5°

寰樞關節活動範圍	
屈曲	5°
伸直	10°
側屈	40°
旋轉	40°

脊椎完整活動範圍 （頸椎＋胸椎＋腰椎）	
屈曲	120–150°
伸直	75–115°
側屈	95°
旋轉	85–115°

伸直

側屈

脊椎與胸廓

（脊椎）

屈曲

側屈

旋轉

伸展

胸椎活動範圍		腰椎活動範圍	
屈曲	30–40°	屈曲	50°
伸直	20–25°	伸直	15°
側屈	30°	側屈	20°
旋轉	30°	旋轉	5°

人體運動（續）
肋骨／胸廓

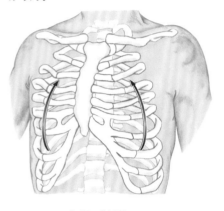

箭頭表示肋骨移動的方向。當你吸氣時，肋骨會上提（左圖）；當你呼氣時，肋骨會下壓（右圖）。

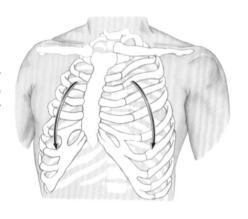

上提／擴張
（吸氣）

下壓／塌陷
（吐氣）

肩胛
（肩胛胸廓關節）

內收
（後縮）

上提

下壓

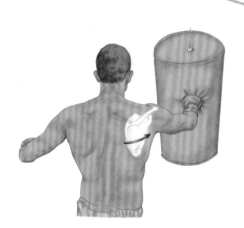

外展
（前伸）

肩鎖關節的肩胛活動範圍	
上旋	30°
下旋	0°

肩肋關節的肩胛活動範圍	
上旋	60°
下旋	0°

左肩胛
上旋

右肩胛
下旋

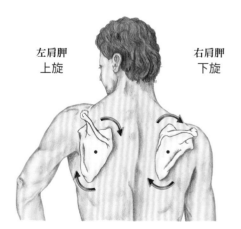

關
節

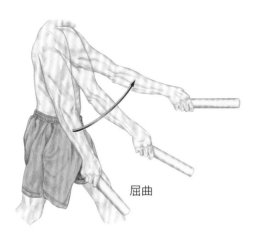

屈曲

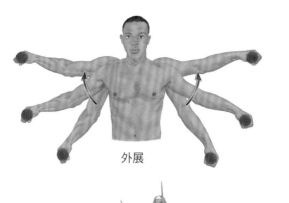

外展

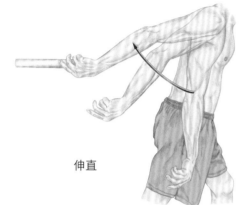

伸直

內收

胸鎖關節活動範圍
上提	45°
下壓	10°
前伸	30°
後縮	30°
上旋	45°
下旋	0°

肩盂肱骨關節活動範圍
屈曲	100°
伸直	45°
外展	120°
內收	10°
外旋	50°
內旋	90°

水平內收

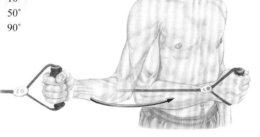

內旋
（內轉）

水平外展

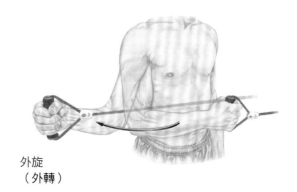

外旋
（外轉）

人體運動（續）
手肘與前臂
（肱尺關節及肱橈關節：手肘；橈尺近端關節及橈尺
遠側關節：前臂）

前臂旋後

手肘屈曲

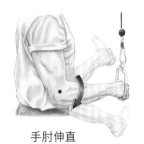

手肘伸直

肱尺關節活動範圍	
屈曲	145°
伸直	0°
橈尺遠側關節活動範圍	
旋後	0°
旋前	160°

前臂旋前

手腕
（橈腕關節）

屈曲

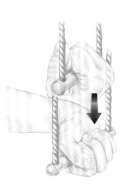

伸直

外展
（橈側偏移）

橈腕關節活動範圍	
屈曲	80°
伸直	70°
內收（尺側偏移）	20°
外展（橈側偏移）	30°

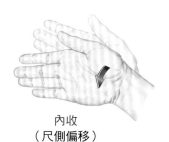

內收
（尺側偏移）

拇指
（第一腕掌關節及掌指關節）

第一腕掌關節活動範圍	
屈曲	40°
伸直	10°
外展	60°
內收	10°

屈曲

伸直

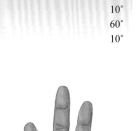

對掌

內收

外展

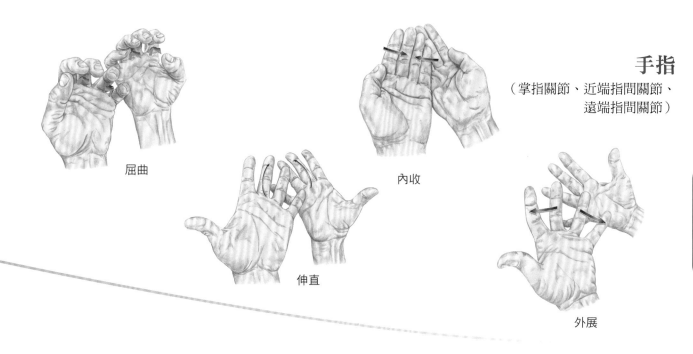

手指
（掌指關節、近端指間關節、遠端指間關節）

屈曲

內收

伸直

外展

下頜骨
（顳頜關節）

顳頜關節活動範圍	
下壓	35–55 mm
上提	0
前伸	3–6 mm
後縮	3–4 mm
側向偏移	10–15 mm

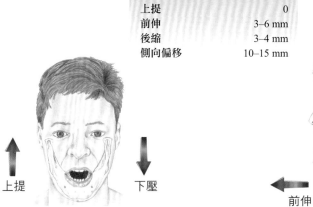

上提

下壓

前伸

後縮

側向偏移

骨盆

骨盆活動範圍	
前傾	30°
後傾	15°
下壓	30°
旋轉	15°

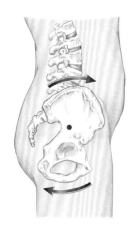

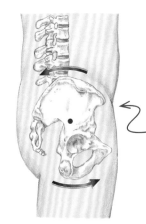

你能想像骨盆的搖晃會如何影響股骨頭在髖臼中的位置嗎？是的，一側的運動會影響另一側的姿勢。

前傾
（下旋）

後傾
（上旋）

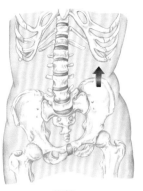

側傾
（上提）

人體運動（續）

髖部（髖關節）

屈曲	伸直	內收	外展	外旋 （外轉）	內旋 （內轉）

髖關節活動範圍			
屈曲	90°	伸直	20°
內收	20°	外展	40°
外旋	50°	內旋	40°

別忘了髖關節（跟肩膀的盂肱關節一樣）
也能進行水平的內收及外展動作。

膝蓋

（脛股關節）

脛股關節活動範圍			
屈曲	140°	內旋	15°
伸直	5°	外旋	30°

  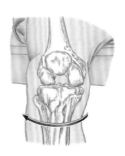 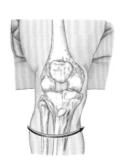

屈曲	伸直	屈膝外旋（右膝）	屈膝內旋（右膝）

踝部、足部及腳趾

（距小腿關節、距跗關節、中跗關節、
跗蹠關節、蹠趾關節、趾間關節）

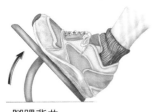

腳踝背曲

腳踝蹠曲

距小腿關節活動範圍	
腳踝背曲	20°
腳踝蹠曲	45°

距下關節活動範圍	
足內翻	20°
足外翻	10°

足內翻

足外翻

腳趾屈曲

腳趾伸直

關
節

關節總論

關節（joint）是兩個或更多骨骼相連的點。從更宏觀的角度來說，關節連接身體不同的部位，例如手臂與肩膀、足部與腿部。人體全身上下有超過150處關節，全部都是由結締組織所構成，其中有許多是骨骼旋轉以及身體運動的樞紐所在。

關節是做什麼用的呢？它們使身體得以運動。這是人體多數關節的主要角色。若是少了關節，人體骨架會變成一副單一、大型的硬骨，幾乎呈現癱瘓狀態（5.14）。

不過，關節不會自己運動，而是藉由**肌筋膜單元**（肌肉與筋膜）的合作，對關節某側或兩側的骨骼牽引而產生動作（5.15）。運動就是這樣發生在關節處，然而，不受限制的關節（只重活動度而無穩定度）很快就會受傷。因此，我們需要在關節處以**韌帶及關節囊來限制運動**（5.16）。

關節分類

並非所有的關節都一樣。有些比較緊密，有些則較疏鬆。有些能夠以各種角度運動，有些連些微移動都受限。因此，我們可依照功能（運動種類）及結構（解剖特性）對關節分類。

從「功能」上來看，關節可分為三種。**不動關節**（synarthotic）只能些微或完全無法運動，**微動關節**（amphiarthrotic）能夠有一些小幅度的動作。至於第三種**可動關節**（diarthrotic）則是可以自由移動的關節，而這也是我們主要的焦點。

從「結構」上來看，關節也可分為三種：**纖維關節、軟骨關節以及滑液關節**。接下來讓我們更進一步看看關節的設計與組成吧！

關節結構

人體關節結構的需求從頭到腳各有不同。有些關節，例如位於頭蓋骨者，已經演化為幾乎無法移動，而有些關節，例如手臂及雙腿，則是跳恰恰所不可或缺。幸運的是，人體相當聰明地提供了三種設計選項：纖維、軟骨以及滑液。區分這三種關節的兩大因素有：一、用來連結骨骼的結締組織種類，以及二、連接的骨骼間是否有空隙（滑液腔）。

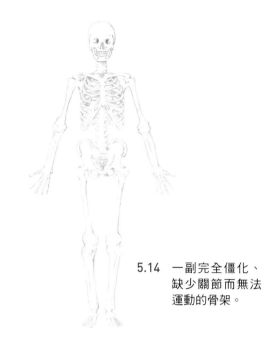

5.14 一副完全僵化、缺少關節而無法運動的骨架。

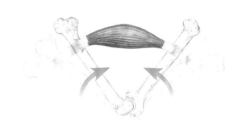

5.15 骨骼＋關節＋肌筋膜單元＝運動。

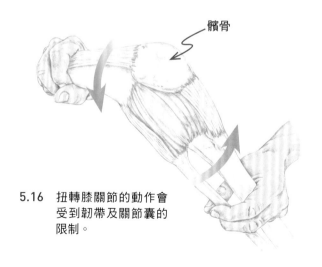

髕骨

5.16 扭轉膝關節的動作會受到韌帶及關節囊的限制。

人體許多關節都是**單關節**，連接兩塊骨骼。而連結三塊或更多骨骼的關節則稱為**複合關節**，例如手肘便是由肱骨、尺骨以及橈骨所組成的複合關節。

關節總論（續）

5.17 堅固的縫合關節，
讓人頭痛啊！

纖維關節

　　纖維關節（fibrous）沒有滑液腔，由緻密的纖維性結締組織綑綁而成。纖維關節僅負責些微運動，甚至完全不動，可分為三種：縫合關節、韌帶聯合關節以及釘狀聯合關節。

　　縫合關節（suture）是由一層薄薄的緻密結締組織所構成的纖維關節，只存在於顱骨，其連扣的邊緣不僅提供力量，且可保護頭顱免於傷害（5.17）。

　　縫合關節是一種不會動的關節，在功能上被歸類為「不動關節」。**韌帶聯合關節**（syndesmosis）是需要力量以及些許運動的纖維關節，靠一層纖維性結締組織（例如橈骨與尺骨間的骨間膜）或一束組織（例如遠端脛腓關節）來結合固定骨骼。由於韌帶聯合關節能夠進行些微動作，因此在功能上被歸類為「微動關節」（5.18）。

　　牙齒之所以不會喀喀搖晃，得好好感謝釘狀聯合關節一番。**釘狀聯合關節**（gomphosis）只存在於牙根以及上下顎骨中的凹槽間，由牙周韌帶固定（5.19），在功能上雖屬於「不動關節」，但實際上可不一定──別忘了會來取走牙齒的牙仙喔！

尺骨
Ulna

橈骨
Radius

5.18 韌帶聯合關節，位於橈骨與尺骨間的骨間膜。

5.19 幸好牙齒下有纖維關節啊！

關
節

軟骨關節

軟骨關節（Cartilaginous）和纖維關節類似，都缺少滑液腔，只能進行些微運動，或者完全不動。與其相連的骨骼被透明軟骨或纖維軟骨牢牢固定，成為軟骨結合關節或聯合關節。

當軟骨關節只透過透明軟骨連接時，稱為**軟骨結合關節**（synchondrosis）。第一肋骨與胸骨柄間的肋軟骨接合處正屬於此類關節（5.20）。

聯合關節（symphysis）除了以透明軟骨包覆相連的骨骼外，還另外以纖維軟骨盤接合。有趣的是，所有的聯合關節都位於人體中線，包括恥骨聯合（髖骨前半部的接合點）（5.21）以及胸骨體與胸骨柄間的關節，還有脊椎上的椎間關節（5.22）。由於這些關節的的活動範圍很小，因此在功能上被歸類為「微動關節」。

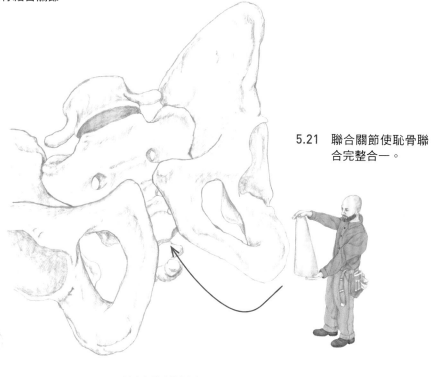

5.20　在第一肋骨與胸骨板中插入軟骨結合關節。

5.21　聯合關節使恥骨聯合完整合一。

參閱第73頁的關節結構與功能分析圖。

滑液關節

纖維關節與軟骨關節最多只有些微活動範圍，但**滑液關節**（synovial）不一樣，是為了運動而存在。人體主要的關節：肩部、髖部、膝部、手肘、手腕以及腳踝都屬於此類。在功能上來說，滑液關節屬於「可動關節」。

至於從結構上來看，這些關節可說是相當複雜。與其紙上談兵，不如讓我們直接來打造一個吧！

5.22　在椎間關節處打造聯合關節。

打造滑液關節

膝蓋（脛股關節）所需的成分除了少部分外，其餘皆與典型的滑液關節大致相同（5.23），因此是個適合我們打造與觀察的關節。

滑液關節原料清單

☐ 關節盤
☐ 滑囊
☐ 脂肪墊
☐ 透明軟骨
☐ 關節囊
☐ 關節唇
☐ 韌帶
☐ 半月板
☐ 滑液膜與滑液

5.23 典型滑液關節結構。

骨頭（橫切面）
Bone (cross-sectioned)

滑液膜
Synovial membrane

血管
Blood vessel

神經
Nerve

滑液膜
Synovial membrane

纖維囊
Fibrous capsule

骨膜：纖維層
Periosteum—fibrous layer

骨膜：膜層
Periosteum—membranous layer

滑囊
Bursa

關節腔（充滿滑液）
Joint cavity (filled with synovial fluid)

關節軟骨
Articular cartilage

骨頭（橫切面）
Bone (cross-sectioned)

腱鞘
Tendon sheath

肌腱
Tendon

1 **半月板**（meniscus）是一塊新月型的纖維軟骨，只存在於股骨與脛骨之間，就讓我們從這邊開始，在膝蓋裡放入兩塊半月板吧（5.24）。

5.24 將半月板釘在脛骨頂端。

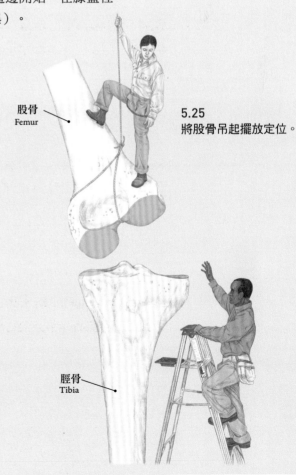

股骨
Femur

5.25 將股骨吊起擺放定位。

脛骨
Tibia

2 接下來，我們要將股骨與脛骨的尾端相接。兩骨的接合面已經抹上一層**透明軟骨**（hyaline cartilage），這層平滑的緻密結締組織在運動時能夠減少骨骼之間的摩擦並吸收震動（5.25）。

關節的骨骼通常彼此相當吻合，但偶爾還是有例外。膝蓋便是那少數的例外，由於脛骨平台無法完全接合股骨的球狀尾端，因此，我們必須加入一些東西來形成接合面較一致的關節。

幸運的是，有很多東西都是為了解決這種問題而設計的，例如關節盤、半月板、關節唇、滑囊以及脂肪墊。這些結構各自以其特別的方式來增加關節穩定及／或幫助關節減震，例如打造相合的表面，或是消除、轉移撞擊力。

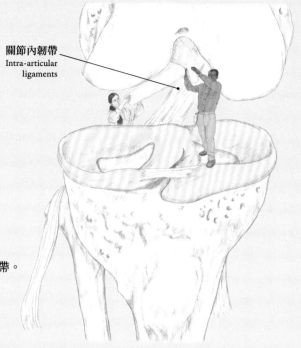

關節內韌帶
Intra-articular
ligaments

3　如同我們在前面章節所討論過的，**韌帶**是一
　種緻密的條狀結締組織，能夠穩定並限制關節
的可動性。在滑液關節中，韌帶在結構上能夠
與關節囊分離，不過為了實際效益，韌帶經常與關節
囊結合，成為其厚實強化的外層。

　滑液關節韌帶絕大多數都是在關節腔外，但有時
會在關節內，膝關節則是兩者皆有（5.26、5.27）。

5.26
繫上關節內韌帶。

5.27　釘上關節外韌帶。

4　當關節的非接合面（例如外層或側邊）需要
　一些填充物時，人體便會提供**脂肪墊**（fat
　pad）。例如手肘（肱尺）關節及膝（脛股）
關節，就是利用這些脂肪墊來增厚關節囊，降低發揮
關節功效所需的滑液量（5.28）。

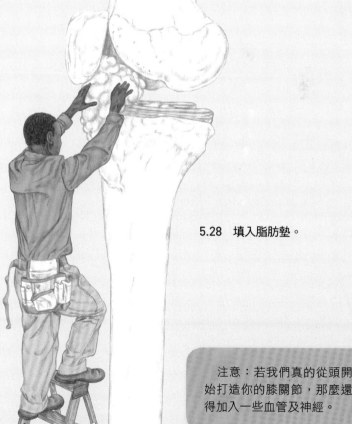

5.28　填入脂肪墊。

　環狀的**關節唇**（labrum）與關節
盤（第68頁）類似，是設計來增加
關節部位的接合面積並加深關節凹槽
以提供穩定性。同屬球窩關節的肩部
（盂肱關節）及髖部（髖關節）便都
含有關節唇以達成這些目的。

　注意：若我們真的從頭開
始打造你的膝關節，那麼還
得加入一些血管及神經。

打造滑液關節（續）

5 滑囊（bursa）是個充滿滑液的小型滑液膜枕狀物（5.29），通常被有計畫地擺放在移動的結構之間，以減少摩擦並吸收力量。全身上下都找得到滑囊，例如肌腱與骨骼、肌肉與骨骼、韌帶與骨骼之間。

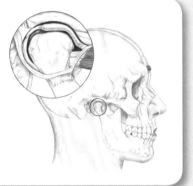

A關節盤是一塊環狀的纖維軟骨，存在於人體許多關節中，包括顳頜關節（右圖）以及胸鎖關節。

腔骨副韌帶
Tibial collateral ligament

5.29
將滑囊塞定位。

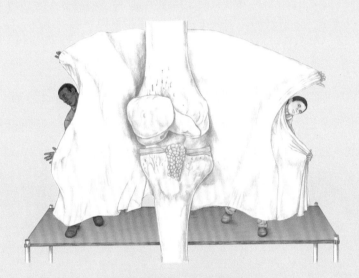

5.30　將關節包裹在關節囊中。

6 滑液關節會完全被包覆在**關節囊**（joint capsule）中。關節囊分為兩層，外層由緻密纖維組織構成，支撐關節骨骼並容納關節的各種成分。當關節囊與骨膜及骨骼結合時，則從纖維組織轉成骨組織（5.30）。

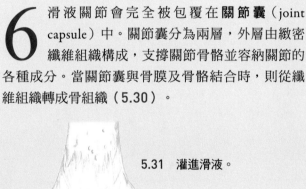

5.31　灌進滑液。

關節囊
Joint capsule

7 關節囊的內層由一層極薄的**滑液膜**（synovial membrane）組成，負責製造**滑液**（synovial fluid）一種灰白有如蛋白般濃稠的液體，能夠潤滑關節表面，減少關節骨骼之間的摩擦（5.31）。這就是組裝膝蓋的過程！

滑液關節種類

　　成功打造出一個膝關節後，我們還需要針對人體其他的部位設計出數種不同的滑液關節。所有的滑液關節基本上都有相同的組織結構，但會因接合面的差異而有不同的運動能力。換句話說，關節的「結構」決定其「功能」。我們得打造出六種滑液關節：鉸鏈、樞軸、橢圓、鞍狀、球窩以及滑動關節。

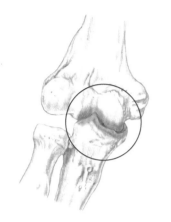

5.32　位於肱尺關節的鉸鏈關節。

鉸鏈關節

　　對於位在腳踝、手肘（5.32）、手指的關節，我們需要一種能夠來回擺動的設計，也就是**鉸鏈**關節（hinge）。這種關節跟門片鉸鏈一樣（5.33），只能夠在一根轉軸（及一個平面）上移動，因此被稱為單軸（uniaxial）關節。

5.33　鉸鏈關節就像是門片鉸鏈。

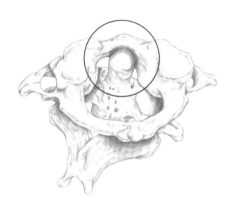

5.34　第一及第二節頸椎（寰樞關節）之間的樞軸關節。

樞軸關節

　　為了旋轉，我們需要發展出**樞軸**關節（pivot）。其設計就像門把一樣（5.35），由一塊骨骼的某一面在另一塊骨骼的環狀面中旋轉。例如：前臂向下拿取餅乾的動作便是發生在近端橈尺關節的樞軸關節，轉頭確認媽媽沒有在看的動作則是發生在第一及第二節頸椎（寰樞關節）之間的樞軸關節（5.34）。樞軸關節也是一種單軸關節。

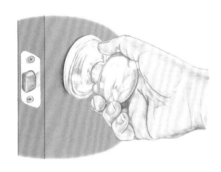

5.35　樞軸關節的設計就像門把一樣。

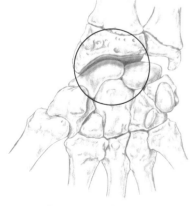

5.36　位於腕關節（橈腕關節）的橢圓關節。

橢圓關節

　　為了完成腕關節（橈腕關節）的小動作，例如敲打鍵盤，我們需要一種特殊的關節 —— **橢圓**關節（ellipsoid），由一塊具有橢圓端的骨頭與另一塊橢圓凹槽的骨頭所構成，就像安放在手掌心的雞蛋一樣（5.37）。這種設計讓它能夠在兩根轉軸（以及兩個平面）上移動，因此是一種雙軸（biaxial）關節（5.36）。

5.37　橢圓關節就像是在掌心裡的雞蛋。

滑液關節種類（續）

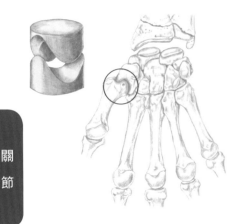

5.38 位於拇指根部的鞍狀關節。

鞍狀關節

　　另一種雙軸關節是位於大多角骨（手腕中的一小塊腕骨）及拇指的第一掌骨之間（5.38）。這種關節需要一種特殊的結合，稱為**鞍狀關節**（saddle）。鞍狀關節是橢圓關節的變形，由凹、凸兩種接合面構成，能夠進行前後及左右往返的動作，就像坐在馬鞍上的騎士一樣（5.39）。

5.39 就像坐在馬鞍上的騎士。

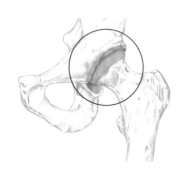

5.40 位於髖部的球窩關節。

球窩關節

　　為了讓髖部（髖關節）（5.40）及肩部（盂肱關節）能夠做出寬闊的擺盪動作，我們得組裝**球窩**關節（ball-and-socket）。顧名思義，球窩關節是由一塊骨頭的球面嵌合進另一塊骨頭的碟狀凹面。以杵在臼中研磨藥草的動作（5.41）所展示的正是這種三軸（triaxial）關節如何在三個平面中移動，並且能夠做出迴旋的動作。

5.41 就像嵌合在臼中的杵。

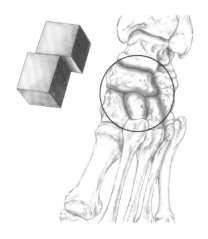

5.42 位於足部的滑動關節。

滑動關節

　　最後，手腕腕骨間以及足部跗骨間的關節（5.42）需要一種活動範圍最小的滑液關節——**滑動**關節（gliding）。滑動關節通常位於兩個平坦的接合面，動作就像一本在桌面上滑動的書本（5.43）。這種關節不做沿著轉軸的旋轉動作，因此被歸為**無軸**關節（nonaxial）。

5.43 就像沿著桌面滑動書本一樣。

　　關節很好玩。有些幾乎完全不動，例如顱骨的不動關節，有些則毫無接合面之類的結構，例如肩胛胸廓關節（位於肩胛與肋骨表面之間）。

關節功能

如同我們前面所討論過的，人體大部分關節的主要角色是讓運動得以發生，但關節不會自己動起來，而是要靠**肌筋膜單元**（肌肉與筋膜）拉扯關節一邊（或兩邊）的骨骼來**產生運動**（5.44、5.45）。關節就只是讓動作得以發生（5.46），但關節若是不受任何限制，將會變得相當容易受傷，因此位於關節處的韌帶及關節囊便是負責對運動做出限制（5.47）。

關節也扮演其他角色。有些負責**承受體重**，例如脊椎關節以及下肢大部分的關節。很多關節也會藉由其關節腔內的滑液作為緩衝來**吸收震動**。除了讓運動發生、承受體重以及吸收震動外，關節還要負責保持**活動度與穩定度**之間的平衡。

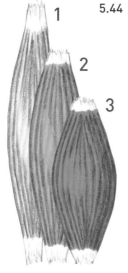

5.44 獨自收縮的肌筋膜單元無法造成任何人體運動。

5.45 將肌腱的兩端接到同一根骨頭上也於事無補。

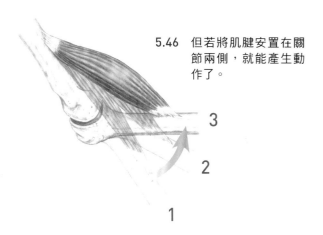

5.46 但若將肌腱安置在關節兩側，就能產生動作了。

5.47 最後，提供一些韌帶及關節囊來限制運動，一切就步上軌道嘍！

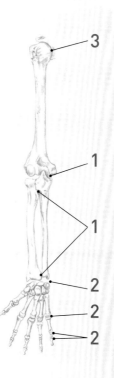

自由度

讓我們應用一下關於平面與轉軸的知識吧！還記得有些滑液關節被歸類為單軸、雙軸或三軸關節嗎？也就是說，每種關節能夠順著一到三根轉軸旋轉，同時在同樣數目的平面上移動。「某處關節所能允許的最大運動平面數量」被稱之為**自由度**（degree of freedom）。

例如位於手肘的單軸關節自由度為1，位於手腕的雙軸關節自由度為2，肩膀的三軸關節自由度為3，是關節自由度的最大值。

這個概念似乎有點難懂，不過在我們開始組裝你的四肢後，就會清楚多了。

為了完成從肩膀到任何一隻指尖所有必要的動作，整隻手臂需要的自由度為11（肩膀3、手肘1、前臂1、手腕2、掌指關節2、指間關節2），你必須一一動用以上所有的關節，才能將手指比向天空並且說：「我懂了！」

關節活動度與穩定度

當我們一一組裝你的關節時，也希望在活動度與穩定度之間能達到一個理想的平衡。關節必須在其功能範圍內移動，同時確保安全，免於受傷。

人體每個關節都有所謂的**關節活動度**（joint mobility），也就是「不受周圍組織限制的活動範圍」。而影響活動範圍的因素則有三個：

① 構成關節的**骨骼形狀**。例如顱骨骨縫關節的設計幾乎不允許任何運動，而肩（盂肱）關節則可進行三維的環繞（5.48）。

② **關節囊及韌帶的設計**。其主要任務是限制活動度。

③ 周圍的**肌肉及筋膜**。其是否具備柔軟度，例如往往緊繃的膕旁肌，將影響活動範圍。注意運動傷害可能也會影響柔軟度。

關節若僅靠活動度是無法正常運作的，而是需要一定程度的**關節穩定度**（joint stability）──「對抗移位的能力」。作為人體的「接合點」，關節自然相當容易受損，因此，關節必須在其正常的活動範圍內具備抵抗內部肌筋膜的壓力、張力或剪力，以及種種外力，例如地心引力所帶來的體重或踢足球時對手鏟球的衝擊（5.49）。

5.48
搭配120分貝的環繞運動。

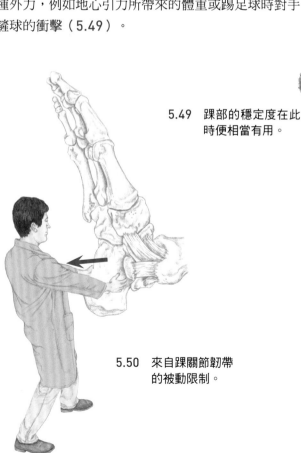

5.49　踝部的穩定度在此時便相當有用。

5.50　來自踝關節韌帶的被動限制。

為了保持滑液關節的穩定，我們將打造一些限制設施。環繞在韌帶及筋膜的關節囊便可提供**被動限制**（passive restraint），例如距小腿（踝）關節處的韌帶及筋膜負責保持足部與腿部的連接（5.50）。另外，肌肉與肌腱則藉由其張力提供**主動限制**（active restraint），例如：腿部肌肉的靜止張力及收縮也有助於足部與腿部的連接。

最後，讓我們思考一下介於活動度與穩定度這兩項運動要素之間所必需的「平衡取捨」。過度的活動度可能導致脫臼或受傷，而過度的穩定度則限縮活動範圍。例如：肩關節具有相當的活動度，但缺少穩定度；相反地，髖關節的活動度不及肩膀，但穩定度較高。由此看來，髖關節之所以能承受體重而肩關節卻無法的原因便相當清楚了。

關節列表

依照結構區分

纖維關節
- 無滑液腔
- 緻密、不規則結締組織
- 些微或無法運動

二種：
1) 縫合關節
- 緻密、不規則結締組織薄膜
- 只存在於顱骨
- 不動關節

2) 韌帶聯合關節
- 緻密、不規則結締組織條
- 允許小幅度的動作
- 微動關節

3) 釘狀聯合關節
- 只存在於齒槽
- 無法運動
- 不動關節

軟骨關節
- 無滑液腔
- 透明軟骨或纖維軟骨
- 些微軟骨或無法運動

二種：
1) 軟骨結合關節
- 透明軟骨
- 微動關節

2) 聯合關節
- 骨骼末端，被透明軟骨包覆，靠纖維軟骨盤連接骨骼
- 只存在於人體中線
- 微動關節

滑液關節
- 有滑液腔
- 透明軟骨
- 自由運動
- 靠韌帶連結
- 可動關節

依照功能區分

不動關節
- 無法運動
- 例子：縫合關節（成人，如下圖）、釘狀聯合關節

微動關節
- 輕微運動
- 例子：縫合關節（孩童，如下圖）、遠端脛腓關節、骨間膜、聯合關節

可動關節
- 自由運動
- 例子：所有滑液關節，例如盂肱（肩）關節、髖關節、肱尺（肘）關節、脛股（膝）關節

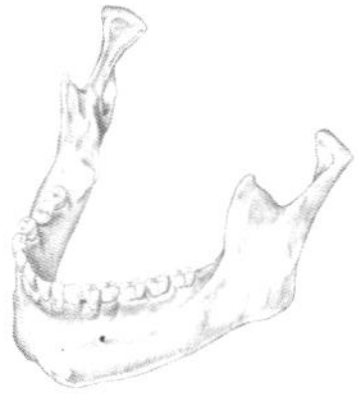

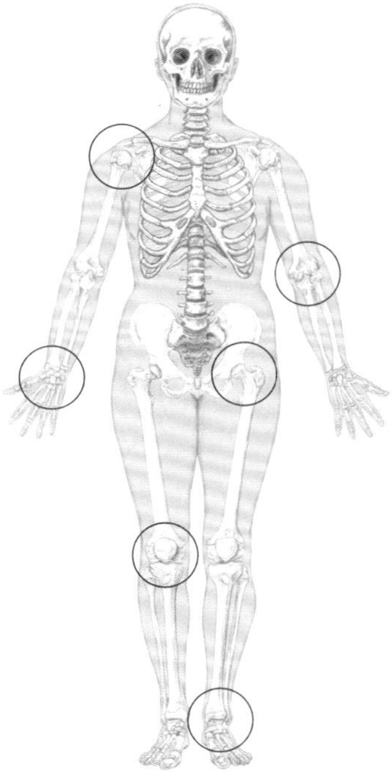

人體主要的關節多為可動關節。

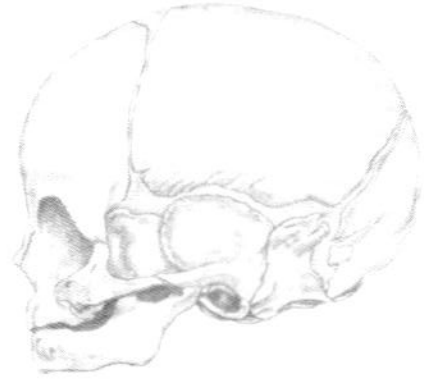

嬰兒顱骨尚未縫合的骨縫。

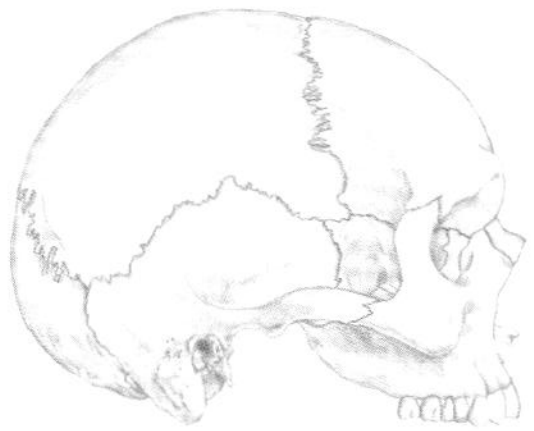

成人頭骨已閉合的骨縫。

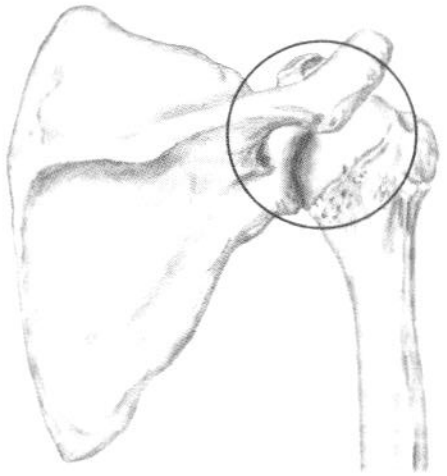

盂肱（肩）關節為滑液關節。

恥骨聯合與椎間盤。

位於齒槽的釘狀聯合關節。

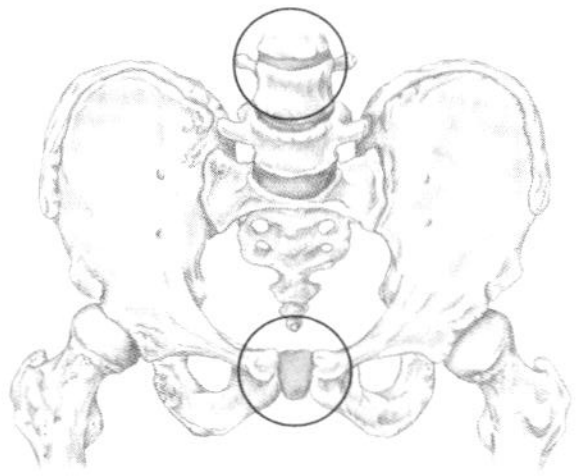

章節回顧問答：關節，第一部分

（你可以上網在 booksdiscovery.com 學生專區找到解答）

1. 下列哪一個動作發生在橫切面？（p.54）
   a. 足部蹠屈
   b. 手肘彎曲
   c. 轉動頭部
   d. 下壓下頜

2. 解剖學中所謂的「斜面」指的是？（p.55）
   a. 混合兩到三種解剖平面
   b. 對於其他平面呈垂直的平面
   c. 垂直通過某個關節
   d. 混合平面與轉軸

3. 從身體內側穿過身體外側的轉軸為？（p.56）
   a. 斜軸
   b. 縱軸
   c. 額狀軸
   d. 矢狀軸

4. 肩盂肱骨關節能夠做出什麼動作？（p.59）
   a. 外旋、內旋、側屈
   b. 外轉、上提、水平內收
   c. 後縮、伸直、內旋
   d. 屈曲、外展、水平外展

5. 關節指的是介於什麼組織間的交界點？（p.63）
   a. 任何類型的結締組織
   b. 硬骨
   c. 筋膜組織
   d. 關節囊組織

6. 依「功能」來區分，可以將關節分為哪些類型？
   （p.63）
   a. 釘狀聯合關節、軟骨結合關節、聯合關節
   b. 纖維關節、軟骨關節、滑液關節
   c. 不動關節、微動關節、可動關節
   d. 不動關節、軟骨關節、滑液關節

7. 依「結構」來區分，可以將關節分為哪些類型？（p.63）
   a. 纖維關節、軟骨結合關節、聯合關節
   b. 不動關節、微動關節、可動關節
   c. 不動關節、可動關節、滑液關節
   d. 纖維關節、軟骨關節、滑液關節

8. 位在脛股關節的半月狀軟骨又稱為？（p.66）
   a. 軟骨
   b. 骨膜
   c. 關節唇
   d. 半月板

9. 關節囊滑液由何選項製造？（p.68）
   a. 關節膜
   b. 纖維母細胞
   c. 膠原
   d. 滑囊

10. 橈骨與尺骨的近端關節是哪一種類型的關節？
    （p.69）
    a. 樞軸關節
    b. 雙軸關節
    c. 鞍狀關節
    d. 三軸關節

11. 球窩關節屬於哪一種關節？（p.70）
    a. 無軸關節
    b. 單軸關節
    c. 雙軸關節
    d. 三軸關節

12. 哪些結構會提供關節的被動限制？（p.72）
    a. 周邊的肌肉與肌腱
    b. 周邊的關節囊、韌帶與筋膜
    c. 獨立的短肌腱
    d. 淺層筋膜和皮膚

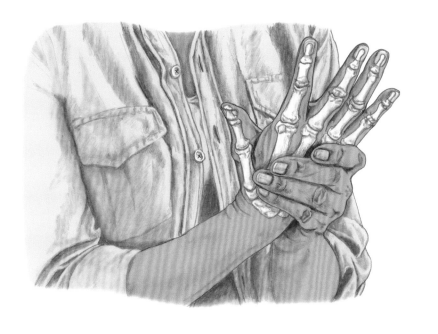

關節
第二部分

本章精華

　　史黛芬妮·莫頓，三十三歲，芝加哥人，有運動習慣，喜歡健走、跳騷莎舞，還喜歡和她的姪子在地毯上摔角。不過在她被診斷出風濕性關節炎之後，她的運動生活有了極大轉變。好在她身邊有一位資深的病友——她六十八歲的母親朗達——她已經罹患風濕性關節炎幾十年。

　　風濕性關節炎是最常見的自體免疫疾病之一，風濕會攻擊身體的關節——特別是手腕與手部的關節。女性患者較男性患者的數量多了三倍，關節疼痛是最常見的症狀。其他症狀包括疲倦、發炎以及僵直，將近百分之四十的日子裡都處於疼痛之中。

　　在物理治療師為她訂定的運動計畫中，史黛芬妮的目標是希望能夠恢復柔軟度、力量並增加體能。換句話說，也就是繼續運動。但朗達的目標就不同了。她和職能治療師共同制定計畫，希望能夠幫助她自行穿衣服、烹調與洗澡。而兩位女性都可能需要冰敷或熱敷、輕柔地按摩以及相互鼓勵。

　　身為徒手治療師，如果想要幫助史黛芬妮和朗達，那就應該要了解本章節將要提到的內容。

◆ 仔細觀察你的肢體動作，哪一個關節的移動範圍最大？哪一個關節的移動範圍最小？

◆ 當手臂移動的時候，通常都是遠端移動，近端靜止。你能舉出一個相反地例子嗎（也就是遠端靜止，近端移動）？

◆ 史黛芬妮與朗達都因為風濕性關節炎，使得她們手腕與手部關節的活動度受限，影響了日常生活。如果活動度過大，會怎麼影響一個人的手腕與手部關節？這會對他們的日常生活又造成什麼影響呢？

活動範圍

有些關節只進行些微的運動，例如腕骨或跗骨間的關節。有些則具備相當廣闊的**活動範圍**（range of motion），例如肘部、肩部及髖部的可動關節。「活動範圍」指的是「某個關節所能活動的範圍」，通常以度數表示，例如髖部外展的活動範圍大約是 45°（6.1），頸部旋轉的活動範圍（理想中）是左右兩邊各 80°（6.2）。

結構因素，例如：**關節面的形狀**，將影響關節的活動範圍。不過，就算某關節的骨骼設計容許某個活動範圍，也並不表示這種運動必定能發生。例如：**人體關節囊及周圍韌帶的柔軟度，以及肌肉的肌力與緊實度**，對於關節的活動度都有很大的影響。受傷以及任何後續的**防範疼痛**措施或是**年紀、遺傳、性別**等也都會對活動度有所限制。

最重要的是，你每天使用，或是不使用，肌肉的方式將會影響你的活動範圍。大量躺臥沙發，除了根據沃爾夫定律（第 38 頁）會削弱骨質外，還會讓肌肉失去生氣，使脫水的結締組織僵化並減少活動範圍（6.3）。幸好，透過瑜伽還有機會讓這些組織恢復元氣（6.4）。

提前老化、身體受重傷或精神受重創都可能導致活動範圍減少（6.5），而活動，例如體操，則可使其增加（6.6）。一般來說，經由日常活動塑造出的肌肉型態將決定關節的活動度。也就是說，若你的運動模式只旋轉頸部到「這裡」，那麼頸椎的活動範圍就會變得只到「這裡」。換言之，我們能夠藉由大量可能的動作來鍛鍊良好的關節，如果不那麼做的話，關節就會慢慢生鏽了。身為治療師，你會想知道主要關節的正常活動範圍，畢竟增加柔軟度是病人常見的需要（請參閱第 253 頁的列表）。

接下來幾頁，我們將離開你的人體工地，探討幾個有助於你臨床治療的重要觀念。

6.1　髖關節外展（借助髖部上提）。

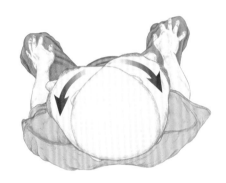

6.2　頭部向左及向右旋轉的俯視圖。兩個方向均有所限制，尤其是右邊。

6.4　不舒服的姿勢則有截然不同的結果。

6.3　舒舒服服的下場。

關節

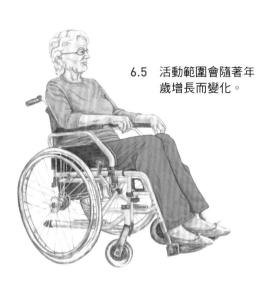

6.5 活動範圍會隨著年歲增長而變化。

6.6 賞心悅目的活動範圍。

主動與被動活動範圍

在治療病患時，有主動與被動兩種活動範圍可以利用。

「**主動活動範圍**」是病患能夠靠自己肌力及意志所產生的運動幅度。例如：要測試病患腳踝的活動範圍，請他利用距小腿關節盡量將足部蹠屈、背屈（6.7）。

「**被動活動範圍**」是你或治療師，從旁移動病患關節的運動幅度。此時你將慢慢地蹠屈、背屈其踝關節（6.8）。

由於被動活動範圍要求的是放鬆關節肌肉，當其主動抑制（肌肉及肌腱的張力）解除後，你就有機會讓他的腳踝有超乎其自主運動時的表現，因此病患的運動幅度往往較主動活動範圍要大（6.9）。

舉例來說，當解除患者的主動限制（肌肉與韌帶的張力）時，你應該能夠超乎患者預期地，進一步鬆動她的腳踝。

第三種運動模式，稱為「阻力關節活動範圍」，需要讓你的病患在對抗你施加的阻力下做出動作。這通常應用於許多具有治療目的的動作，例如試圖改善關節活動，或是鑑別導致關節疼痛和失能的組織。

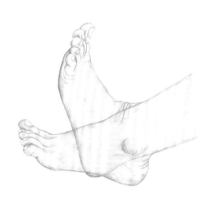

6.7 主動活動範圍。

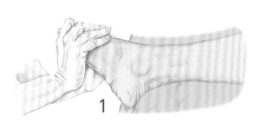

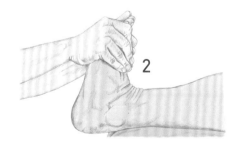

6.8 被動活動範圍。

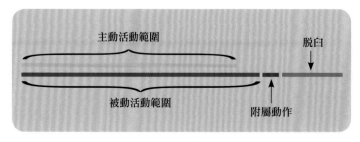

6.9 健康關節的活動範圍關係。

主動與被動活動範圍（續）

主動的活動範圍屬於 **生 理 動 作**（physiological movement），也就是「人能夠主動以某個關節做出的動作」。不過，人體關節有時能夠做出自主控制以外的動作——**附屬動作**（accessory movement），也就是「關節非依靠自主控制而能夠做出的動作」。

例如你的病患能夠主動屈曲或伸直手指，但只有你能夠（非常輕緩地）以被動的方式沿著長軸旋轉其掌指關節及指間關節（6.10）。這些關節並非設計來進行此類運動，然而，這種「附屬」動作卻能紓解長期累積下來阻礙「生理」動作的種種限制。這些與**關節內活動**（joint play）同義的附屬動作，也能在膝蓋、手肘以及足部進行。

6.10　手指的附屬動作。

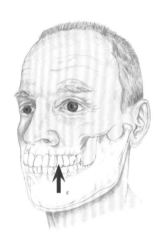

6.11　上抬下頜骨時會遇到骨骼的限制。

6.12　屈曲膝蓋時會遇到組織限制。

你大概也猜得到，每個關節都有其限制。在運動時，總有一個**障礙**阻擋其運動範圍。在健康的組織中，像這樣的限制一共有三種。

- **骨骼**限制指的是「骨頭碰骨頭」，只發生在下顎抬升以及橈尺關節（手肘）伸展（6.11）。
- **組織**限制指的是「肌肉碰肌肉」，例如當髖關節、膝關節及肘關節屈曲到最後時（6.12）。
- 滑液關節最常見的運動限制是**關節囊及韌帶的彈性限制**，例如十字韌帶及周圍的關節囊便限制了膝關節的伸直（6.13）。

這些限制並非病理性，可分為壓力限制（骨頭碰骨頭、肌肉碰肌肉）或張力限制（韌帶、關節囊）兩種。

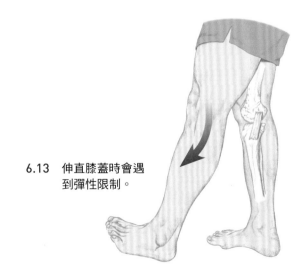

6.13　伸直膝蓋時會遇到彈性限制。

活動度過大與不足

顧名思義，**活動度過大**（hypermobility）指的是「關節活動過度」，起因於關節囊及韌帶的過度鬆弛，但並非總是病態的。例如有些人似乎得天獨厚，擁有過人的活動範圍，像馬戲團團員便是藉由過度伸展脊椎及四肢來強化其活動度過大的傾向（6.14）。不過，活動度過大容易造成韌帶扭傷、關節腫大及習慣性受傷。

關節活動度過大與關節不穩定並不相同。體操選手能夠在其活動範圍的極限控制其動作，但關節不穩定者（成因有很多種）則無法。

相反地，**活動度不足**（hypomobility）則是「關節活動範圍受限」，可能的成因包括關節組織結疤（6.15）、長期肌肉緊繃、神經壓迫或其他傷害。活動度不足好發於長期缺乏運動者，但不一定是病態的指標。

活動度與穩定度的標準因人而異，某人做起來很輕鬆的動作，對另一個人來說可能難如登天。關節的活動度與穩定度也是相對的，有些關節在某個方向的活動範圍特別大，但另一個方向卻很小。例如有些人的盂肱（肩）關節能夠正常地外轉，但內轉時則有所限制（6.16）。

6.14　特技演員所展現的「活動度過大」。

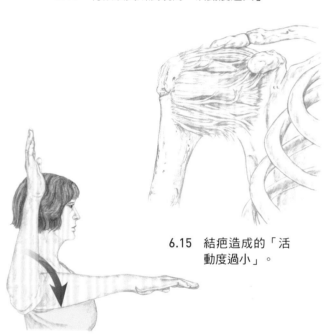

6.15　結疤造成的「活動度過小」。

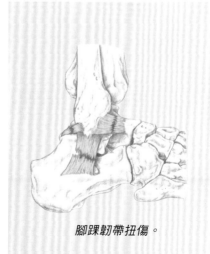

6.16　她示範的是肩關節外轉正常但內轉受限。

扭傷與拉傷

扭傷與拉傷是最常見的運動傷害，好發於活動範圍過度或不足的關節。

扭傷（sprain）大多是指無法伸縮的組織，例如：韌帶、關節囊、軟骨及筋膜，發生拉扯或撕裂的情形，通常是跌倒或受到撞擊後，導致關節錯位而過度拉扯或撕裂支撐該部位的結締組織所引起。在足部的側邊重踏或落下時支撐的手臂過度伸展，分別會導致腳踝或手腕扭傷（如左圖）。

拉傷（strain）則是肌肉或肌腱的拉扯或撕裂（如右圖），最常發生在大腿後側及下背部，成因包括直接撞擊、過度伸展、過度使用或休息不當。

腳踝韌帶扭傷。

小腿三頭肌的肌肉肌腱
相接點拉傷。

終端感覺

　　接下來讓我們看看被動活動範圍。當你以被動的方式使病患的關節進行動作到其極限時，便會產生一種獨特的**終端感覺**（end-feel）——「感知極限的能力」。正常的終端感覺有四種，不正常的則有五種。正常的終端感覺包括：

- **骨質終端感覺**（bony）指的是兩骨接觸的感覺，發生在關節動作完成時，例如肘（橈尺）關節（6.17）。
- **軟組織夾近終端感覺**（soft tissue approximation）發生在動作因組織相碰而受限時，例如膝關節或肘關節屈曲的終端感覺便顯而易見（6.18）。
- **軟質終端感覺**（soft）指的是肌肉組織緊繃時所感到的彈性，例如當髖關節的外展受限於內收肌的緊繃（6.19）。
- **韌帶終端感覺**（ligamentous）較少見，發生於緊繃的韌帶及關節囊組織，例如當肩部內轉或手指伸直時（6.20）。

　　你的關節功能並非總是如預期正常，而不正常的終端感覺則是偵錯的指標。受傷、肌肉緊繃、疼痛、神經受損及關節腔內組織分離都可能限制關節的活動，引發不正常的終端感覺。

6.17　當手肘完全伸直時，便可感到骨質終端感。

　　要特別注意的是各個關節都有其特有的終端感覺，對某個關節是正常的終端感覺對另一個關節可能是不正常的，不可一體適用。舉例來說，骨質終端感覺對肘關節伸直來說是正常的，但對膝關節伸直卻是不正常的。

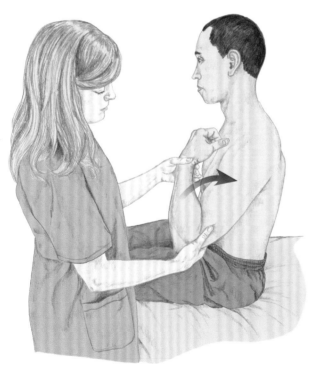

6.18　當手肘完全屈曲時，便可感到軟組織夾近終端感覺。

下列為五種不正常的終端感覺：

- **肌肉防衛終端感覺**（muscle guarding）出現於活動過度的肌肉，稍微伸展便會猛然反彈，往往伴隨著疼痛，通常代表關節囊發炎。

- **關節囊終端感覺**（capsular）發生在患有沾黏性關節囊炎（即俗稱之五十肩）等慢性疾病或急性發炎症狀者身上，會導致活動範圍縮小。健康的關節囊所引起的終端感覺通常被描述為拉長舊皮革的感覺，具有些微彈性，並且活動範圍是正常的，而關節囊終端感覺雖具有同樣的皮革特性，但活動範圍卻是縮小的。

- **濕軟終端感覺**（boggy）具有海綿濕軟的性質，通常源於過度腫脹的關節內部或周圍。

- **彈性阻礙終端感覺**（spring block）是由關節內部紊亂所引起，通常發生於含有半月板或關節盤的關節，在伸展到底時會產生明顯的回彈現象。

- **空洞終端感覺**（empty）發生於測試動作因病患劇痛而停止時，由於動作無法進行，因此察覺不到任何物理障礙。空洞的終端感覺並不常見，但有時會伴隨急性滑囊炎出現。

6.19　當髖關節外展時，便可感到軟質終端感。

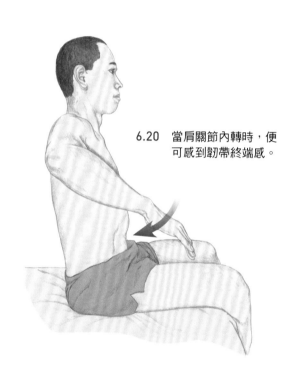

6.20　當肩關節內轉時，便可感到韌帶終端感。

活動範圍與終端感的應用

　　活動範圍與終端感可作為觀察人體組織的視窗，而主動或被動地活動肩膀就能看出關節是否健康。只要藉由移動手腳，你便可洞悉病患活動肩膀的意願及能力、周圍組織的柔軟度、有無疼痛以及兩邊動作是否對稱。對於關節生理及附屬動作的知識也都派得上用場，畢竟，哎呀，還有比試圖「旋轉」病患肘關節更糟的嗎？

　　此外，具備以熟練的觸診技術察覺人體關節的障礙及終端感的能力也是十分寶貴的評估工具，讓你能夠診斷病患身上的失能結構狀況。不過，這些技術的養成並非一蹴可幾，而是需要專心致志地反覆操練，才能成功建立一套廣大實用的健康／病態感官「資料庫」。

關節動作種類

也許你馬上想到：「關節動作，廢話，不就是我彎彎手肘，骨頭就跟著動了嗎？」若真是如此，那麼恭喜你說對一半了。

事實上，關節動作有兩個不同的層面：**骨骼運動學**（osteokinematics）及**關節運動學**（arthrokinematics）。前者也就是上述所提，關心的是骨骼移動的路徑，後者較不為人知，而是聚焦於關節接合面所發生的動作。例如：當你「在矢狀面上屈曲肘關節」，這是骨骼運動學；但若我們關注的是肱骨滑車（該骨骼末端）在尺骨切跡（相對骨的末端）中的旋轉，那就是關節運動學了。

骨骼運動學動作關注的是平面及轉軸上的動作（例如伸直及外展），更精確地說，是「骨骼在關節軸上的運動」。舉例來說，假如你每天早上都要站上磅秤量體重（6.21），那麼描述踏上磅秤的部分動作的一種方式是說明膝關節如何使脛骨移動。以人體運動學的術語來說，就是「脛股（膝）關節在矢狀面上沿著額狀軸屈曲後再伸直」。

當你踏上磅秤後，也許都還不知道關節動作的第二個層面——**關節運動學動作**，已經悄悄發生。關節運動學處理的是「關節內部（關節接合面之間）微小、不可見的運動」，少了這些，你根本不可能踏上磅秤。

為什麼呢？大多數的滑液關節都是由一個凸面端骨與一個凹面端骨組成（6.22）。換句話說，一邊是圓頭狀，另一邊是洞穴狀。當其中一邊在另一邊上移動時，可能產生三種關節運動學動作：**滾動**（roll）、**滑動**（glide）**或轉動**（spin）。讓我們依序看看這三種動作。

滾動發生於一個關節面沿著另一個關節面滾的時候，就像在馬路上滾動的輪胎一樣（6.23）當你舉起手臂套穿襯衫時，其中的動作就包括肱骨頭在肩盂肱表面上「滾動」（6.24）。

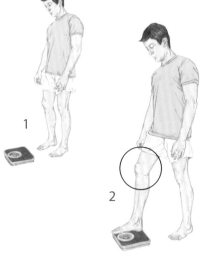

6.21　骨骼運動學動作：膝關節屈曲後再伸直。

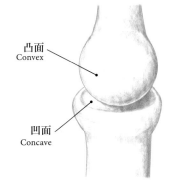

凸面
Convex

凹面
Concave

6.22　有凸有凹的關節。

6.24　盂肱關節的滾動。

6.23　滾動的輪胎。

關節

滑動發生於一個關節面滑過另一個關節面時，就像輪胎滑行至戛然而止（6.25）。例如：掌指關節的屈曲及伸直便是滑動（6.26）。

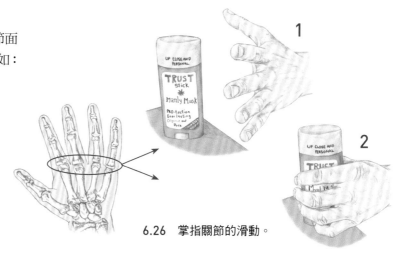

6.25 滑行的輪胎。

6.26 掌指關節的滑動。

轉動發生於一個關節面在另一個固定的關節面上旋轉，就像在原地轉動的輪胎一樣（6.27）。當你做旋後或旋前時，橈骨頭便是在肱骨尾端「旋轉」著（6.28）。

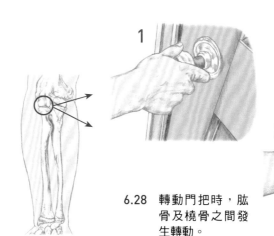

6.27 轉動的輪胎。

6.28 轉動門把時，肱骨及橈骨之間發生轉動。

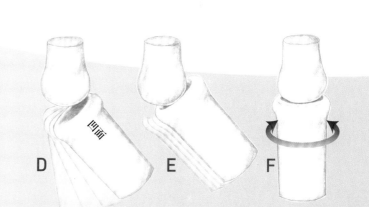

凸對凹運動：A－滾動，B－滑動，C－轉動。　　　凹對凸運動：D－滾動，E－滑動，F－轉動。

　　滾動、滑動或轉動有幾種方式。首先，「凸」關節面移動，而「凹」關節面保持不動（上圖A～C）。例如：當你從坐姿站起時，脛股關節的股骨（凸）髁便會在脛骨（凹）表面上移動。

　　其次，「凹」關節面移動，而「凸」關節面保持不動（D～F）。當你彎起手指時，手部掌指關節的指骨凹面便會在掌骨凸面上滾動滑行。

　　第三，兩骨「同時在彼此的關節面上」移動，例如當你俯臥做十下伏地挺身時的肘關節及肩關節便是如此。而當你將雙手固定在地面，便形成了一個「閉鎖式動力鏈」，我們將在第85頁有更詳細的說明。

關節動作種類（續）

　　三種關節運動學動作：滾動、滑動、轉動，並不會單獨發生（我們稍後便會看到，滾動與滑動必須前後配合，才可避免脫臼）。三種動作的合作在膝（脛股）關節的屈曲及伸直上最明顯。

　　首先，讓我們看看當你從站姿變為坐姿時，膝關節的屈曲是如何進行。為了使膝蓋屈曲，股骨必須在脛骨上移動，但若只是滾動（而無滑動），股骨髁會直接從脛骨平台上滑落（6.29）。顯然，這樣是行不通的。

　　若是膝關節屈曲只有滑動（而無滾動），則脛骨平台中央將會因過度摩擦而遭股骨髁磨平（6.30）。

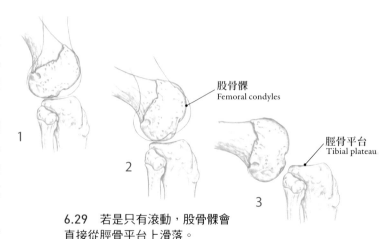

股骨髁
Femoral condyles

脛骨平台
Tibial plateau

6.29　若是只有滾動，股骨髁會直接從脛骨平台上滑落。

　　使屈曲及伸直遂行的解決辦法，便有賴滾動與滑動的合作，有點像是你要從坐姿站起來的動作一樣（6.31）。

　　最後，在伸直的最後階段，還必須加入一些「轉動」來調整，因為雙腳的股骨髁並非完全一致，所以移動速度略有差異（6.32）。

　　所有這些關節內的微調（關節運動學動作）正是造就骨骼大動作（骨骼運動學動作）的幕後功臣。

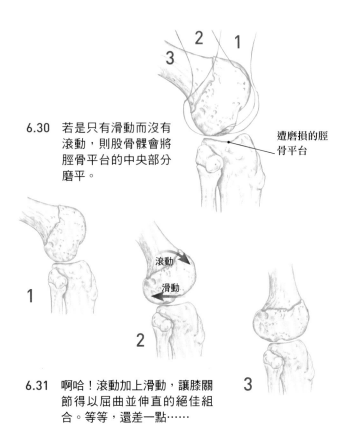

6.30　若是只有滑動而沒有滾動，則股骨髁會將脛骨平台的中央部分磨平。

遭磨損的脛骨平台

滾動

滑動

6.31　啊哈！滾動加上滑動，讓膝關節得以屈曲並伸直的絕佳組合。等等，還差一點……

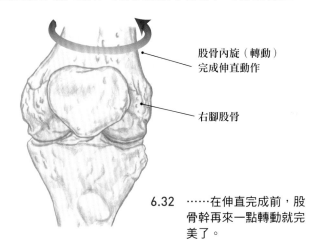

股骨內旋（轉動）完成伸直動作

右腳股骨

6.32　……在伸直完成前，股骨幹再來一點轉動就完美了。

滾動

滑動

盂肱關節的外展。

　　盂肱（肩）關節能夠讓人一窺滾動與滑動之間不協調的後果。外展時將手臂舉起的動作需要肱骨頭往上滾同時往下滑（如左圖）。若是肱骨頭沒有滑動，則會直接滾向肩峰（肩胛隆起處），造成常見的肩部疼痛（如右圖）。紫色的部分是肩峰下滑囊。

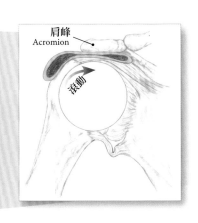

肩峰
Acromion

滾動

閉鎖式與開放式動力鏈

人體雖可說是一體成形，但事實上是由無數部件組合而成，例如上肢即包括肩帶、上臂、前臂、手掌及手指，而非鐵板一塊的組織。從功能面來看，分段組合顯然有其必要性，畢竟完全焊接起來便無從移動（6.33）。關節（就像鏈環一樣）予此組合的正是流暢的可動性。不過，這些組合及關節究竟如何運作（是各行其是，抑或分工合作）則取決於其所構成的動力鏈類型。

還記得在 17 頁提到的**動力鏈**（kinetic chain）（運動模式中可預測的連續步驟）嗎？也就是「在一連串動作中經由肌肉及骨骼牽引的關節連續動作」，可分為開放式及閉鎖式兩種。讓我們透過實際動作來認識一下動力鏈。

坐在椅子上，雙腳貼牢地面，接著站起來（6.34）。很好，你剛剛完成了閉鎖式動力鏈。

閉鎖式動力鏈（closed kinetic chain）發生於「當手或腳的遠端固定（封閉）時而近端的部分進行動作」，通常指的就是在移動或運動時，把手或腳固定在某處。

以剛剛的例子來說，當你的腳踝、膝蓋及髖部移動時，雙腳是保持在地面的，在此移動過程中雙腳與地接觸的部分正是所謂閉鎖式動力鏈的關鍵所在。其他閉鎖式動力鏈例子還有引體向上、伏地挺身或撐拐杖走路（尤其是當拐杖觸地時）。

現在，請坐回去。這次我們不站起來，而是要伸直你的膝蓋，把腳舉到半空中（6.35）。這就是一個開放式動力鏈的例子。

6.35　開放式動鏈。

> 不論是開放式或閉鎖式動力鏈，關節之間都是彼此互相影響的。除了極少數的例外，幾乎任何關節的移動都會影響到其周圍的關節（結果可能有好有壞）。例如骨盆前傾造成髖關節的位移，所引起的動力鏈連漪效應便包括向上的薦髂關節、腰椎小面關節以及向下的脛股（膝）關節、踝關節，可謂牽一髮動全身。

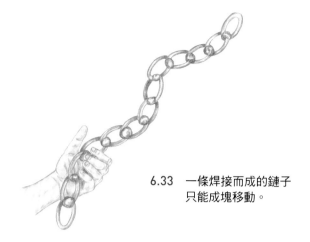

6.33　一條焊接而成的鏈子只能成塊移動。

6.34　閉鎖式動力鏈。

開放式動力鏈（open kinetic chain）發生於「當手或腳的遠端鬆開（開放）活動而近端的部分保持不動」。當你伸直膝蓋時，移動的是腿部遠端，近端的部分（大腿及骨盆）則是保持不動的。摺衣服、彎舉啞鈴及懸踢美式足球（雙手將球放開，在落地前起腳踢球）都是開放式動力鏈的例子，這類運動通常用來鍛鍊肌力及敏捷。

在開放式動力鏈中，手或腳的部分可以多向移動。例如將手臂向前伸，移動從肩膀到指尖的所有關節，當你在擺動上肢時，留意遠端的部分（手部）是不受固定而能自由動作的。

開放式動力鏈的動作似乎有無限可能，而閉鎖式動力鏈的運動模式則較為固定可測。例如：俯臥成伏地挺身的姿勢。由於雙手固定在地面，手肘及肩膀的運動模式便因此受限。試試看慢慢壓低身體，觀察肘關節是否不得不屈曲而肩關節不得不伸直，接著抬高身體，觀察這些關節如何進行相反地動作。

閉鎖式動力鏈的可預測性在設計運動動作時相當有用，可同時確保關節安全並明確界定出使用肌群。健身教練通常都會規劃閉鎖式動力鏈的運動（例如皮拉提斯塑身機）來鍛鍊學員的肌力及穩定度。

凹凸定律

從關節運動學（第 82 頁）來看，有一點是很清楚的：關節所能做的動作取決於其接合面的骨骼形狀。雖然人體的關節有多種設計，但本質上只有兩種：卵圓形或鞍形。

卵圓形關節是由兩塊構成凹凸連結的骨骼形成。換句話說，即球狀端的骨骼凸出鑲進碟狀端的骨骼。全身上下都有卵圓形關節的蹤影，食指的掌指關節（最大的手指關節）便是其中一例，其掌骨的遠端（凸）與指骨的近端（凹）相接（6.36）。卵圓形的設計能夠以小小的接合面提供極大的活動範圍，同時縮小該關節的尺寸，因此遍布全身。

鞍形（sellar）關節則較為特別，兩個接合面各有一個方向是凹、另一個方向是凸，互相嵌著對方旋轉，形成一個相扣的設計。拇指的腕掌關節（其掌骨與手腕相接）便是屬於鞍形關節。其相扣的設計使關節得以在兩個平面上運動，而能屈曲／伸直及內收／外展（6.37）。

卵圓形關節在人體的分布之廣，值得我們再次深入探究其設計，觀察其凹凸關係的功能。

不難想像卵圓形關節有多種活動方式：

- 凸面在凹面中旋轉
- 凹面繞著凸面旋轉
- 兩種旋轉同時發生

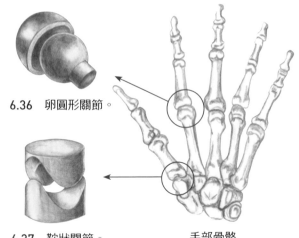

6.36　卵圓形關節。

6.37　鞍狀關節。

手部骨骼

凹凸定律（convex-concave rule）所描述的便是這幾種不同的旋轉方式所產生的關節運動結果。當關節的凸面在凹面中旋轉時，其旋轉方向與該身體部位的移動方向相反。相反地，當關節的凹面繞著凸面旋轉時，其旋轉方向則與該身體部位的移動方向相同。

有一個有趣的方法能夠清楚觀察這條定律：右手握拳置於成杯型的左手中，如此便構成卵圓形關節（一端球形、凸面，一端碟形、凹面）。將「關節」放在面前，「右手」手肘慢慢放下（手腕保持固定）當前臂（代表身體部位）跟著往下時，拳頭（關節凸面）則往上轉，與身體部位的方向**相反**（6.38）。

回到一開始的姿勢，接著放下「左手」手肘。這次你可以看到身體部位（前臂）及關節凹面（左手手部）是朝**相同**方向（向下）旋轉的（6.39）。

卵圓形關節的凹面

卵圓形關節的凸面

固定不動

6.38　模擬卵圓形關節，關節凸面向上旋轉而「骨骼」（前臂）則向下移動。

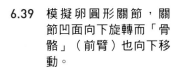

固定不動

6.39　模擬卵圓形關節，關節凹面向下旋轉而「骨骼」（前臂）也向下移動。

關
節

關節面位置

如前所述，有些滑液關節的活動範圍很廣，能夠讓骨骼在其範圍內做出各種動作。例如膝關節便可完全屈曲、完全伸直或是在這兩者之間任意移動。

同時，我們也看到在關節的活動範圍內改變其位置將會改變關節面的方向。再次以膝關節為例：當完全伸直時，股骨坐落於脛骨上，但在屈曲時，關節面的相對位置即完全改變。我們在打造關節時必須將此謹記在心，畢竟關節的穩定、力量、受傷風險是隨其在活動範圍內的位置而不斷變化。

由於上述原因，每個滑液關節都有一個最穩定的位置，稱之為**密合**位置（close-packed）。在此位置時，關節面是**一致**（ongruent）的，也就是以其最大的可能面積相互接合，而韌帶及關節囊則是緊繃的（6.40）。密合位置通常位於關節活動範圍的極限，此時關節擁有最大的穩定度以及對抗張（拉）力的彈性。

例如：完全伸直膝蓋將使其關節進入密合位置。

其他密合位置包括完全背屈腳踝、伸直手肘、咬緊下顎及完全屈曲手指（6.41）。

不幸的是，處在密合位置的關節卻是最容易受傷的。例如膝蓋在屈曲（開放位置）時吸收並承受側面撞擊的能力就比完全伸直成密合位置時要來得好。

關節面也可成開放的。一般來說，除了密合以外的任何位置都是**開放**（open-packed）位置，但最常指的則是結締組織最鬆弛、關節腔最大的位置。此時的關節面並**不一致**（incongruent），也就是接合面積最小。滾動、滑動及轉動皆發生於關節的開放位置。

膝蓋在屈曲 25°時即為開放位置（6.42）。其他開放位置的例子還包括保持嘴巴懸開、微微屈曲手指及屈曲手肘至 70°（6.43）。

將關節移動至密合位置時，會壓緊關節而擠出滑液，而放鬆關節至開放位置時，則會讓滑液再次浸潤關節囊。

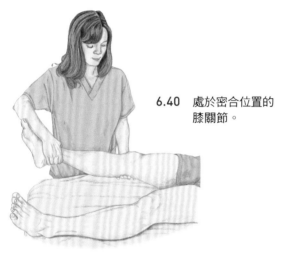

6.40　處於密合位置的膝關節。

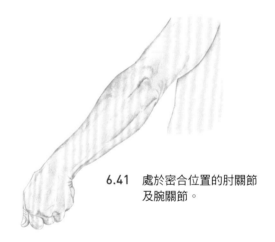

6.41　處於密合位置的肘關節及腕關節。

6.42　處於開放位置的膝關節。

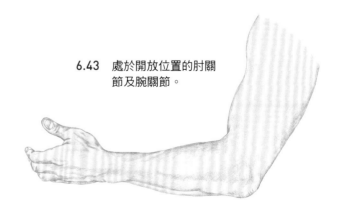

6.43　處於開放位置的肘關節及腕關節。

如何施力讓關節鬆動

我們在第 77 頁了解了什麼是被動活動範圍，在當時移動患者的肢體，看起來對於評估或是復健都很有幫助。只要稍微訓練一下，你就能應用**關節鬆動技術**（joint mobilization technigue）——這是一種用於治療的關節被動活動。雖然這些技法並不是本書的重點，但接下來我們會簡單地了解一下關節鬆動術中的各種施力（我們將會在第 12 章：生物力學，第一部分，第 182 頁，對這個主題更加深入介紹）。

施行關節鬆動術的時候，通常會使用三種力：

* **牽引**
* **壓迫**
* **剪力**

簡單來說，這些力量可能會讓關節兩端的關節面分離（牽引）、對合（壓迫）或是平行關節面移動（剪力）。

慶幸的是，你只需要借一下同學的手，就能在一隻手指上重現這些施力。這個課程的目的只是希望可以藉此了解我們能在關節上施加什麼樣的力（而非真的需要治療），所以動作請務必緩慢且輕柔。

我們先從「**牽引力**（traction force）」開始。牽引又被稱為解離的力量，目的是將關節面拉開。當你提著嬰兒汽車座椅（6.44）或是吊單槓的時候，你的肩關節、肘關節和腕關節會自然地被拉開。牽引力常用來增加關節的活動度。

你可以試著在同學的食指牽引。第一步，先用一隻手抓住中節指骨的近端，另一隻手抓住近節指骨的遠端（6.45）。微彎關節（如同在第 87 頁，將關節處於開放狀態的樣子）固定近端，輕柔地將關節拉開。

既然「牽引」是用來將關節面拉開的力量，那麼「**壓迫力**（compression force）」（也被稱為擠壓力）就是一種試圖將關節面擠壓在一起的外力。如圖（6.46）所示，建築工人正準備把一塊石膏板鎖在天花板上，此時他的上肢和下肢的幾個主要關節，都會處於被擠壓的狀態。「牽引」通常會讓關節活動度加大，但「壓迫」則會固定住某個關節。

跟之前我們練習如何牽引一樣，練習壓迫關節的時候，請抓住同學另外一隻食指上的相同位置，輕輕地擠壓指關節兩側的關節面（6.47）。

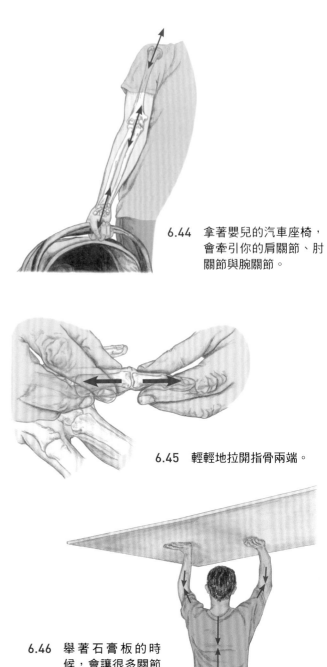

6.44　拿著嬰兒的汽車座椅，會牽引你的肩關節、肘關節與腕關節。

6.45　輕輕地拉開指骨兩端。

6.46　舉著石膏板的時候，會讓很多關節受到擠壓。

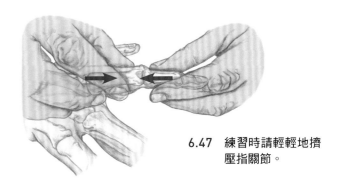

6.47　練習時請輕輕地擠壓指關節。

「**剪力**（shear force）」則會在關節面製造滑動的效果，讓相對應的骨頭脫臼。兩側的力量會相互平行，但方向相反。在身體上實作過後，就會更容易了解。像之前一樣，輕輕地抓住同學的中指關節。使關節微彎，並輕輕地將指骨關節面兩端一上一下拉開（6.48）。這項特殊的技巧，讓指間關節能夠向前或向後滑動。

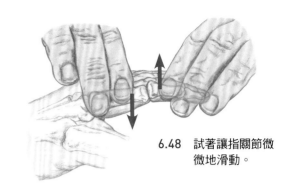

6.48 試著讓指關節微微地滑動。

彎曲與扭轉身體的力量

讓我們將這幾種力量活用在身體上。「**彎曲力**（bending force）」聽起來就像字面上一樣。彎曲的時候，內側的結構會被壓縮，但外側則會受到牽引。

例如，試著向右側屈你的脊椎，感受到脊椎右側的組織被擠壓了嗎？感受到脊椎左側的組織被拉開嗎（6.49）？

「**扭轉力**（torsion force）」又被稱為扭力，則會沿著縱軸產生扭轉的力量。一般而言，關節兩側所受到的扭力，應該是呈相反方向。

當你試著轉動頸椎，看向右肩的時候，你就能感受到身體扭轉的力量。此時你的第七節頸椎（和其他的六塊頸椎）會轉向右側。你的第一節胸椎因為和第一對肋骨相連，會相對固定在原地。那麼第七節頸椎和第一節胸椎間的椎間盤、關節囊和周邊韌帶，也會微微地被扭轉（6.50）。

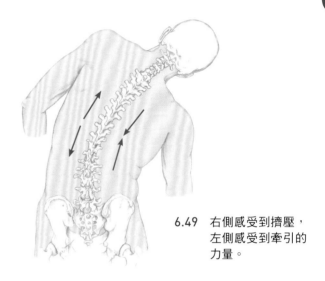

6.49 右側感受到擠壓，左側感受到牽引的力量。

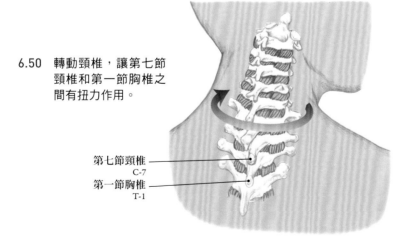

6.50 轉動頸椎，讓第七節頸椎和第一節胸椎之間有扭力作用。

第七節頸椎
C-7
第一節胸椎
T-1

> 關節鬆動術是一種運用關節被動運動的技術。很多物理治療師、脊骨神經醫師和骨病學醫師，都會在滑液關節上運用關節鬆動術，來達到治療效果。例如脊骨神經醫師試圖想要讓脊椎復位的時候，就會在脊椎上施加推力，以增加脊椎的活動度。

章節回顧問答：關節，第二部分

（你可以上網在 booksdiscovery.com 學生專區找到解答）

1. 下列哪個因素會影響關節的活動範圍？（p.76）
   a. 關節是遠端還是近端關節
   b. 關節面的形狀
   c. 關節周邊組織的數量
   d. 關節鄰近骨頭的長度

2. 下列哪個因素會是決定關節活動度的主要因素？（p.76）
   a. 血液循環
   b. 骨頭硬度
   c. 關節囊的彈性
   d. 肌肉的肌張力

3. 定義關節的正常生理動作為？（p.78）
   a. 某人可以在該關節做出的最大動作
   b. 某人隨意做出來的關節動作
   c. 某關節可以被動地拉長的極限
   d. 限制關節活動的範圍

4. 扭傷的定義是？（p.79）
   a. 筋膜組織過度伸張
   b. 肌肉或肌腱拉傷或撕裂
   c. 無張力的組織拉傷或撕裂
   d. 肌肉組織過度伸張

5. 評估動作的時候，軟質終端感覺指的是？（p.80）
   a. 肌肉保持張力的時候，充滿彈性的感覺
   b. 當鬆開患者關節的時候，能夠碰觸到的侷限感
   c. 骨頭碰撞產生的侷限感
   d. 組織相互碰撞的感覺

6. 哪些是關節運動學的動作？（p.82）
   a. 轉動、扭轉、滾動
   b. 滾動、滑動、轉動
   c. 滑動、轉動、屈曲
   d. 扭轉、滑動、滾動

7. 完全伸直膝關節的時候，脛股關節的位置是？（p.87）
   a. 密合位置
   b. 關節面不一致
   c. 開放位置
   d. 鎖死位置

7

肌肉
第一部分

目的

- 列出肌肉組織的不同類型。
- 描述當身體做出動作的時候，肌肉、肌腱和骨頭的關係。
- 描述肌肉的組成。
- 描述並說明肌肉組織的四種功能。
- 描述並指出肌肉組織的四種特性。

本章精華

　　這是這場比賽的最後一局，小威廉絲就站在底線準備發球。她接下來的發球會以時速 120 英尺（約 195 公里）的速度，轟進對手的右側，不過此刻，她不過是往地板運運球罷了。

　　就算是小威廉絲，運球也並非是運動員中最令人印象深刻的表現。當你仔細檢視骨骼肌組織，那才會真正讓你覺得驚豔。再簡單的動作，也都不會只是一束肌肉就能完成的事情，而需要百萬個肌肉細胞和肌肉纖維相互完美地協調，相互配合才行。這些肌肉纖維才能神奇地讓肌肉得以收縮、伸長，然後回到原本的長度。肌肉的這些特質賦予了我們在滑雪時、在手機上打字時和發球時所需的靈活度。

　　當威廉絲停止運球，將球高拋空中，實在難以想像 —— 她身上的肌肉其實和我們幾無差異（舉重能夠增厚肌肉，但不會長出新的肌肉）。最後，她躍入空中，扭轉手臂，球拍高舉過頭，把球送出。而這也是我們深入探討肌肉的絕佳起點。

◆ 人體動作是由肌肉纖維和筋膜共同參與的結果，你可以在肌肉的什麼位置找到筋膜呢？

◆ 在小威廉絲走上球場前，她做了暖身運動。如果她跳過了這個關鍵步驟，你覺得會對她的肌肉和筋膜組織有什麼影響？

◆ 在拉長肌肉後，肌肉會像橡皮筋一樣回到原來的長度。如果我們的肌肉失去彈性，會怎麼影響運動的能力呢？

本章節內容

肌肉組織概論

截至目前為止，我們打造「移動人體」的任務已經有了構成身體架構的筋膜網絡、擔任運動支架的骨骼以及允許其移動的關節。不過，我們還缺少真正產生動作的引擎。沒錯，肌肉時間來了。

日常生活，例如從浴室走到廚房、把除草機搬上小貨車或是控制撫摸嬰兒臉頰的手臂，在在都需要肌肉。有了這些認知，讓我們來看看肌肉組織概論要講些什麼：

- **種類**
- **與筋膜的關係**
- **功能原理**

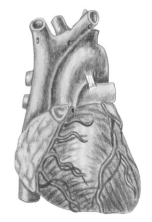

7.1　心臟。

7.2　腸道。

7.3　眾多骨骼肌之一。

肌肉組織種類

肌肉組織可分為三種。**心肌**只出現於心臟，屬於非隨意肌（7.1），無法以意識控制其收縮（這樣顯然是最好的）。**平滑肌**則構成腹部器官、血管及氣管的內壁（7.2），同樣也是非隨意肌。

骨骼肌將是我們討論的重點，也是本章將打造的肌肉。由於負責牽引骨骼，故名為骨骼肌（7.3）。雖然這種組織是隨意肌（由意識控制），但許多骨骼肌其實是在不知不覺中行動。

舉例來說，此刻的你正在呼吸，得感謝橫膈肌淺意識的收縮及舒張。同時，你目前的姿勢是由頸部、背部及腿部無數的肌肉無聲無息地收縮所維持的。人類的演化非常有智慧地免除了你必須時時刻刻以意識監控這些收縮的責任，讓你能夠專注於其他眼前的事物，例如閱讀這些文字。

> 人體600條的骨骼肌都分別是一個**器官**：由兩種以上組織所形成的結構，用來完成某些特定功能。這些骨骼肌形狀、大小及設計不一，例如臉部細小如絲的肌肉只有幾百個肌肉細胞（稱為肌肉纖維），而粗壯的腓腸肌及臀肌則分別擁有數千個細胞。

肌肉及筋膜——真實故事

先前我們在介紹結締組織時，曾提過一個關於肌肉常見的迷思，大致上是說肌腹附著在骨骼上，跨過關節後再連結到另一個骨骼。這當中只有一個地方有問題：骨骼肌無法附著在骨骼上，而是需要結締組織——筋膜的幫忙。

肌肉細胞，也就是**肌肉纖維**，呈長條的管狀，具有驚人的可動性。但若沒有筋膜組織提供有組織的包覆支撐，便毫無用武之地。由於肌肉與筋膜兩者的組合不可分割，故有**肌筋膜單元**之稱。讓我們停下來快速打造一組肱肌（《人體解剖全書》第三章）試試看。

首先，我們得把肌肉纖維纏到筋膜上（7.4），再用結締組織（肌內膜）包起來，確認兩端要有多餘的結締組織（7.5）。

重複上述步驟數百次製造更多纖維，使其平行並排後再以肌束膜裹起來（7.6）。我們將把兩端多餘的筋膜組織束起成為肌腱，再將整個肌腹放進最後一層筋膜（肌外膜）裡面。

插入一組神經及血管後，便大功告成（7.7）。雖然是過度簡化了一些，不過大致上這就是肱肌的肌筋膜設計了（7.8）。

7.4　抓住一條肌肉纖維。

7.5　以肌內膜包覆。

7.6　將多條肌肉纖維整理後，以肌束膜裹起來。

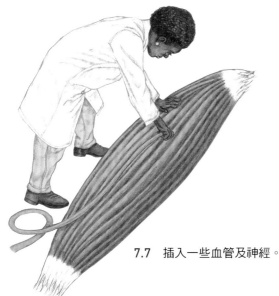

7.7　插入一些血管及神經。

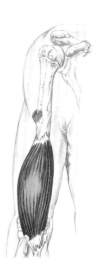

7.8　這便是右手臂的肱肌了。

肌肉組織概論（續）

功能簡介——收縮

　　我們在前一頁所組裝出來的肱肌若僅是任其在身上游離，將沒有多大用處，其兩端的肌腱必須有所附著才行。而且只有一個附著點還無法產生動作，必須繫在兩塊骨骼上（肱骨及尺骨），如此方能使（肱尺）關節開闔（**7.9**）。

　　安排好兩個附著點後，我們便可好好利用肌肉組織獨特的性質，也就是其**收縮**（或變短）的能力了。雖然肌肉組織具有多重功能，不過在此我們先聚焦於**產生動作**及**維持支撐**這兩項。（活動度與穩定度！）

　　傳統上，肌肉組織獲得異常多的關照，不過在生物力學上，其功能恐怕要令許多人失望了。事實上，肌肉無法推擠，而只能拉扯。肌肉主要是「將

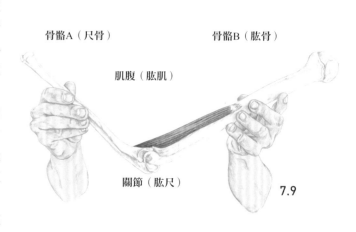

骨骼A（尺骨）　　　　骨骼B（肱骨）

肌腹（肱肌）

關節（肱尺）　　　　7.9

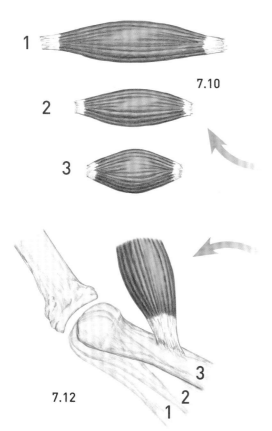

1

2

3

7.10

7.12

3

2

1

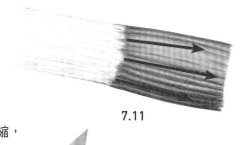

肌肉收縮，

肌腱拉扯，

骨骼以關節為軸旋轉，

身體部位於是產生動作。

7.11

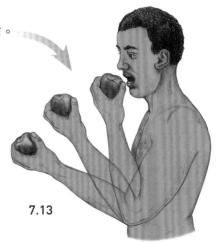

7.13

注意：有些肌肉不只連接兩塊骨骼，例如胸大肌，而有些則是與淺筋膜纏繞，例如臉部肌肉。

其筋膜組織拉往中央」，包括附著用的肌腱。若是收縮力道夠強，肌腱便會拉動其所附著的骨骼，該部位也就跟著動起來了（7.10～7.13）。

簡單來說，當肌肉收縮變短時，可能的結果有三種：

- 將骨骼 A 拉往肌肉中央（7.14）
- 將骨骼 B 拉往肌肉中央（7.15）
- 將骨骼 A 及骨骼 B 同時拉往中央（7.16）

以肱肌為例，移動尺骨便可使手肘屈曲（7.14），或是尺骨保持原位不動而移動肱骨（軀幹連帶往前臂傾），也會有同樣屈曲的效果（7.15）。再者，同時將尺骨及肱骨拉向彼此亦可（7.16）。

有一點必須要弄清楚，那就是肱肌只負責拉扯而無法決定移動哪一端骨骼。每次收縮時，施加於兩骨的力道是相同的。至於在這個過程中指揮協調各部位及肌肉的，則是神經系統。

即便如此，肌肉收縮所產生的動作仍然會偏向某一個附著點。例如肱肌所產生的張力通常會傳往遠端的肌腱拉動尺骨，於是移動前臂及手部。

因此，肌肉有所謂的起點及止點。位於較少動的骨骼（此例中為肱骨）上之附著點稱為**起點**，而位於較常動的骨骼（此例中尺骨）上之附著點則為**止點**。不過，由於肌肉事實上可個別或同時移動兩骨，因此這些由肌腱連結之點可統稱為**附著點**。起點及止點有時也稱為「近端附著點」及「遠端附著點」。

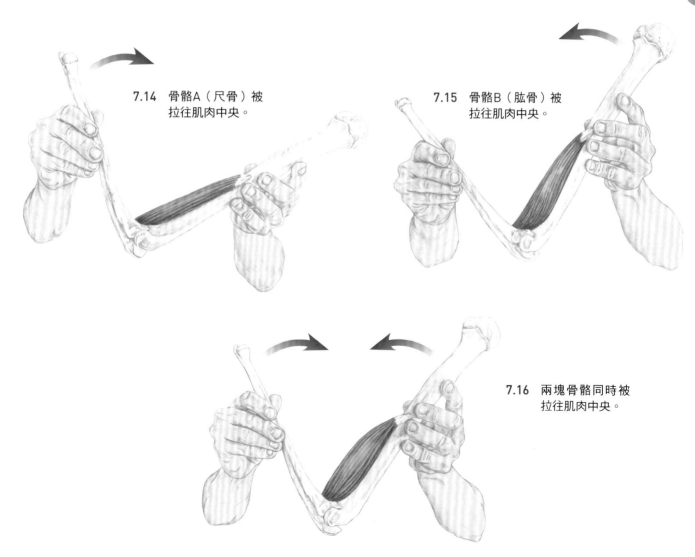

7.14　骨骼A（尺骨）被拉往肌肉中央。

7.15　骨骼B（肱骨）被拉往肌肉中央。

7.16　兩塊骨骼同時被拉往肌肉中央。

骨骼肌成分

宏觀角度

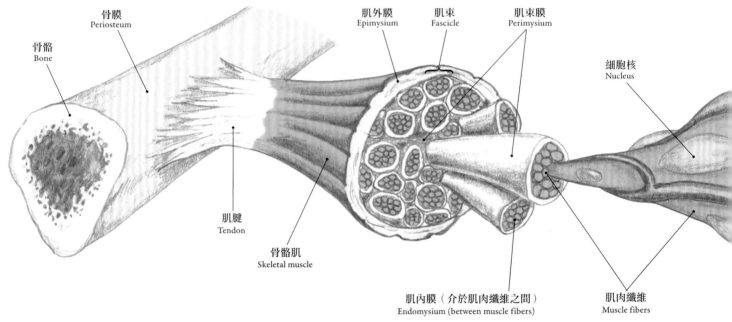

7.17　骨骼肌構造簡圖。

　　我們在前幾章組裝了筋膜網絡及滑液關節，接下來幾頁，則是要打造負責收縮的肌肉。不過，在我們「縮小」動工前，先讓我們檢視一下這整個器官的全貌，就從上面這一大張圖開始吧（7.17）！

　　如同我們在前幾頁所看到的，骨骼肌就像一個天資聰穎但過動的學生，需要架構、限制及方向，負責提供這些指引的便是筋膜。兩者合一構成肌筋膜單元，由筋膜網絡層層區隔有組織的肌肉纖維（細胞）群。

　　首先是**肌腹**（muscle belly），也就是介於肌腱之間的部分，是由一層**深筋膜**（fascia profunda）：一種緻密、不規則的結締組織，遍布身體四肢及內壁，負責束紮肌群，將相鄰的肌肉綑綁在一起。深筋膜除了允許肌肉移動，還提供神經、血管及淋巴管通道，並填補肌肉間的空隙。

　　深筋膜下方是三層結締組織：**肌外膜、肌束膜、肌內膜**。這三層膜在肌腹形成連續的筋膜網，包圍肌纖維並深入肌纖維之間，這些筋膜在肌肉末端形成**肌腱**，將肌肉固定在骨骼的骨膜上。這一系列從筋膜到肌腱、骨膜再到骨頭，相互連結的結締組織，對於傳遞肌肉組織和骨質結構的收縮力道，以形成各種動作，扮演極為重要的角色。

　　讓我們靠近仔細看一看。**肌外膜**是（epimysium）最外層的筋膜，緊貼在深筋膜下，包覆著整個肌腹。

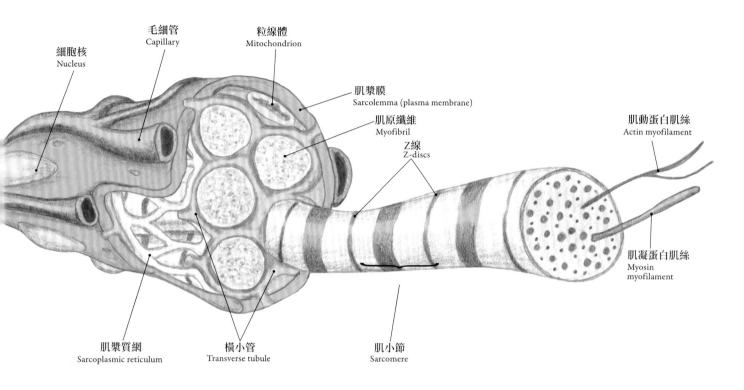

細胞核
Nucleus

毛細管
Capillary

粒線體
Mitochondrion

肌漿膜
Sarcolemma (plasma membrane)

肌原纖維
Myofibril

Z線
Z-discs

肌動蛋白肌絲
Actin myofilament

肌凝蛋白肌絲
Myosin
myofilament

肌漿質網
Sarcoplasmic reticulum

橫小管
Transverse tubule

肌小節
Sarcomere

再往裡面是**肌束膜**（perimysium），將肌腹成束區分開來形成**肌束**（fascicles）。

　　肌束由微小的肌肉纖維（肌肉細胞）組成，根據其功能設計，不同肌束可能包含數十至數百條不等的肌肉纖維（把生牛排成塊的一部分扯開，便可以肉眼觀察到肌束及其肌理紋路）。

　　若是我們進一步深入觀察肌肉內部，這時候得用到顯微鏡了，可看到每條肌束中的肌肉纖維，或是稱為梭外纖維，都被最內層的筋膜**肌內膜**

（endomysium）所包覆。

　　每條肌肉纖維都包含數條圓柱形、可伸縮的細胞，稱為**肌原纖維**（myofibrils）。肌原纖維由一對對鎖鏈般的蛋白質組織，也就是**肌絲**（myofilaments）所構成，肌力的產生便是靠這些肌絲之間彼此互相拉扯而來。肌原纖維聚集成節，內含許多肌絲，代表肌肉收縮的基本單位，即**肌小節**（sarcomere）。

　　有了這層從宏觀到微觀的認識後，讓我們翻到下一頁，顛倒順序從小到大來組裝出完整的肌肉吧！

　　為了組裝之便，我們將層層筋膜分得清清楚楚。不過，最不可思議的是它們之間根本融成一體，雖然我們可以在心裡將其一一拆解，但真要用解剖刀分割就沒那麼容易了。

打造肌肉

如同我們在前一頁所看到的，肌肉是一種高度組織化的器官，能夠被拆解成小之又小的細部結構。

- **肌腹**內含厚實的**肌束**，由管狀的**肌肉纖維**（細胞）構成。
- 這些細胞由是更小的管狀物——**肌原纖維**組成，肌原纖維的成分則是絲狀的**肌絲**。
- 肌原纖維可分為一環一環的**肌小節**，內含多組肌絲。

我們曾在 93 頁快速組裝了一塊肱肌，現在讓我們來仔仔細細重做一遍，就從一塊肌小節開始吧！

7.18　肌腹的收縮不像手風琴……

7.19　……而是像單筒望遠鏡一樣變短。

1 組裝肌小節

肌肉中的**肌小節**就像河裡的一滴水，是一切的基礎根源。數千甚至上百萬極小的肌小節同時變短，才有最後整塊完整肌肉的收縮。

7.20　肌小節構成肌原纖維。

打造筒狀的肌小節時，要小心別弄成像手風琴左右伸縮的結構（學界在多年前曾藉此譬喻來說明肌肉收縮，7.18），而應該是可收起的望遠鏡那樣，縮回的部分滑過彼此才對（7.19）。為了達成此目的，我們需要一些線狀的細絲。

肌小節中的**肌絲有粗有細**（7.20）。教人驚豔的是，這些脆弱纖維之間發生的咬合重疊正是你粗大強壯的肌肉基礎。

為了製造這些細絲，我們需要五種不同的蛋白分子：肌凝蛋白、肌動蛋白、原肌凝蛋白、肌鈣蛋白以及肌聯蛋白。

肌凝蛋白（myosin）的頭部就像一對纏繞在一起後探出頭來的「蛇」（7.21），我們需要 300 對左右這樣的「蛇」來組成一條**粗肌絲**（thick filament）（7.22）。當「蛇身」構成肌絲的骨幹時，「蛇頭」則從肌絲的側邊分岔出來。

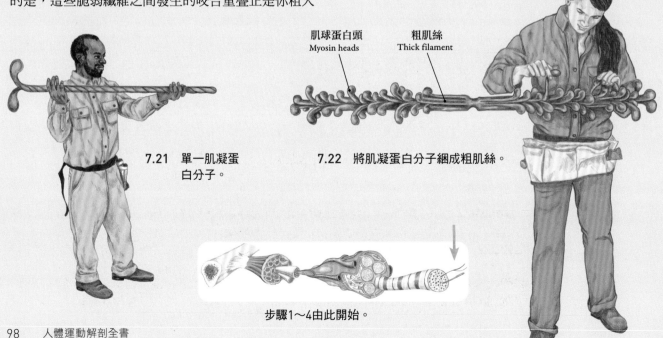

7.21　單一肌凝蛋白分子。

肌球蛋白頭　　粗肌絲
Myosin heads　　Thick filament

7.22　將肌凝蛋白分子組成粗肌絲。

步驟1～4由此開始。

2 粗細肌絲

較粗的肌凝蛋白肌絲橫越肌小節的中心部位，穿過 **M 線**（M-line）（位於肌小節中央的線）。負責使肌凝蛋白穩定成一直線的是巨大盤繞的肌聯蛋白分子。肌聯蛋白是目前所知最大的蛋白質，在承受張力時會限制肌小節的活動範圍，增加肌肉的被動硬度。

環繞著每條粗肌絲的是六條**細肌絲**（thin filament），形狀就像是蜂窩的巢室（7.23）。這些纖長的細肌絲皆由螺旋形的**肌動蛋白**（actin）分子構成（7.24），外面再由**肌鈣蛋白**（troponin）分子塑型的長條**原肌凝蛋白**（tropomyosin）分子覆蓋。細肌絲附著在肌小節尾端的 **Z 線**（Z-disc），Z 線將不同的肌小節區隔開來，因其成 Z 字形而得名（7.24）。

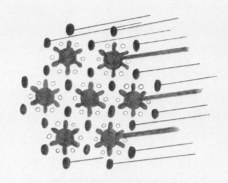

7.23 自然界偏好六角形的樣式，從粗細肌絲的剖面圖可見一斑。

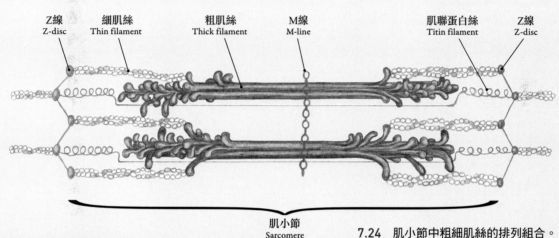

| Z線 Z-disc | 細肌絲 Thin filament | 粗肌絲 Thick filament | M線 M-line | 肌聯蛋白絲 Titin filament | Z線 Z-disc |

肌小節 Sarcomere

7.24 肌小節中粗細肌絲的排列組合。

3 肌絲滑動機制

目前為止，我們已經完成肌小節的雛形：一條條的粗肌絲，分別被六條細肌絲包圍，粗肌絲兩端則有大型的肌聯蛋白將其固定在 Z 線上。一切就緒妥當，接下來該如何運作呢？

我們的收縮單位（7.24）將以**肌絲滑動機制**（sliding filament mechanism）運作，透過位於粗肌絲兩端的肌凝蛋白頭與肌凝蛋白頭連接，逐漸將細肌絲拉往 M 線，

也就是肌小節的中線（7.24）。

粗細肌絲有如單筒望遠鏡般的重疊正是肌肉收縮的基礎，隨著細肌絲一步步被拉進去，Z 線也跟著靠近而使肌小節變短。只要有足夠的肌小節同時收縮，整條肌原纖維就會跟著變短，而肌肉纖維亦然，最後整個肌腹的收縮便大功告成（7.25）。

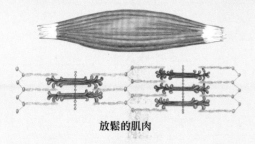

放鬆的肌肉

7.25 由此肌絲滑動機制可觀察到在不同收縮狀態下的肌小節。

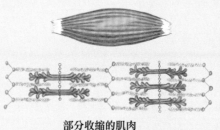

部分收縮的肌肉

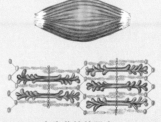

完全收縮的肌肉

打造肌肉（續）

4 收縮循環

　　為了使肌絲在滑動機制中順利滑行，必須要有一連串的重複動作，也就是**收縮循環**（contraction cycle）。

　　故事是這樣的：肌凝蛋白（位於粗肌絲）與肌動蛋白（位於細肌絲）彼此相互碰觸，但當肌動蛋白被兩條原肌凝蛋白包覆時，肌凝蛋白便無法與肌動蛋白連接驅使滑動機制運作，於是肌小節就只能閒置發呆。

　　要引起肌肉收縮，必須將鈣離子由其位於肌肉內的儲藏室（也就是肌漿網）釋放出來至細肌絲，使負責管制的原肌凝蛋白分子露出能夠讓肌凝蛋白頭與機動蛋白連接的地方。

　　當這些蛋白連接處開啟後，收縮循環就此展開，其中牽涉到許多化學變化，茲簡述如下：

　　步驟 1：尚未接合的肌凝蛋白頭部開始活躍。

　　步驟 2：肌凝蛋白頭部向外延伸展與肌動蛋白連接，形成橫橋。

　　步驟 3：橫橋產生力量（動力行程），將細肌絲往 M 線拉近「一點」。

　　步驟 4：當動力行程結束後，肌凝蛋白頭部便與肌動蛋白分離，重新回到收縮循環的步驟 1。肌凝蛋白持續將細肌絲拉往肌小節的中央（**7.26**）。

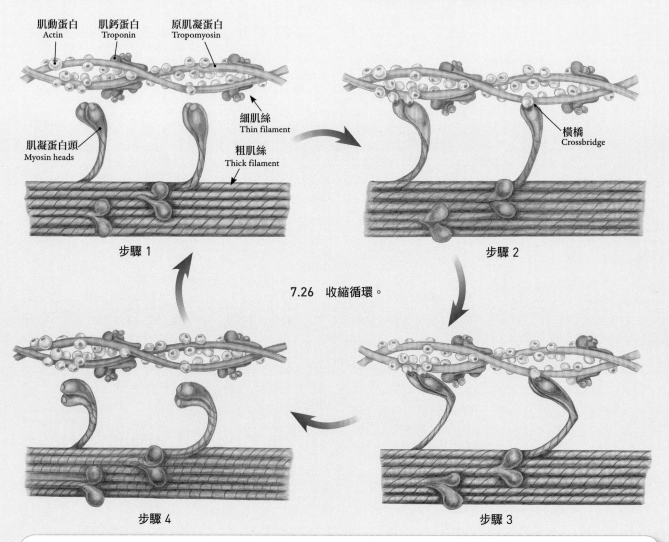

7.26　收縮循環。

暫停一下

　　如此浩大的收縮工程也許會讓你想來杯清涼飲料，不過，要將水送進嘴之前，肌小節得先收縮才行。一段肌小節中的600個肌凝蛋白頭（300個分子×2個頭）必須在「1秒鐘內」搭建「超過5次」的橫橋，以便產生連續動作。也就是說，每秒會有3千個動力行程來使小小的肌小節變短成原長的一半。為了滿足口渴，你那數千個肱肌細胞分別有「10萬」段肌小節在默默拉扯著！

5 肌原纖維與肌肉纖維

我們目前組裝出了幾組有粗有細的肌絲，但單靠這些還不足以產生什麼運動，因此讓我們再多變個幾千組出來吧！變！現在我們可以將這些粗細肌絲一一排列成蜂巢狀，再一段一段接起來。相鄰的肌小節尾端接合處，也就是 Z 線（第 99 頁），將形成一長條**肌原纖維**，是骨骼肌的收縮結構（7.27）。

當各段肌小節同時收縮時，會牽引鄰近的肌小節，最後整個肌原纖維都會變短。這些肌原纖維的直徑只有區區 2 微米（相當於 0.0002 公分），但神奇的是，它們可以使肌肉纖維延長，一般約可達 10 公分。

步驟5發生在指標處。

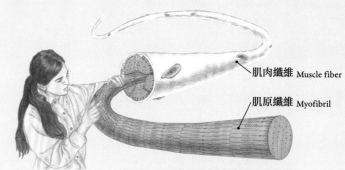

肌肉纖維 Muscle fiber

肌原纖維 Myofibril

7.27　一條條的肌原纖維結合起來構成一條肌肉纖維。

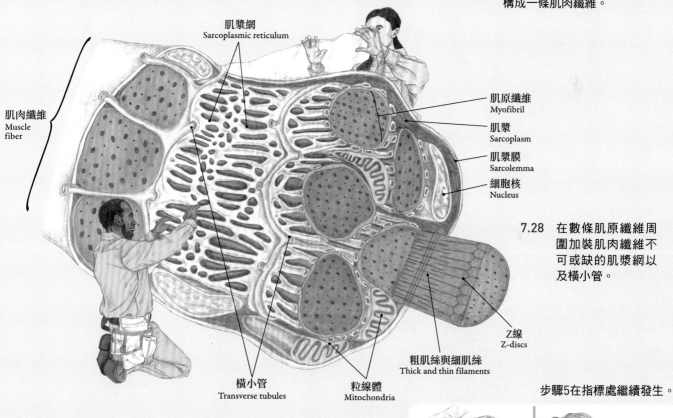

肌漿網
Sarcoplasmic reticulum

肌肉纖維
Muscle
fiber

肌原纖維
Myofibril

肌漿
Sarcoplasm

肌漿膜
Sarcolemma

細胞核
Nucleus

7.28　在數條肌原纖維周圍加裝肌肉纖維不可或缺的肌漿網以及橫小管。

橫小管
Transverse tubules

粒線體
Mitochondria

粗肌絲與細肌絲
Thick and thin filaments

Z線
Z-discs

步驟5在指標處繼續發生。

再多組裝八到十條肌原纖維並排在一起，便是**肌肉纖維**（肌肉細胞）的雛形了（7.28）。所有細胞理應都需要一個細胞核，不過肌肉細胞則需要數個（某些骨骼肌肌肉細胞由於其大小，甚至需要多達上百個細胞核）。我們還得加入一些**粒線體**（mitochondria）以便產生**三磷酸腺苷**（adenosine triphosphate 簡稱 ATP），一種肌肉收縮所必需的能量儲存化合物。

由於肌原纖維必須接收化合物以及指令，因此必須以**肌漿網**（sarcoplasmic reticulum）包覆。肌漿網是一套精密的系統，由充滿體液的導管組成，負責傳送鈣離子來引起收縮。而在肌漿網旁還需擺一些**橫小管**（transverse tubules），負責將神經脈衝傳送到肌原纖維。

6 水電工

我們已經接近完工的階段嘍！我們還得把這些成束的肌原纖維以及其他零件一起用**肌漿膜**（sarcolemma），也就是細胞膜，像是肌肉纖維的「皮膚」一樣，包裹起來。在這層薄膜底下的肌肉纖維裡，我們將灌入**肌漿**（sarcoplasm），這種膠狀物質會環繞著各個纖維零件（7.29）。為了增加肌原纖維群的支撐，我們在肌漿膜外再套上一層最深的筋膜，也就是**肌內膜**（7.30）。

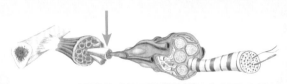

步驟 6 發生在標記處。

在我們搞定單條肌肉纖維準備往肌束邁進前，我們得「僱用幾位水電工」。骨骼肌的本質活躍有力，因此布滿了血管及神經。一般來說，血管及神經會成群透過肌肉，在肌束及肌肉纖維間穿梭。**軀體運動神經元**（somatic motor neuron）會刺激肌肉組織收縮，這個部分將會在稍後有關「神經」的章節進一步探討。

再多纏繞十幾二十條肌肉纖維後，我們便有了所謂的**肌束**，並用筋膜中層的**肌束膜**加以包覆（7.31）。重複做出數十條肌束後，再通通以**肌外膜**（肌腹最外層的筋膜）裹起來（7.32）。

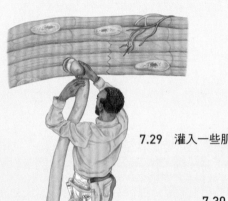

7.29 灌入一些肌漿。

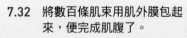

7.30 一條被包在肌內膜裡的肌肉纖維（由一群肌原纖維組成）。

7.31 十到二十條肌肉纖維（以肌束膜綑綁）構成肌束。

7.32 將數百條肌束用肌外膜包起來，便完成肌腹了。

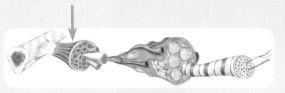

步驟 7 在標記處結束。

7 大功告成

最後，我們要將兩端的筋膜層延伸形成肌腱，把肌腹纏繞成兩端變細的紡錠狀。接著，我們便將肌腱拉長連接到骨骼的外膜上，並將一層深筋膜覆蓋在肱肌（在組裝時連同周圍的肌腹一起覆蓋）。終於，我們可以用新組裝完成的肱肌（7.33）來舉起那杯當之無愧的冷飲了。

7.33 剛完工的肱肌。

肌肉組織功能

組裝好肌肉後，讓我們來看看它有何用途吧！利用其獨特的收縮特性，骨骼肌組織能夠執行四種功能：

- 產生運動
- 穩定姿勢
- 協助體液循環
- 進行生熱作用

肌肉**產生運動**。奔跑上課、在座位上坐下、用手指轉筆或把頭趴在書本上小憩，這一切都是透過肌肉的協調參與而發生（7.34）。肌肉收縮產生的張力，透過肌腱及筋膜傳遞至扮演槓桿的骨骼。

我們稍後將會在第 126 頁看到，沒有肌肉是像一座孤島般獨立運作，所有平衡而細緻的動作都是眾多肌腹聯合啟動的結果，即所謂的「肌肉協同作用」。例如當你在課堂上東張西望時，肩頸兩側約各有數十處肌肉被召喚來執行這個簡單的旋轉動作。

在教室裡，你的肌肉除了能夠產生運動外，還得負責**穩定姿勢**。要記得：每一寸運動中的肌肉背後都有無數穩定的肌肉在撐腰。在看得到的運動中收縮的一條肌肉，無不依靠幕後許多支持肌肉的緊繃與鬆弛。

例如當你想在無聊的課堂上挪動一下屁股時，大腿及臀部約有六塊肌肉會很樂意為你提供這項服

7.34　奔跑上課。

7.35　在椅子上挪動屁股。

務。但若少了這兩個部位（還有背部、小腿甚至足部）「其他」24 塊肌肉收縮所提供的穩定功能，你的動作將會愚蠢不堪（7.35）。

吔，下課了！當你四處走動伸展雙腿時，骨骼肌的收縮能夠**協助**淋巴管中的淋巴、血管中的血液**回流**至心臟。在一些產生位移的運動，例如走路或跑步，位於肌腹內及周圍的淋巴管及血管會受到肌肉組織每一下收縮、舒張的擠壓，即便是「站立」不動，許多腿部姿勢肌也正進行著不為人知的收縮，不但協助保持身體直立，並且促進靜脈回流（7.36）。

下課後你在等公車，天氣又濕又冷，這時肌肉的收縮便產生體熱（7.37）。這正是所謂的**生熱作用**，有助維持正常的體溫。假如開始下起雪來，肌肉甚至會開始不自主地收縮——顫抖，來提高生熱作用的效率。

7.36　你幾乎不會發現小腿肌肉正在收縮，這些收縮能夠使血液回流。

7.37　等公車時全身顫抖。

肌肉組織特性

骨骼肌的多樣功能得感謝其四種特性：

- 興奮性
- 收縮性
- 延展性
- 彈性

單單一種特性就夠驚人了，四種特性組合在一起，更賦予肌肉組織英雄般的能力，是人體其他組織所未見。

興奮性（excitability）指的是「對刺激產生反應的能力」，在肌肉及神經細胞中皆可見。化學、電學或力學的刺激都能啟動肌肉，例如放學後站在擁擠的公車上，伸手抓住頭上的欄杆（7.38）。這是因為你的肩膀及手臂肌肉對軀體運動神經所傳來的電子化學刺激做出反應，所以才能產生哪些動作（詳見第10章「神經：第一部分」）。

當手指屈肌將手指頭彎曲環繞欄杆時，所展現的便是**收縮性**（contractility）——肌肉接受刺激後產生張力的能力（7.39）。儘管看似不合常理，但肌肉的收縮卻可使肌肉變短、變長或保持原本長度（詳見第117～118頁關於肌肉收縮種類的介紹）。

7.38 當你伸手抓住欄杆時，展現了肌肉的興奮性。

7.39 當屈肌變短時，展現了肌肉的收縮性。

7.40 當伸肌伸展時，展現了肌肉的延展性。

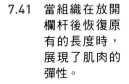

7.41 當組織在放開欄杆後恢復原有的長度時，展現了肌肉的彈性。

為了讓手指能夠握住欄杆，屈肌必須要變短，也就是說其他肌肉必須要變長。這個特性就是**延展性**（extensibility），即「肌肉組織伸長而不會受傷的能力」。在公車上，手指伸肌變長使屈肌得以變短，其所展現的便是延展性（7.40）。延展性讓肌肉可以在不同活動範圍及形狀下仍維持其原有功能。

公車上有座位了。當你鬆手時，屈肌及伸肌會同時展現**彈性**（elasticity），也就是「肌肉在收縮或伸展後會回復原來長度的特性」，手部屈肌被伸展而變長，手指伸肌則收縮而變短（7.41）。當屈肌被放鬆時，原本被伸展的伸肌會展現彈性，使兩塊肌群都回復到其休息長度。

> 肌肉組織是一種有彈性的材質，其長度能夠有所變化。例如大腿後側的膕旁肌便可縮短至30公分或延長至50公分，而在這個變化區間內的長度則稱之為**正常靜止長度**（normal resting length），也就是「肌肉未受到刺激、無外力影響時的長度」。由於一些生理作用（後續章節將詳細討論），肌肉未收縮時的長度會因姿勢、運動、健康及年紀而不斷改變。

肌肉

章節回顧問答：肌肉，第一部分

（你可以上網在 booksdiscovery.com 學生專區找到解答）

1. 身體做出各種動作時，身體的變化是？（p.94）
   a. 肌肉與周邊筋膜脫離
   b. 肌腱收縮、肌肉縮短後，關節因此旋轉
   c. 肌肉收縮、拉動肌腱，然後骨頭以關節為支點旋轉
   d. 肌腱拉動骨頭，然後關節撐起周邊的結構

2. 肌肉的起點指的是？（p.95）
   a. 肌肉連結到較能自由活動的骨頭端
   b. 肌肉連結到骨頭的兩端
   c. 肌肉連結到比較能自由活動的肌腱端
   d. 肌肉連結到比較固定的骨頭端

3. 最深層的結締組織是？（p.96）
   a. 肌束膜
   b. 肌外膜
   c. 肌內膜
   d. 深筋膜

4. 肌肉之所以能夠收縮，是由哪個分子造成的？（p.98）
   a. 肌凝蛋白分子
   b. 肌小節
   c. 肌聯蛋白分子
   d. 粗肌絲

5. 肌肉組織的功能是？（p.103）
   a. 將骨頭連結在一起
   b. 填充身體的各種空隙
   c. 幫助體液循環
   d. 協助身體降溫

6. 「興奮性」是肌肉組織的一個特性，意味著？（p.104）
   a. 回應外在刺激的能力
   b. 肌肉組織在不受傷的前提下，可伸展的程度
   c. 肌肉產生張力的能力
   d. 肌肉伸展後，回復原狀的能力

8

肌肉
第二部分

目的

- 比較不同形狀和排列的各種肌肉有何差異。
- 描述驅動肌肉的必要元素。
- 請解釋肌肉收縮時,何謂「徵召」與「加成」?
- 定義並說明肌肉收縮的三種不同類型。
- 定義並舉一個例子,解釋何謂「逆向動作」。

本章精華

當你試著在星巴克總共 87,000 種(相信我,我真的有算過)的飲料清單中,點了一杯飲料,那麼你就會限定了這杯飲料的各種設定,例如杯子的大小、咖啡的份數、風味、鮮奶油的有無等等。現在,重建全身將近 650 條肌肉時,我們也得做一些類似的決定。

肌肉要由長的肌纖維還是短的肌纖維組成?外觀要三角形還是直線形?要有幾個端點?一個?兩個?三個還是四個?要怎麼分配肌肉纖維?是要平行肌還是羽狀肌(第 109 頁)?這條肌肉的重點是力量還是運動範圍?

再來是神經系統。神經系統會驅動肌肉,所以我們要知道這條肌肉上需安裝幾個運動單元(第 112 頁)?還有速度不同的收縮纖維,要按什麼比例分配?另外,也要知道肌肉會跨越多少關節。

這些問題,都沒有標準答案。每條肌肉都應該完美地放進由筋膜組成的肌鞘,並如預期般運作,完美地搭配每個人獨一無二的身形。好了,既然你已經準備好你的飲料,那麼接下來我們就繼續研究皮膚下各式各樣的肌肉吧?

◆ 請你將咖啡杯舉起,並帶到你的嘴邊。請觀察過程中你的身體怎麼控制你的肌肉,而你的肌肉又會如何參與這個動作?
◆ 當你將咖啡杯放回桌上時,你的肱二頭肌又是怎麼收縮的呢?
◆ 肱骨內旋是成人最常見的一種姿勢不良,這會導致盂肱關節的哪條肌肉縮短?哪條肌肉過度拉扯?
◆ 如果你想要讓四肢更有力量,你會選擇鍛鍊哪一種肌肉?理由呢?

本章節內容

肌肉形狀與排列

構造

打造出一塊肱肌確實教人振奮（第 98 ～ 102 頁），但接下來要如何組裝全身上下的其他肌肉呢？畢竟，各個肌肉的尺寸、形狀及設計不同，且分別在不同的部位執行多樣功能（8.1）。

祕訣就在於「萬能的纖維」。藉由長或短的纖維排成斜紋或直紋的樣式，我們便幾乎能打造出所有的肌肉，不論是大或小、長或短、圓或扁都沒問題。不論肌肉的訴求是肌力、活動範圍、單一或多重動作，所有功能都取決於肌肉纖維的排列組合。

幾乎所有的肌肉纖維排列都是平行（parallel）或羽狀（pennate）兩者其中之一，就讓我們先來打造這兩種較常見的肌肉吧！

類似平行肌的設計

紡錘狀（外展小指肌、肱肌）
Fusiform
(abductor digiti minimi, brachialis)

二頭狀（股二頭肌）
Bicipital
(biceps femoris)

三頭狀（肱三頭肌）
Tricipital (triceps brachii)

二肌腹狀（二腹肌）
Digastric (digastric)

帶狀（旋後肌、縫匠肌）
Strap (supinator, sartorius)

肌腱間隔帶狀（腹直肌）
Strap with tendon intersections
(rectus abdominis)

四邊形（旋前方肌）
Quadrilateral
(pronator quadratus)

螺旋狀（提肩胛肌）
Spiral (levator scapula)

平滑狀（額肌）
Flat (frontalis)

三角形（闊背肌、斜方肌）
Triangular
(latissimus dorsi, trapezius)

8.1　各式各樣的肌肉設計。

環形（眼輪匝肌）
Sphincter (orbicularis oculi)

類似羽狀肌的設計

單羽狀（半膜肌、脛後肌）
Unipennate
(semimembranosus, tibialis posterior)

雙羽狀（蚓狀肌、股直肌）
Bipennate
(lumbricals, rectus femoris)

多羽狀（三角肌、棘下肌）
Multipennate
(deltoid, infraspinatus)

肌肉

平行肌

平行肌是由較「長」的肌肉纖維組成,設計通常相當直接了當。前頁(8.1)所示的十一種平行肌腹中,有五種是較常見的:

- 需要**平滑狀**(flat)肌肉的地方主要是身體表面被肌腹緊緊包覆的部位,例如額肌、菱形肌以及腹肌。平滑狀肌肉的纖維排列平行而寬廣,兩側之中有一側是平滑的肌腱。

- 圓的**環形**(sphincter)設計見於需要開合的組織,例如嘴巴、眼睛及肛門的周圍。

- 我們在前一章所組裝的肱肌就是一種**紡錘狀**(fusiform)肌腹,中央較寬而兩端較窄,平行的纖維在兩端逐漸匯集變細構成強壯的肌腱。打造肱二頭肌及手腕、手指的主動肌所需要的便是這種紡錘狀肌腹。

- **帶狀**(strap)肌肉滿足的是對細長肌腹的需求,其肌肉纖維平坦平行,縫匠肌即為一例。帶狀肌肉也可能伴隨肌腱間隔出現,像是腹直肌。

- 人體某些表層的部位需要的是一些**三角形**(trianglar)肌肉。這種肌腹匯聚成扇形的設計通常伴隨螺旋狀的旋轉,如胸大肌、闊背肌及斜方肌所示。

羽狀肌

羽狀肌與平行肌有兩大差異。第一,羽狀肌的設計形似鳥類的羽毛,其肌肉纖維是以傾斜的角度與中央的肌腱相連

8.3

(8.3)。第二,這種設計需要額外的一個或多個肌腱,以便延伸其大部分肌肉的長度。(此點與平行肌的肌腱相反,平行肌的肌腱通常較短,且直接位於肌肉的末端。)

由於羽狀肌的設計較為緊密,內含的肌肉纖維數量較多,因此所能產生的力量也比同體積的平行肌來得大。不過,羽狀肌的設計也使得其肌肉纖維較短,活動範圍(肌肉收縮時所能變短的最長距離)也較小。此點將在下一頁有更深入的討論。

- **單羽狀**(unipennate)肌肉只位於長肌腱的一側,腿部的深層肌肉,例如脛後肌及伸趾長肌便是這種設計。

- **雙羽狀**(bipennate)肌腹的設計類似羽毛,其肌肉纖維從肌腱兩側以斜角散開,股直肌便是這種排列方式的典型例子。

- **多羽狀**(multipennate)肌肉,例如三角肌或棘下肌,是由數組雙羽狀肌所組成的一大塊肌腹。

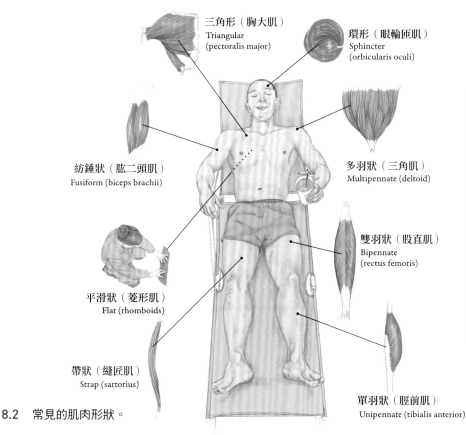

三角形(胸大肌)
Triangular
(pectoralis major)

環形(眼輪匝肌)
Sphincter
(orbicularis oculi)

紡錘狀(肱二頭肌)
Fusiform (biceps brachii)

多羽狀(三角肌)
Multipennate (deltoid)

雙羽狀(股直肌)
Bipennate
(rectus femoris)

平滑狀(菱形肌)
Flat (rhomboids)

帶狀(縫匠肌)
Strap (sartorius)

單羽狀(脛前肌)
Unipennate (tibialis anterior)

8.2　常見的肌肉形狀。

好消息是人體的肌肉都已經命名完畢,且大多有助於我們學習及建構。例如:肌肉的名字可能指稱其形狀(三角肌)、尺寸(臀小肌)、肌頭數量(肱三頭肌)、纖維方向(內斜肌)、位置(後上鋸肌)、接合點(喙肱肌)或動作(屈小指短肌)。不過,最後一點比較模稜兩可,因為肌肉名字不一定反映出完整的動作,例如髖內收肌群所能做的便不僅是內收而已。

肌肉形狀與排列（續）

功能比較

　　既然平行肌及羽狀肌的纖維排列會直接影響其運動能力，就讓我們花點時間來比較一下兩者在功能上的差異吧！首先，相同尺寸的平行肌及羽狀肌所需的材料是不同的。

- **平行肌**有較長的肌肉纖維及（通常是）兩個較短的肌腱（8.4）。
- **羽狀肌**所需的肌肉纖維數量較平行肌多，但肌肉纖維較短（8.5）。此外，羽狀肌還需要一（或兩）個長度與其相當的長肌腱。

　　在下一頁，我們將進行平行肌及羽狀肌的功能比較。不過，先讓我們澄清一點：人體的每一塊肌肉，不論其設計為何，都具有能夠收縮（變短）及延展（變長）的特性。

　　因此，肌肉便具有一定的活動範圍。肌肉改變其長度的程度稱為**活動量**（excursion），一般來說，肌肉能夠縮短或伸長其休息長度的一半。因此，若一條肌腹的休息長度為 15 公分，便可縮短至 8 公分或延展至 23 公分（8.6）。

　　這麼一來你應該就能明白，平行肌的長纖維所能縮短的長度要比羽狀肌的短纖維長上許多（8.7）。

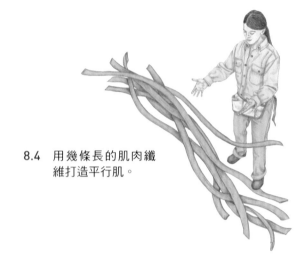

8.4　用幾條長的肌肉纖維打造平行肌。

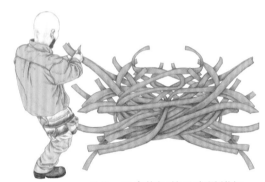

8.5　用多條短的肌肉纖維打造羽狀肌。

延展時長23公分

放鬆時長15公分

收縮時長8公分

8.6　三個階段的肌肉活動量。

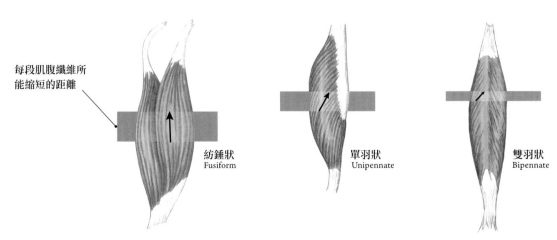

每段肌腹纖維所能縮短的距離

紡錘狀
Fusiform

單羽狀
Unipennate

雙羽狀
Bipennate

8.7　紡錘狀肌肉的縮短長度比單羽狀或雙羽狀肌肉都來得長。

肌肉

兩場比試一較高下

讓我們把這些肌肉組裝起來，看看它們各自的能耐吧！為了確保不是張飛打岳飛，我們還將使用相同的肌肉量來進行比較。

首先要知道（前一頁提過的）：由於肌肉纖維通常能夠縮短至其休息長度的一半，因此肌肉所能拉動骨骼的移動距離與其纖維長度成正比。

有此了解後，便可明白在**活動範圍**（range of motion）的比賽中，平行肌佔有優勢，拉動的距離比羽狀肌還要長（8.8）。

不過，羽狀肌也不是省油的燈，在**肌力**比賽中，其較短的纖維便大勝平行肌（8.9）。因此：

• 平行肌的活動範圍較大，但肌力較小。

• 羽狀肌的活動範圍較小，但肌力較大。

在打造股二頭肌、闊背肌及許多其他肌肉的平行肌時，我們便會捨棄一點肌力來獲得最大的活動範圍。至於前臂及腿部的許多肌肉，我們則選擇羽狀的設計，犧牲活動範圍來換取較多的肌力（羽狀排列也較節省空間，對較修長的部位，例如四指末端，便相當重要）。

由於結構上的空間限制以及功能上的明確分工，各個肌肉都專精於肌力或活動範圍其中一項。就像瘦長的籃球中鋒或短小的摔角選手，兩種肌肉都有其優勢與限制。這種肌肉的分類方式讓我們在建構人體時能夠隨時滿足對活動度與穩定度的需求。

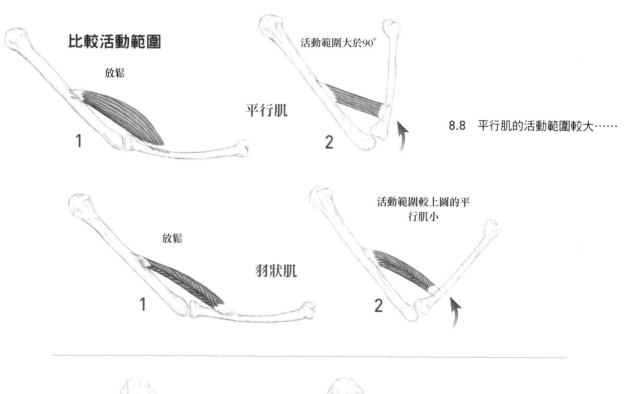

比較活動範圍

放鬆

平行肌

1

活動範圍大於90°

2

8.8　平行肌的活動範圍較大……

放鬆

羽狀肌

1

活動範圍較上圖的平行肌小

2

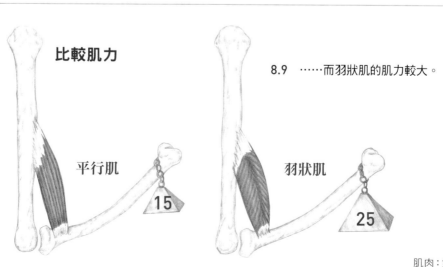

比較肌力

平行肌

8.9　……而羽狀肌的肌力較大。

15

羽狀肌

25

肌肉

8.10 打造一個運動
單元。

驅動肌肉

成功打造出一塊肌肉（肱肌，第 98 ～ 102 頁）後，我們還得透過神經系統的裝設來提供「電力服務」。不過，我們還得面對一個關鍵的問題：該如何「驅動」這些肌肉呢？

如果會突然縮短或毫無預警癱瘓的肌肉不但無實際效用，甚至會造成危險。我們需要的肌肉必須能夠進行一定程度的收縮，從輕微到幾乎無法察覺的力道到百分百輸出的程度，還要能以不同速度，緩慢地、適度地或瞬間繃緊。簡單說，我們必須控制肌肉收縮的**速率**以及**力道**。

運動單元

首先，讓我們將運動神經元接上受其支配的肌肉纖維，組成一個運動單元（8.10）。要注意的是，與其連接的不只是一條纖維，而是一大串環繞著肌腹的無數部位。

與運動單元連接的肌肉纖維數量取決於該肌肉的運動類型。例如動作非常輕微、細緻的眼球，其一個運動單元便只與十條纖維連接（8.11）；而動作較大、較不細緻的臀大肌，其一個運動單元則負責多達兩千條纖維（8.12）。若是從肌肉的大小來看，那麼每塊肌肉（例如肱肌）平均約有兩百個運動單元。

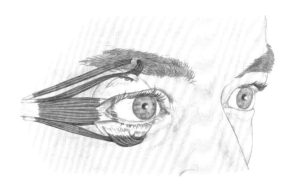

8.11 一個眼肌運動單元可連接
多達十條肌肉纖維。

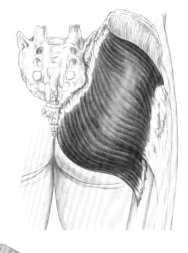

8.12 臀大肌的運動單元約連接上千條肌肉纖維。

全有全無

一個運動神經元的電子刺激可能不足以啟動其肌肉纖維，但當強度許可時，所有的纖維便會「同時」且「完全」收縮，不會落單獨立運作，亦即遵照所謂肌肉收縮的**全有全無律**（all-or-none law）。這個定律相當重要，因為若肌肉纖維可自由決定其是否受運動單元控制，則運動單元將無法正常運作。運動單元內部的貫徹始終有其必要，如此一來，我們才能如期並有系統地啟動肌肉（8.13）。

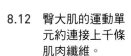

8.13 當我們「撥動開關」時，同一個運動單元的肌肉纖維會一起做出反應。

星羅棋布

若是一個運動單元所掌管的纖維全都集中到肌肉的某一部分，那麼可能會發生肱肌左側完全收縮，但右側卻鬆垮垮的情形（8.14）。這樣的肌肉可不怎麼有用。相反地，我們會將運動單元與不同位置的肌肉纖維連接，每一個運動單元所廣泛散布出的張力將穿透整個肌腹，並且引起緩和但大略一致的收縮程度。

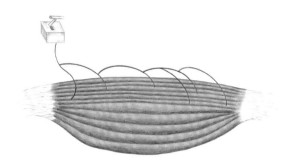

8.14 如果運動單元纖維沒有分散開來，我們可能只動得到肌肉的一側，另一側則了無生氣。

8.15 若是所有的肱肌纖維同步齊發，可能會潑得你滿臉都是。

徵召

為了產生足夠的張力以便手臂確實做出運動，有兩樣變數可供我們支配。首先是**徵召**（recruitment），指的是「被啟動的肌肉運動單元**數量**」。徵召的設置目的是要調整收縮力道，會先從少量的運動單元動起，接下來若是需要更大的力量，便會加入更多單元（8.16）。

採用這種漸進的方式讓你在以相同的肌肉量進行不同的運動時能夠調節收縮力道。舉例來說，在舉起一塊空心磚或拿起一塊 Twinkie 奶油夾心海綿蛋糕時，你的肱肌都會收縮（8.17、8.18）。身體控制收縮力道的方式之一，就是改變運動單元的活動數量。而在此例中，舉磚頭需要較多的運動單元，拿蛋糕則只要些許的運動單元即可。

多少多快？

運動單元的運作數量決定了肱肌所能產生的收縮張力大小。不過運動單元並不會全部同時運作，否則將引起手臂痙攣（8.15）。相反地，運動單元會依序交錯作用，就像彈珠檯上的霓虹燈一樣。如此方可產生穩定正常的收縮，傳布並維持該力量於肌腹之中。

8.16 提著一個水量正在增加的桶子，一開始只需少量徵召一些肘屈肌的運動單元即可。然後隨著水桶越來越重，便有越來越多的運動單元加入徵召的行列。

驅動肌肉（續）

加成

　　神經系統控制收縮力道的第二個方式是利用**加成**（wave sumination）作用，也就是調整運動單元發射神經訊號的**頻率**。若是我們能趁運動單元尚未從前一次刺激中完全放鬆時，便再次給予訊號，則第二次的收縮將會比第一次更強烈（有點像是海浪被推高一樣）。隨著每一次使力，收縮動量及肌肉張力都會增加。

　　只要我們提高肱肌的徵召及加成，便可開始見到一些手臂的運動。更多的運動單元加上更高的連續神經訊號頻率，結果就是更強的收縮。

　　最後，若是我們動員所有運動單元並產生最大的加成作用，則肌肉會完全收縮使手肘達到完全屈曲，而肱肌將維持這個變短緊繃的姿勢直到疲勞為止。不過，現在我們將逆向操作：減少運動單元數、降低神經脈衝量，使肌腹回復到原先放鬆的狀態。

　　不過，所謂「放鬆」其實是相對而言。事實上，肌腹是一直維持運動單元處於不斷的低度活動，藉此持續、局部而不自主的收縮狀態來產生**肌張力**（muscle tone）。這個「由少量而不自主的肌肉收縮所引起的持續些微緊繃」不但在睡覺時少不得（8.19），站立時也得靠它支撐姿勢。此外，這樣的狀態能確保肌肉隨時保持待命，以防萬一你要用力招住那塊海綿蛋糕。

8.17　舉起磚塊需要很多運動單元……

8.18　……而拿起一塊Twinkie奶油夾心海綿蛋糕則只需要幾個運動單元。

8.19　甚至連打盹也需要一些肌張力。

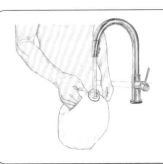

我們在廚房裡如何徵召肌肉

　　在水龍頭旁以單手提一個家庭號牛奶桶。在開始裝水前，先用另一隻手感受一下前臂、上臂以及肩膀因提著桶子而產生的輕微緊繃。接著，開始裝水，感受肌肉因越來越多纖維被徵召前來支撐越來越重的重量而變得更緊繃。當桶子幾乎裝滿水時，你會發覺之前沒有用力的肌肉也開始出力了。這個過程說明了人體如何採用要多少用多少的高效原則來逐漸增加肌肉纖維的徵召（見第112頁「運動單元」）。

收縮纖維種類

到目前為止，我們已經打造並驅動了一條普通的肌肉纖維（第98頁），儘管看似無所不能，但事實上，只有一種纖維是無法滿足人體所有運動需求的。

有些動作，例如雙手抱滿雜貨站立二十分鐘（8.20），需要肌肉擁有持久耐力。還有些動作，像是突然扶住在冰上滑倒的老人（8.21），則需要組織展現速度及力量。大部分的日常活動所需要的都是耐力、肌力及爆發力的結合。

為了滿足這三項要求，我們必須打造三種各有各的收縮特性的肌肉纖維。基本上這些纖維的差別在於收縮速度及新陳代謝。

8.20　肌耐力運作中。

8.21　「肌」可救援之速度與力量。

8.22　長途慢跑靠的是慢肌纖維。

三種纖維

慢肌纖維（又稱為 Type Ⅰ 纖維），是以肌耐力為建構目的。就像兒童寓言「龜兔賽跑」中緩慢但持久的烏龜一樣，這些纖維的收縮速度較另外兩種來得慢，但是效率則較高。由於慢肌纖維較不易疲勞，因此相當適合馬拉松等考驗耐力的持續運動（8.22）。

快肌纖維（又稱為 Type ⅡA 纖維），比較像是寓言中的兔子。跟慢肌纖維比起來，快肌纖維體積較大、收縮速度較快，但是比較容易疲勞。在進行高強度間歇運動時，快肌纖維比主要由高比例慢肌纖維所構成的肌肉疲勞得快且復原得慢。

還有一種稱為 Type ⅡB 纖維的**快肌纖維**，是最大而有力的纖維，但你應該猜得到，它們很快就筋疲力竭了。當你使勁舉起自己的重量（8.23）或用空手道擊破木板時，便會徵召這些纖維上陣。

8.23　推舉就得看快肌纖維表現了。

收縮纖維種類（續）

比例？

　　我們要如何在肌腹中組織結合這三種纖維呢？首先，我們喜歡將每個運動神經元的觸手分別連結到「同一種」纖維上，若是一個運動神經元同時與多種纖維連結，將會導致神經同步錯亂（8.24）。不過，我們肯定會在每塊肌腹中加入所有三種纖維的組合（8.25）。

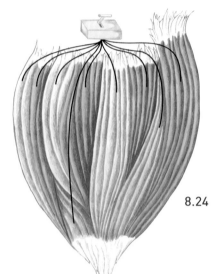

8.24　一個運動單元同時連結不同種類的纖維是無法正常運作的（此圖及左下角的圖所顯示的是經過高度簡化後的版本）。

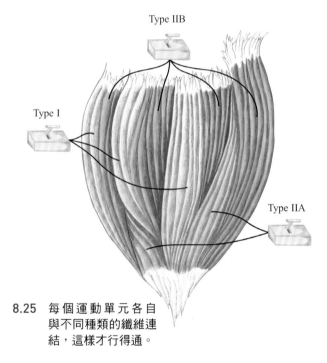

Type IIB

Type I

Type IIA

8.25　每個運動單元各自與不同種類的纖維連結，這樣才行得通。

　　那麼三種纖維的比例該如何決定呢？主要是受肌肉的位置、正常功能需求及基因等因素影響，例如豎脊肌、股直肌及膕旁等姿勢肌的慢肌纖維就比較多，而腓腸肌則有高達 80％的快肌纖維。至於四肢肌肉的快慢肌纖維則是以等比例分配。

　　若是你對肌肉中各種纖維的預設比例不滿意，是可以藉由調整活動來慢慢改變的。例如若想增加慢肌纖維，可以嘗試瑜伽、皮拉提斯中緩慢的等長收縮（姿勢維持）動作。要發展快肌纖維，則練習網球或拳擊等講求爆發力的運動。但是不論你的先天條件或後天選擇為何，不變的是隨著身體老化，快肌纖維終將漸漸轉變成慢肌纖維。

伸展單、雙、多關節肌肉

　　在運動健身後，你會覺得需要以被動的方式拉一下部分彈性柔韌的肌筋膜單元。換句話說，就是你想要「伸展」。然而，人體的設計會讓人不容易針對某肌腹單獨動作，原因是有些肌肉會橫跨一個、兩個或多個關節。通常單關節肌肉在伸展時會受到橫跨多關節肌肉的阻礙，這是由於限制伸展範圍的會是首先達到最大長度的肌肉，而那通常是多關節肌肉。

　　舉例來說，假設你的小腿特別緊，在伸展時必須同時拉長單關節的比目魚肌以及雙關節的腓腸肌。你靠著牆，呈現膝蓋伸直、腳踝背屈（左圖）的姿勢。由於腓腸肌橫跨膝蓋及腳踝，因此一定會被拉長。不過比目魚肌因為受到腓腸肌伸展範圍的限制，所以獲得伸展的幅度有限。

　　現在，讓我們藉由屈曲膝蓋，來使腓腸肌的伸展變容易（右圖）。如此一來將使腓腸肌的近側端放鬆，讓腳踝的背屈更加容易，並且讓深層的比目魚肌獲得充分的伸展。這個概念適用於任何多關節肌肉與單關節肌肉共存之處，例如前臂、肩膀及髖部。

以膝蓋伸直的姿勢拉筋。

同樣的動作，但改成膝蓋屈曲。

肌肉

收縮種類

到目前為止，我們是將肌肉組織的收縮當作一個變短的動作，但其實並不全然是這樣。只能夠縮短的肌腹將會被困在壓縮鎖定的姿勢裡，說好聽一點，這樣是不夠的。

我們需要的肌肉必須在縮短、伸長或保持身體部位固定不動時都能夠產生肌力，並且在這幾種動作中順暢無縫地交替進行。幸運的是，肌絲滑動機制（第 99 頁）以及肌肉組織的特性（第 104 頁）恰巧滿足了我們的需求。

肌肉收縮可以分為兩種：**等張**（isotonic）收縮以及**等長**（isometric）收縮。等張收縮指的是肌肉長度有所改變，不論是縮短（**向心**）或伸長（**離心**），而等長收縮的肌肉長度則沒有變化。讓我們來看看這三種收縮的實例吧！

8.26　舉高小狗的動作是向心收縮。

向心收縮

找樣東西來做做彎舉，一本書、一個啞鈴或一隻小狗都行。先把東西放在手上，接著屈曲手肘，舉起該物。這個動作正是肱二頭肌在進行所謂的**向心收縮**（concentric contraction）（8.26）。此時肌肉會變短，更精確地說，是肌腹所產生的內力克服了物品的外力（在此例中即為地心引力所造成的重量）。

8.27　放低小貓的動作是離心收縮。

離心收縮（Eccentric）

現在伸展手肘將東西慢慢放下，感受肱二頭肌如何進行**離心收縮**（eccentric contraction）（8.27），此時肌腹將會變長。

「等等，」你可能會想，「肌肉組織不是只能主動縮短，無法自己伸長嗎？」這倒是沒錯。

那麼究竟肌肉是如何生氣勃勃地伸長呢？答案是：藉由肌絲滑動機制將被縮短的纖維一點一滴地釋放出來，進而回到原先較長的位置。把離心收縮想像成是肌肉伸長的「煞車」，只有在物品及重力的外力大於肌肉收縮的內力時，才會需要踩這樣的煞車。換句話說，當外力（重力）將肱二頭肌拉開時，肱二頭肌正慢慢地「解放自己」。

收縮種類（續）

等長收縮

　　最後，再次將該物品舉高至一半時停住。現在，你的肱二頭肌正在抵抗重力所帶來的阻力而緊繃，產生所謂的**等長收縮**（isometric contraction）（8.28）。

　　與向心及離心收縮不同的是，等長收縮時並無關節的運動。等長收縮也發生於相對肌肉彼此抗衡的時候。例如當你在鏡子裡欣賞自己傲人的二頭肌時，你的手肘關節保持固定不動，而肱二頭肌及肱三頭肌則互不相讓地同時進行等長收縮（8.29）。

　　有了這三種收縮隨意運用，我們可以進行、控制或避免關節動作發生，也就是擁有活動度及穩定度。一般來說，向心收縮是用在加速動作（像是投擲棒球時的前三角肌），而離心收縮則是用在減速動作（例如剛把球丟出後的棘下肌）。

　　至於為了避免某些關節動作發生，我們便會使用等長收縮。等長收縮的穩定功能顯而易見，像是你能夠站直而不會臉朝地倒下，就都得感謝豎脊肌及膕旁肌等姿勢肌以等長收縮提供支撐。

8.28　藉由等長收縮將這隻小傢伙抓著不動。

8.29　鏡中的「二頭肌秀」展現的也是等長收縮。

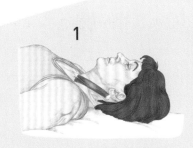
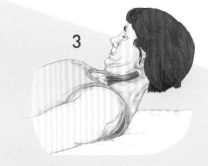

胸鎖乳突肌
Sternocleidomastoid

收縮與重力

　　讓我們花點時間思考一下這幾種收縮以及萬力之源——重力之間的關係。向心及離心收縮能夠在「對抗」、「伴隨」或是「中立於」重力等情況下發生。

　　例如當你仰臥在床（1），試圖「對抗」重力使頸部屈曲時，兩條胸鎖乳突肌會同時進行向心收縮（2、3）。而要將頭部放下時，兩條胸鎖乳突肌則又會同時進行離心收縮，讓頭部「伴隨」重力動作。

　　現在，坐在床邊，望向右側。此時你的左側胸鎖乳突肌會收縮，使頸椎旋轉，讓頭部「中立於」重力而進行水平方向的動作（更多關於重力的說明，詳見第177頁）。

逆向動作

前面提過肌肉（藉由肌腱）能夠拉動任何與其連接的骨骼，意思是你的三角肌理論上應該可以像揮動肱骨一樣拉動肩胛及鎖骨，但事實上並非如此，原因在於每一塊肌肉在生物力學上都各有其偏好拉動的一塊骨骼。

因此，肌肉**起點**連接的是較為固定的骨骼，而**止點**連接的則是較為機動的骨骼。例如肱肌大部分的收縮是將尺骨（止點）拉往肱骨（起點）。因為與肱骨相連的是相對較為固定的軀幹，而尺骨（位於手臂的遠端）的活動則較為自由（**8.30**），因此

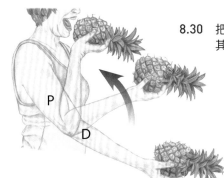

8.30　把鳳梨舉起塞向嘴巴的動作需要肱肌將其遠端（D）拉往近端（P）。

這樣的設計是合乎邏輯的。

不過，這個自然傾向是可以變換的，也就是當起點與止點角色互換以便進行**逆向動作**（reverse muscle action）時。以肱肌來說，抓住單槓做引體向上便是個常見的例子（**8.31**）。此時，尺骨（止點）固定不動而肱骨（起點）被迫朝向手部移動。請注意：同樣是手肘屈曲，但在此卻是（原本較為固定的）起點往（通常較為機動的）止點前進。

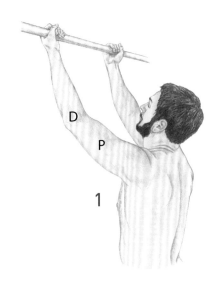

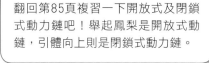

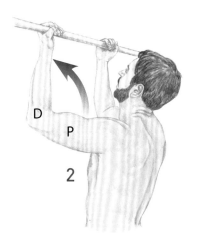

> 翻回第85頁複習一下開放式及閉鎖式動力鏈吧！舉起鳳梨是開放式動鏈，引體向上則是閉鎖式動力鏈。

8.31　引體向上改變了肱肌的運作，變成近端（P）向遠端（D）移動過去。

血液、肌肉及代謝廢物

前面提過，肌筋膜單元配有充足的血液供給。不過若是肌腹被抽掉，則所有哪些細小血管便都無用武之地了。

肌肉扮演中和、固定或長期維持姿勢的角色，必須花費大量時間進行等長收縮。即便是在放鬆時，肌肉張力仍然可能過度。長久下來不僅會阻礙動脈輸送新鮮血液，還會限制（依靠肌肉收縮進行幫浦作用的）靜脈及淋巴管的正常運作。緊接而來的就是一連串的惡性循環：積累的代謝廢物會開始干擾神經，繼而使肌肉緊繃、局部缺血的情形惡化。最後，你會在手術台上發現該名病患的部分組織彷彿發炎的豎琴弦一樣。

逆向動作（續）

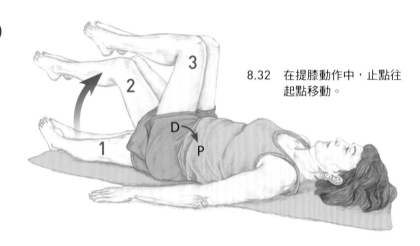

8.32　在提膝動作中，止點往起點移動。

仰臥起坐

你身上兩塊一起運作的腰大肌也可提供逆向動作的例子。呈仰臥姿勢，將膝蓋略微提起。這個動作是兩塊腰大肌尾端（較為機動）被拉往其肌腹的近端（較為固定），也就是止點往起點（8.32）。

接著進行逆向動作前，請朋友按住雙足，此時你的股骨變成較固定的一端，而軀幹則較為機動。當兩塊腰大肌同時用力做仰臥起坐，抬起的不是雙腳，而是上身，變成起點往止點移動（8.33）。

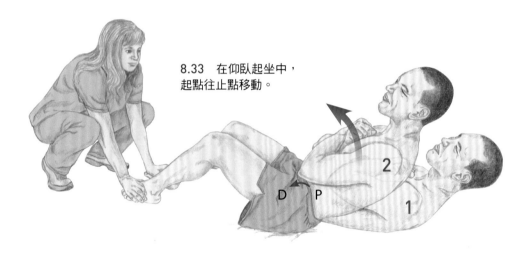

8.33　在仰臥起坐中，起點往止點移動。

四肢

決定手腳進行逆向動作的因素之一在於肌肉遠端止點的狀態。對於上肢，逆向動作通常發生於雙手按壓或連接在一固定物上，例如地板或腳踏車手把（8.34）。

在站立、行走或奔跑時，逆向動作也常見於下肢，原因在於

這些活動都需要雙腳與地面接觸（行走時有60％的時間如此），雙腿及雙足的肌肉所進行的逆向動作可能比《人體解剖全書》中所條列的還要多呢！

另外，還可以找找訓練運動中強調固定手或腳以進行身體核心鍛鍊的逆向動作。

8.34　騎公路車爬陡坡需要上肢肌肉進行大量的逆向動作。

僵直、縮短及伸長肌肉

肌肉及筋膜間的不平衡

依照我們的建構藍圖，全身上下 600 多個肌筋膜單元都是將活躍可收縮的組織（肌肉）包覆在不活躍、不可收縮的材料（筋膜）裡。乍看之下，這樣的安排似乎有些怪異，就像把你塞進束縛犯人或病人的約束衣後，又要求你移動手臂一樣不合理。

然而，如此截然不同的結構設計，卻因為兩種組織皆具非凡的適應性及對刺激的敏感性而能夠彼此互助支援。也就是說，它們非常聽話，甚至可能是太聽話了，因此經常導致三種症狀發生：肌筋膜單元可能會慢性緊繃、縮短或伸長。讓我們更進一步看看吧！

僵直

運動可以保持身體放鬆。除了使組織保濕、傳遞「活動度」的訊息至神經系統外，肌肉的活動還可讓新鮮的膠原蛋白有機會取代陳舊的細胞。相反地，身體某部位若是缺乏運動，則可能會延緩代謝過程，使堅固的蛋白質堆積在肌肉組織周圍的筋膜中。就像魚兒被困在越來越緊的網子裡一樣，肌腹會開始喪失其延展性及彈性（見第 104 頁）。

如果想體驗這種感覺，可以試試駕駛福斯金龜車來個三天的公路旅行，看看抵達終點時身體感覺有多僵硬（圖 A）。或是感冒臥床幾天後，注意自己變得多緊繃。沒錯，這種症狀只需要短短的時間就可能發生。

部分的僵直是因肌肉組織重新校正所引起（這部分我們會在「神經」的章節談論到），但目前我們先考慮這種設計來裹覆肌肉組織的膠原包裝——筋膜，可能會從柔軟、合身變得皺縮、緊繃（圖 B）。久而久之，彷彿被收縮膠膜包覆的肌腹會漸漸纖維化、無彈性而缺血（圖 C）。

老實說，肌肉緊繃的時候，肌肉長度可能變長

A—長途駕駛後伸展一下。

B—兩個大小相同的肌筋膜單元，男的缺少柔軟度（左）、女的則具備柔軟度（右）。

C—包覆肌肉纖維的結締組織漸漸變得越來越纖維化。

也可能變短。最經典的例子就是胸小肌。當胸小肌緊繃的時候，長度會變短。但胸小肌作用在肩胛骨上的拮抗肌，也就是菱形肌，緊繃的時候，長度則會變長。

適應及反應

談了那麼多可能的不良症狀，很可能讓人不禁要怪罪人體的生理機能。不過要記得，這一切並沒有是非對錯，身體就只是在做它的工作，而其首要工作便是「適應及反應」。扭傷腳踝時，你會很高興有結締組織的增生來支撐足部；上YouTube看看什麼是Gyrotonics（多面向肌張力探索技巧）課程吧，你會很慶幸你的肌小節能夠自我再生重製。

重要的問題是：你向你的身體傳遞了什麼訊息？穿著高跟鞋是告訴阿基里斯腱要縮短，頭部前傾則是明確告知提肩胛肌要伸長、繃緊，並保持下去。那麼該怎麼辦呢？有疑問時，就動起來，並且以各種不熟悉的方式運動，加快音樂、搖擺扭動、旋轉滑行，像小丑一樣手足舞蹈吧！

僵直、縮短及伸長肌肉（續）

縮短

　　除了罹患僵直外，肌筋膜單元還可能會改變其休息長度，成因主要是姿勢不良。讓我們以典型的「駝背」當作例子吧（圖 D）！身體成此姿勢時，胸小肌（等肌肉）會長時間處於縮短的狀態。胸小肌的**適應性縮短**（adaptive shortening）其實是肌肉組織藉由減少肌小節數量所引起。肌肉纖維的大小從 5 號變 4 號，筋膜也跟著調整適應新的尺寸，肌腹不僅變短，還變緊了（圖 E）。

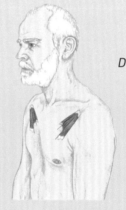

D—彎腰駝背會導致胸小肌為了適應而縮短。

伸長

　　每一個慢性縮短的肌肉，必定有一個相對的肌肉被過度伸展。在上述駝背的案例中，處於慢性伸長狀態的則是菱形肌。此時人體會藉由增加肌小節來滿足肌肉變長的需求，但同時發展出**牽張無力**（stretch weakness），顧名思義，組織會變得細長而力竭（圖 F）。

　　造成此結果的部分原因是筋膜組織在面對這種長期拉緊時，會堆積纖維組織來強化其結構，沿著肌肉的張力方向形成一道堅固、剛硬的鷹架。於是，菱形肌就跟著纖維化而失去彈性。

　　不論肌肉處於長期縮短或伸長的姿勢，肌筋膜單元都會做出相對的適應，肌肉將重組成新的長度，筋膜也會變稠密而纖維化。過量的結締組織導致**筋膜沾黏**（fascia adhesions），使兩塊肌肉互相附著，限制活動範圍（圖 G）。

E—5 號的胸小肌（左）以及 4 號的版本（右）。

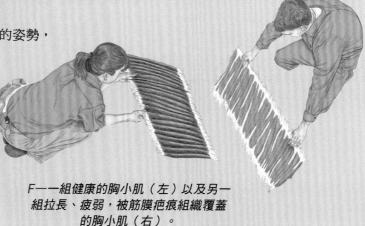

F——組健康的胸小肌（左）以及另一組拉長、疲弱，被筋膜疤痕組織覆蓋的胸小肌（右）。

G—左右兩圖皆為器官或組織間的筋膜沾黏。

章節回顧問答：肌肉，第二部分

（你可以上網在 booksdiscovery.com 學生專區找到解答）

1. 下列選項哪些是平行肌的特性？（p.108）

　　a. 多羽狀肌、螺旋狀肌

　　b. 紡錘狀肌、三頭狀肌

　　c. 環形肌、雙羽狀肌

　　d. 單羽狀肌、平滑肌

2. 平行肌的肌腹具有哪些常見特徵？（p.109）

　　a. 短的肌纖維和兩條短的肌腱

　　b. 短的肌纖維和一條肌腱

　　c. 長的肌纖維和兩條短的肌腱

　　d. 中等長度的肌纖維和三條肌腱

3. 為了要「驅動」一條肌肉，我們需要控制肌肉收縮時的哪兩個因素？（p.112）

　　a. 速率與速度

　　b. 速率與力量

　　c. 張力與釋放時機

　　d. 力量與張力

4. 最大且最有力的收縮纖維是？（p.115）

　　a. 慢肌纖維（Type I）

　　b. 慢肌纖維（Type IIA）

　　c. 快肌纖維（Type IIB）

　　d. 快肌纖維（Type III）

5. 延長一條肌肉的肌腹時，會誘發哪種收縮？（p.117）

　　a. 向心收縮

　　b. 離心收縮

　　c. 等長收縮

　　d. 向中收縮

6. 當肌肉發生什麼變化的時候，會啟動逆向動作？（p.119）

　　a. 從向心收縮轉為離心收縮

　　b. 連接點的方向對調

　　c. 變動姿勢時

　　d. 起點與止點的角色互換時

7. 每一條長期收縮的肌肉，都會對應到一條什麼樣的肌肉？（p.122）

　　a. 長度適中的肌肉

　　b. 也過度緊繃的肌肉

　　c. 低度伸展

　　d. 過度伸展

9

肌肉
第三部分

目的

- 描述並列出三種常見的肌肉失衡。
- 描述並指出肌肉的主要角色。
- 辨識影響肌肉角色的四個因素。
- 比較姿勢肌與相位肌的差異。
- 解釋為什麼肌肉的長度與收縮速度，對肌肉收縮至關重要。

本章精華

2017 年的賣座電影《神力女超人》，主角在一個沒有男人的島上成長，最終在第一次世界大戰的前線，發現了自己的真實身分。飾演神力女超人的演員蓋兒·加朵在泥濘中奔跑、反彈各種子彈、跳過各種壕溝等等。

要將這些特技動作做得駕輕就熟，除了需要多練習之外，還要有一大群劇組的幫忙。但對於蓋兒·加朵的肌肉來說，這一切就像是編舞一樣。請你想像，此時有好幾道即時的命令：「左邊的二頭肌，啟動！」「胸大肌，就是現在！」「太多了！」「闊背肌，快抵銷胸大肌的動作！」「腹斜肌，換你了！」「頸部屈肌，把頭擺好！」「股四頭肌，穩住！」「比目魚肌，就是現在！」「左邊的二頭肌，放鬆！」「右邊的棘下肌，現在不要抖動！」而且這些動作都發生在零點幾秒間。

每一條肌肉的角色會不斷地從支持肌、拮抗肌或是穩定肌的角色間不斷來回切換。而且每一條肌肉在變換動作的過程中，都須不斷地和周邊的肌筋膜單元相互協調。沒有肌肉會像一座孤島。

隨著我們邁向肌肉系統的最後一章，你也會發現神經系統越常出現在討論中。無論你是要在盤根錯節的小徑上散步，還是想在槳板上站穩，或是想要像蓋兒·加朵一樣扮演超級英雄，從「神經肌肉系統」中的「神經」在前，應該也能感受到「神經」在先，才能控制肌肉的道理。

◆ 當神力女超人遇到鐵絲網時，是她神奇的腓腸肌提供了她跳過去的力量。當你練習像超級英雄一樣跳躍的時候，你有其他運用肌肉的不同方式，讓自己跳起來嗎？

◆ 想像一位正在投球的投手。多數的投手，會先將他們的手向後彎，身體重心向後集中到單腳。腿部的運動對於投球動作會有什麼影響？如果沒有這樣的腿部運動，又會如何改變球的軌跡？

◆ 你正練習冥想，試著聽從指示，放鬆全身的肌肉。你感受到哪些肌肉還是相當緊繃呢？如果全身的骨骼肌同時放鬆，會發生什麼事呢？

◆ 你的肱二頭肌在收縮的時候，肱三頭肌會有什麼變化呢？

本章節內容

肌肉角色

一齣充分排練過的劇場作品中，每個演員都明確地各司其職，而人體也是這般精心安排每塊肌肉——按照劇本演出。

由肌肉和筋膜組成的肌筋膜組織必須在不同的時機扮演不同的角色，角色內容則是由多個因素共同決定，包括所要進行的動作、動作的方向、重力的影響以及阻力的大小。在運動過程中，若是任何一個細節改變了，則肌肉的角色也將隨之更動。

要完成任何動作，有五個常見的角色要出場：

- 作用肌
- 協同肌
- 拮抗肌
- 中和肌／固定肌
- 支持肌

作用肌（agonist）又稱為主動肌，是產生主要動作的肌肉（或肌群）。例如上斜方肌負責引起「肩胛上提」，因此是該動作的作用肌。當主要動作發生時，作用肌會縮短，至於所有其他的肌肉角色都將根據其與作用肌的關係而定（9.1）。

還有很多其他的例子，像是膝關節屈曲中的膕肌、前臂前旋中的旋前圓肌，也都分別是負責該動作的作用肌。

協同肌（synergist）指的是輔助作用肌產生主要動作的肌肉。由於尺寸、槓桿及拉力線等因素，協同肌無法有效產生主要動作，但仍可從旁援助。（若協同肌比作用肌還要強而有力，則兩者的角色將互換。）每一個動作都可能有數個指定的協同肌共同擔任其左右手，例如提肩胛肌及大菱形肌便一起協同上提肩胛骨（9.2）。

至於其他例子中的協同肌，則有膝關節屈曲的股薄肌、縫匠肌及腓腸肌，以及前臂旋前的旋前方肌及肱橈肌。

拮抗肌（antagonist）執行的動作與縮短的作用肌相反。在上斜方肌進行肩胛上提的動作時，下斜方肌便是擔任拮抗肌的角色（9.3）。

當作用肌及拮抗肌同時收縮，便會產生所謂的協同收縮。此時雖然看不出有任何動作發生，卻並非毫無建樹。大部分的穩定動作，例如腰大肌及梨狀肌或肱二頭肌及肱三頭肌，都仰賴協同收縮完成。

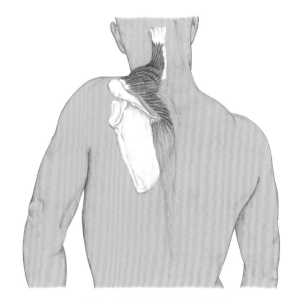

9.1　擔任作用肌的上斜方肌。

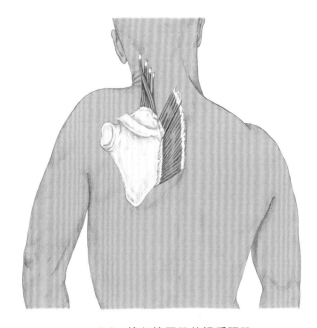

9.2　擔任協同肌的提肩胛肌及大小菱形肌。

要記住，在一個簡單的動作裡，肌肉的角色是有可能轉換的。可能在動作開始時擔任作用肌，緊接著變為固定肌，最後再換成協同肌。

當作用肌啟動時，拮抗肌會被拉長或進行離心收縮，其角色通常負責平穩地放鬆以允許及控制關節活動。在急促的運動中，拮抗肌的收縮還具備煞車的功能，例如足球員強力的踢球動作（髖關節屈曲）便是靠臀大肌及其他伸肌共同節制股骨，避免其屈曲。

至於膝關節屈曲中膕肌的拮抗肌則是股四頭肌，前臂旋前中旋前圓肌的拮抗肌則是旋後肌及肱二頭肌。

中和肌（neutralizer），又稱固定肌，是個不可或缺的角色，原因是作用肌在動作時並不知道正確的方向，就只是進行可能拉動兩端的收縮。因此作用肌需要一個固定的力量來避免產生不要的動作，並指出正確的端點，拉動與作用肌相接的骨骼（**9.4**）。（見第 119 ～ 120 頁，「逆向動作」。）

例如：你的上斜方肌不只將肩胛上提（主要動作），還會做出伸直頸部等動作。當上斜方肌收縮時，理論上可能同時產生這兩種動作，但若我們只想要其中一個動作（肩胛上提）而不想移動頸部，便可命令胸鎖乳突肌提供頸部屈曲的力量，以制衡計畫之外的頸部伸直。

而在膝關節屈曲的例子中，膕旁肌的收縮可能同時使髖部伸直。因此，髖屈肌（腰大肌、闊筋膜張肌及股直肌）便會加入行列，將多餘的伸直動作中和，避免其發生。

前臂旋前時，旋前圓肌也可能使手肘屈曲。為了避免發生屈曲，扮演中和肌的肱三頭肌便會微微地伸直手肘。

支持肌（supporter）的作用位置通常不在主要動作附近，而是在主要動作發生時維持身體其他部位在適當的位置。舉例來說，若是沒有位於脊椎及髖部數十條肌肉的支撐穩定，則肩胛根本不可能上提（**9.5**）。

膝關節屈曲八成會將足部提離地面。若是如此，幾乎所有位於另外一腳及髖部的肌肉都將擔任支持肌，使身體在直立時保持穩定。

至於前臂旋前這種遠端的小動作，看似不需要什麼支持肌的樣子。但事實上，即便是旋轉門把，也要靠手臂及肩帶的肌筋膜單元來穩定及協調上肢。

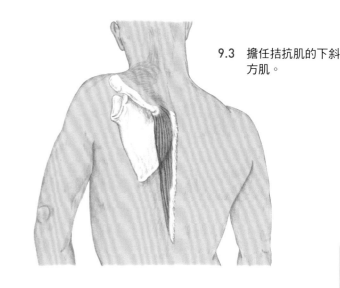

9.3 擔任拮抗肌的下斜方肌。

肌肉

9.4 擔任中和肌的胸鎖乳突肌。

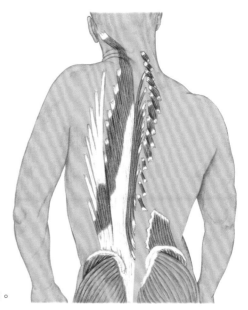

9.5 擔任支持肌的周邊肌群。

沒有肌肉是孤島

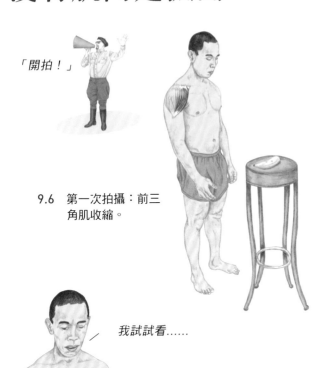

「開拍！」

9.6　第一次拍攝：前三角肌收縮。

我試試看……

9.7　少了一些協同肌的幫忙，鎖骨跟著下壓。

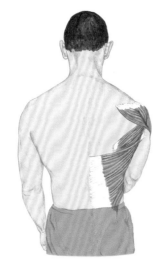

9.8　為了產生屈曲，讓拮抗肌放鬆。

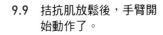

9.9　拮抗肌放鬆後，手臂開始動作了。

現在，讓我們進入攝影棚，看看這五種肌肉如何在人體舞台上扮演其角色吧！我們選擇了非常直接了當的一個景，劇情是伸出手拿香蕉。更準確地說，這一幕的重點是右肩的屈曲。不過，我們將會看到，沒有肌肉會是一座孤島，甚至看似簡單的動作其實也是相當複雜的。

扮演**作用肌**產生主要動作的是「前三角肌」，劇本要求手臂舉高至接近水平，以便拿取水果（9.6）。從鎖骨到肱骨的肌腹都已經各就各位了。

這理應是小事一椿，畢竟前三角肌已經做過無數次這樣的動作。應該只要拍攝一次就可以收工了。

導演開始指揮：「抓取香蕉。第一次拍攝。開始動作！」

前三角肌的纖維開始向心收縮，不過等等——「不、不、卡！」

出了什麼差錯嗎？這個嘛，當前三角肌開始收縮時，肌腹會同時將兩端的肌腱拉往中央（肌肉的原始設計正是如此），因此非但沒有只舉起手臂，反而是鎖骨下壓，而肱骨沒什麼反應（9.7）。

看來我們的作用肌的確需要一些**協同肌**來幫忙產生主要動作才行。為此我們找了肱二頭肌、胸大肌鎖骨端以及喙肱肌前來助陣。

導演又繼續說：「要來囉！大家安靜。開始動作！」

三角肌收縮，兩個協同肌提起，然後——「卡！」

這次又怎麼了？即使有這三條強壯的肌肉上場，若是沒有抑制，或是放鬆周圍的肌肉，還是不太能把手臂舉起來（9.8）。

「找**拮抗肌**過來！現在聽好，後三角肌的纖維、闊背肌以及大圓肌，你們的工作是放鬆、伸長，讓作用肌跟協同肌拉動手臂進行屈曲，了解嗎？好，第三次拍攝，開始動作（9.9）！」

肌肉

看起來還不錯，不過——

「等等，等一下。肩胛的動作是怎麼一回事？」

原來是作用肌（三角肌）及協同肌（二頭肌、胸大肌等）對其「穩定端」的施力之大，使得肩胛骨被猛然一拉後，導致鎖骨位移。

我們可以找誰來擔任**中和肌**（或固定肌）以避免這些不必要的動作呢？肩胛內外側的肌肉，例如下斜方肌及大菱形肌，如何呢？只要它們跟著收縮，便能將肩胛骨固定在正確的位置上（9.10）。

導演吞了一大口胃藥讓胃舒服點後，繼續喊道：

「第四次拍攝，開始動作！」

有點樣子了，手臂正在慢慢舉起——

「卡！身體怎麼開始往手臂方向傾斜呢？劇本不是這樣寫的啊！」

啊，原來是手臂舉起後，身體的重心改變位置，將軀幹往前往右拉了。

「這應該是很簡單的一場戲啊！」

我們需要一些**支持肌**來幫忙穩住脊椎。而既然「右」臂被舉起，那麼「左」側的豎脊肌及腰方肌勢必得就得出面了。

除此之外，身體的核心也需要更進一步的穩定性，這就要感謝腹斜肌及腹橫肌。為了秉持一貫的「穩定性先於可動性」原則，支持肌甚至是搶先在作用肌前收縮。如果我們真的想把這場戲拍好，那麼骨盆及大腿特定的肌肉，甚至是連腓腸肌都得一起加入，擔任支持肌的角色（9.11）。

導演深吸一口氣。「好，就看這次了，大家。第五次拍攝。開始動作！」

支持肌收縮，

軀幹保持直立，

肩胛維持穩定，

拮抗肌放鬆，

前三角肌領銜主演，

協同肌從旁協助，

然後手抓住香蕉了（9.12）！

「卡，可以了。大家快吃午餐，等等拍下一場戲——『跳瓦圖西舞』。」

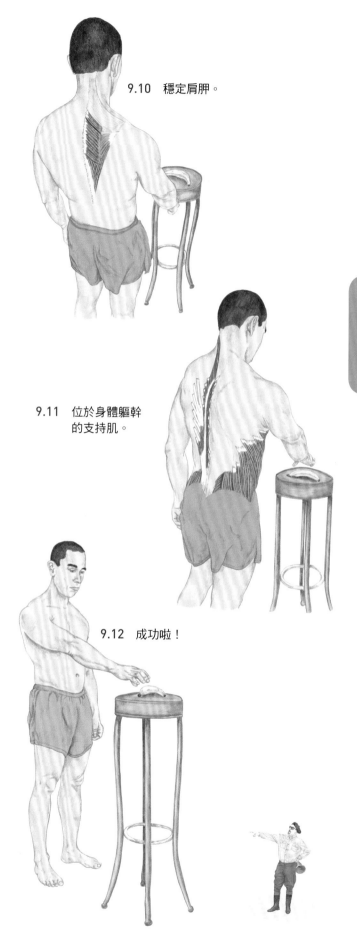

9.10　穩定肩胛。

9.11　位於身體軀幹的支持肌。

9.12　成功啦！

影響肌肉角色的因素

前面提過，肌肉扮演的角色（不論是主角、配角或是跑龍套）會受到四個因素的影響。讓我們來仔細看看吧！

1　**肌肉的大小**會影響其在關節活動中的戲分。例如肘肌由於短小，因此在手肘伸直時不會是主角，而是在比較大的肱三頭肌掌控舞台時，擔任協同肌於歌舞隊中伴唱。

2　**關節的形狀及設計**也會決定肌肉的角色。例如股四頭肌之所以能夠伸直膝關節的原因之一就在於脛股（膝）關節的結構，是其設計讓該動作得以發生。但今天就算股四頭肌（或任何其他肌肉）再怎麼努力嘗試，也絕不可能使膝關節外展，因為那並非膝關節彎曲的方式。

3　**肌肉相對於關節軸的位置**對其角色也有莫大的影響。從關節軸來看，位於盂肱（肩）關節上的棘上肌，便佔有使肩關節外展的絕佳位置。而位於肩關節較後側周圍的棘下肌，便無法產生這個動作。相反地，棘下肌的定位則賦予其伸直及旋轉肩關節的功能。

4　接續第三點而來的是**肌肉的拉力線**（line of Pull），也就是肌肉施力於關節的方向，這在特定運動中也是主宰肌肉角色的關鍵因素。

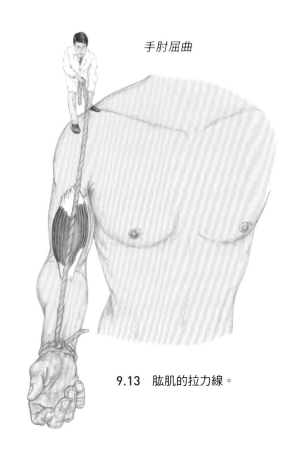

手肘屈曲

9.13　肱肌的拉力線。

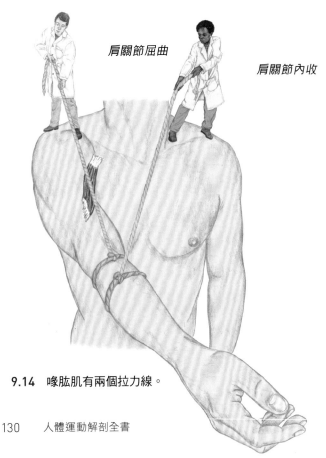

肩關節屈曲

肩關節內收

9.14　喙肱肌有兩個拉力線。

換一個說法：肌肉所能產生的動作取決於其拉力線與所交會之關節的關係。若將肌肉的拉力線與其影響範圍內的關節做通盤考慮，便可預測其動作，而一個拉力線可能會有好幾個不同的動作。讓我們來看看四個例子。

A　我們可靠的肱肌提供了一個簡單的說法來解釋肌肉的拉力線。肱肌的平行纖維與鉸鏈關節相交，因此只產生一種動作——肘關節屈曲。因為肘關節只有一個轉軸，所以可以沿著肱肌肌腹拉出一條明確的拉力線（9.13）。
注意！肱肌對肘關節的施力並不會造成手肘的伸直，如果我們將其拉力線與關節的轉軸相連，便可推論出肱肌將會使手肘屈曲。

B　第二個例子是喙肱肌。喙肱肌與直來直往的肱肌不同，而是以一個傾斜的角度掛在身上，並且穿過另一種關節——三軸的盂肱（肩）關節。這種結構設計讓肌肉能夠產生兩個動作的拉力線，也就是肩關節屈曲及內收（9.14）。

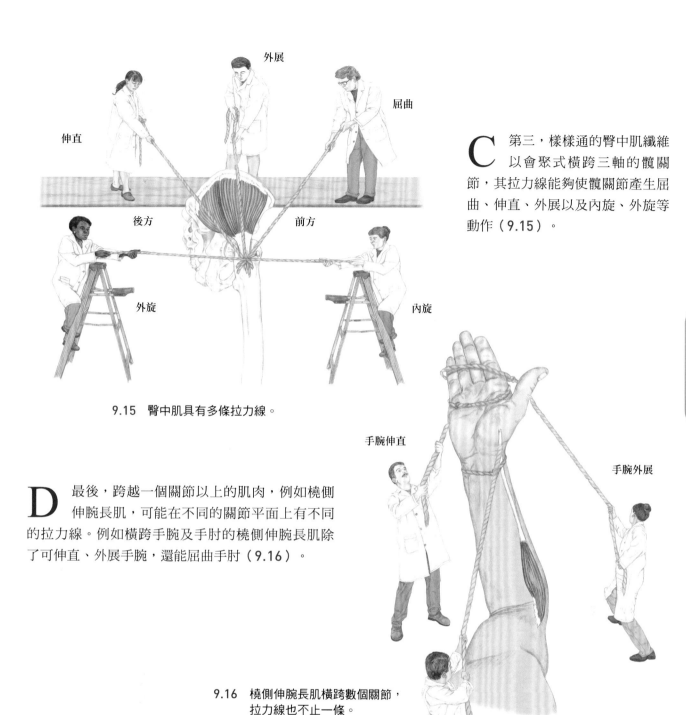

外展

伸直

屈曲

後方

前方

外旋

內旋

C 第三，樣樣通的臀中肌纖維以會聚式橫跨三軸的髖關節，其拉力線能夠使髖關節產生屈曲、伸直、外展以及內旋、外旋等動作（9.15）。

9.15 臀中肌具有多條拉力線。

D 最後，跨越一個關節以上的肌肉，例如橈側伸腕長肌，可能在不同的關節平面上有不同的拉力線。例如橫跨手腕及手肘的橈側伸腕長肌除了可伸直、外展手腕，還能屈曲手肘（9.16）。

手腕伸直

手腕外展

9.16 橈側伸腕長肌橫跨數個關節，拉力線也不止一條。

手肘屈曲

影響肌肉動作的因素

複習一下《人體解剖全書》中的肌肉動作清單，即可了解將肌肉分為屈肌、內收肌等等是情有可原的。不過，這又可能讓你誤以為肌肉在任何情況下都能產生哪些動作。但若回想一下我們有關肌肉角色的討論（第126頁），便會發現這樣的分類只是根據解剖學上的自然姿勢而定。

例如肱二頭肌分別是手肘的屈肌以及前臂的旋後肌，但當前臂旋前時，便與手肘屈曲的動作沒太大關係了。

而當手肘伸直時，肱二頭肌對前臂旋後的動作也沒有什麼影響。也就是說，只有當這些先決姿勢的阻礙被排除時，肱二頭肌才有發揮的空間。

這只是其中一例。除了阻礙（有無）、關節起始姿勢之外，肌肉對關節運動的影響程度與該動作的速度及方向也有關係。原來人體運動比起解剖課本上所描述的還要複雜許多。

肌

肉

被動與主動不足

現在來看個超棒的派對把戲吧！首先，如同我們先前所討論過的，肌肉在極短或極長的姿勢下會喪失部分功能（第122頁）。這個主題對於雙關節或多關節肌肉，例如手腕及手指的屈肌及伸肌，值得更進一步的探討。

我們在第104頁討論過，具有收縮性及延展性的肌肉長度變化範圍很大。肌肉長度變化的範圍稱為其**活動量**（excursion）（圖A）。一般來說，肌肉可以縮短或伸長其休息長度的一半，因此，若肌腹的休息長度是15公分，則可縮短至大約8公分或伸長至23公分。

當雙關節或多關節肌肉處於最大活動度時，便容易遭受**被動不足**（passive insufficiency）。讓我們回到派對把戲，看看實際上該如何操作。一開始，手腕成自然姿勢（沒有屈曲或伸直），接著將拳頭握緊。很簡單吧？

接下來再試一次，不過這次要先使手腕完全屈曲，然後在不讓手腕伸直的情況下，試著握緊拳頭（圖B）。這次沒辦法完全握住了，對吧？這是由於作用肌──伸指肌的活動度限制。當伸指肌橫跨了屈曲的手腕以及指節的後方時，便達到最大的緊度，手指因此無法完全彎曲。

你也可以改變肌肉角色看看。一樣手還是成自然姿勢，接著伸直手腕。此時手指會自然稍微屈曲（試試看手腕伸直時要完全伸直手指有多麼困難），這便是由手腕屈肌的被動不足所引起（圖C）。

更準確地說：被動不足是發生在由於作用肌無法有效伸長產生所欲進行的動作時，也就是伸直過度，因此動作會遭受限制。需要用到雙或多關節肌肉的動作特別容易遇到被動不足，原因在於作用肌在其經過的數個關節上容易面臨拉緊的狀態。

另一個在此發揮功效的是**主動不足**（active insufficiency），發生在多關節作用肌過短，導致動作被減弱或未完成。回到半握的拳頭（圖B），手腕及手指關節的屈曲使屈肌出現極短的姿勢，因而無法更進一步縮短（受到肌絲滑動機制的限制）。別忘了在這種極短或極長的姿勢下，肌肉會變虛弱，因此，脆弱、不緊的拳頭是由主動與被動「兩種」不足所引起的。

伸展時長23公分

放鬆時長15公分

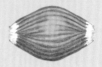

收縮時長8公分

A──三個階段的肌肉活動度。

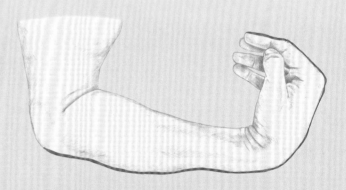

B──當你試圖使手腕及手指同時屈曲握拳時，遇到的便是被動不足。紅線代表的是伸肌肌腱的路徑。

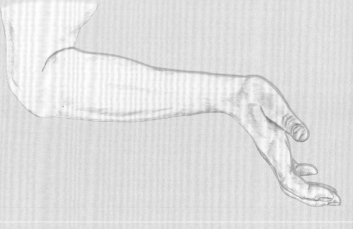

C──手心向上翻感受另一個被動不足的姿勢。綠線代表的是屈肌肌腱的路徑。

不用腰大肌的仰臥起坐

舊式仰臥起坐（操作時雙腿平放在地上）可能會引起下背及脊椎的諸多病痛，怎麼說呢？最主要是其姿勢會對髖屈肌（像是腰大肌）進行徵召，而非用到預設之頸屈肌及身體核心的骨盆底肌來進行動作。最後只會練出過度發達、緊繃的腰大肌。

那麼究竟該以什麼姿勢來做仰臥起坐，才能不動用到腰大肌呢？有一個小訣竅：善用「主動不足」（見前頁）來使腰大肌縮短至無用武之地。

怎麼做呢？仰臥在地，請個朋友幫你把雙腳固定。但雙腿並非直挺挺地伸出，而是要屈曲髖關節及膝關節（圖 D）。這個姿勢能夠讓股骨小轉子靠近腰椎，藉此縮短腰大肌。如此一來，腰大肌便陷入主動不足的狀態，而無法在仰臥起坐中發揮什麼功用了。

D—用這個姿勢做仰臥起坐能夠造成腰大肌的主動不足。

肌肉的額外動作

當《人體解剖全書》或其他解剖學教科書告訴你某塊肌肉能夠做甲動作、乙動作及丙動作時，都是以該動作發生於解剖學姿勢為前提。以此為學習起點是不錯，但顯然無法涵蓋人體所能進行的各種運動。

相反地，當我們改變起始條件時，便可見到某些肌肉具備「額外動作」。例如胸大肌鎖骨端的肌肉纖維一般被認為能夠內收及屈曲肩關節（圖 E），但當手臂外展超過 100 度時，肌肉的拉力線將高於關節軸而開始協助手臂的外展。這個額外動作讓胸大肌得以大放異彩，甚至還可提供額外肌力協助關節運動，因為三角肌及棘上肌由於肌肉之張力與長度的關係，所以在趨近肩關節外展上限時會較為無力（第 137 頁）。

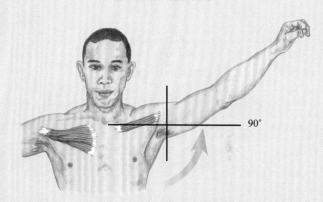

E—超過100°時，上側胸大肌會開始將手臂外展。

另一個額外動作的例子是內收長肌。除了可使髖關節內收、屈曲外，也能讓其伸直，而這個額外的動作能力出現於髖關節屈曲超過 60 度時。此時，內收長肌的拉力線不但從股骨中央，也從其後方延伸出去，因此肌肉纖維一旦收縮，除了進行原有的髖關節內收外，還會產生伸直的動作（圖 F）。有了這樣巧妙的設計，肌肉便能在走路、跑步兩者腿部擺動的階段都做出貢獻了。

或許你已經發現胸鎖乳突肌也有額外動作了。當頸部成過度伸直的姿勢時，兩條胸鎖乳突肌便會協助頭部的伸直（尤其是要對抗重力或其他力量時）。

F—髖關節進行伸直（左圖）及屈曲（右圖）時，皆有內收長肌（與大肌一起顯示）的參與。

姿勢肌與相位肌

　　除了將特定肌肉擺放定位，使其在運動中扮演指定的角色外（第 126 頁），我們還需要將人體全身上下的肌肉依照功能分成兩種：**姿勢肌**（postural）或**相位肌**（phasic）。前者主要是支撐身體對抗重力，後者則是負責使身體在空間中移動。

　　在我們繼續以前，得先承認一件事情：世間唯一不變的事就是任何東西都在變，尤其是人體，例如有些肌肉在初期可能具備相位肌的功能，但之後則轉變成為姿勢肌，反之亦然。

姿勢肌

　　姿勢肌的工作相當吃重，必須長時間在半收縮的狀態下執行任務（9.17、9.18），就算是在拖地、刷天花板油漆時，也少不了它們。姿勢肌不同於相位肌，在可動性及負重力的限制皆較多。雖然它們還是能夠被徵召來執行這些動作，但由於其設計並非針對此角色，因此對長期的肌動學健康來說仍然是負面的。

　　那麼這些姿勢肌是如何應付短期或長期的姿勢不良呢？一般來說，姿勢肌會為了支撐歪斜的關節而增加自身負擔，如此不當又過度的徵召可說是其悲劇性格，對沒有固定伸展運動者，將導致肌肉活動過度、張力過高的問題。在這個情況下，姿勢肌將變得短而緊。

　　讓情況更加惡化的是筋膜組織，它們會在肌肉內部及周圍提供額外、不健康的結締組織。雖然其本意是要加強姿勢肌的支撐能力，但多餘的筋膜連結卻讓肌肉陷入每況愈下的窘境，於是沾黏變得越來越嚴重而無法完全伸展開來。

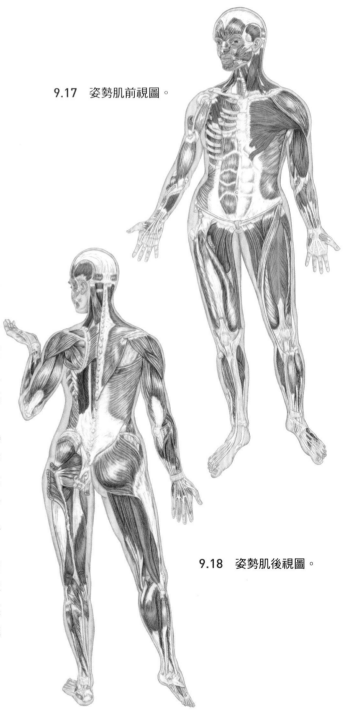

9.17　姿勢肌前視圖。

9.18　姿勢肌後視圖。

肌肉的團隊合作

　　肱二頭肌不會這樣想：「我想屈曲肩關節而非肘關節。」所有肌肉都一樣無法選擇其動作，而只是單純地收縮纖維，將其尾端拉往彼此，同時產生預設的可能動作（見第 95 頁）。

　　對於橫跨兩個關節以上的多關節肌肉，此時便需要周圍的中和肌或固定肌來排除不必要的動作。

　　舉例來說，闊筋膜張肌能夠使髖關節進行三種動作：屈曲、內轉及外展。如果只要進行屈曲，則周圍的肌肉必須抵銷旋轉（藉由臀大肌）及外展（藉由內收短肌）。若是哪些肌肉不夠強壯，則屈曲的動作將顯得擺動不穩。這就是與欲進行的動作沒有直接關係的肌肉也會影響其最終結果的原因了。

肌肉

相位肌

　　姿勢肌支撐、穩定、維持身體直立，
相位肌則執行「運動」，時而快、時而
強（9.19、9.20）。這些肌肉和姿勢肌
的設計不同，而是要在較短的期間內進
行完全而有力的收縮。當你快步衝上樓
梯或運球推進快攻時，便可感受到正在
作用中的相位肌。

　　由於相位肌容易疲倦且需要較長的
復原時間，因此可能產生過度靜止張力，
造成肌肉張力過高。在面對過度或不當
的使用時，姿勢肌有縮短緊繃的傾向，
而相位肌在無特別鍛鍊的情況下，則會
朝拉長鬆弛的方向發展。

9.19　相位肌前視圖。　　　　9.20　相位肌後視圖。

就是那個交叉點

　　姿勢肌及相位肌有時會在兩者相交的部位產生
有趣的症狀。故事是這樣的：當我們向上看時，肌肉
骨骼組織會呈現不平衡，姿勢肌縮短、相位肌拉長。
更糟糕的是，這些長長短短的肌腹通常位於關節的
相對面。你應該可以想像得到像這樣對向的動態將

如何破壞關節平衡並影響整體順位。在肩頸以及骨
盆等部位便常見得到這種肌肉骨骼的不平衡。

　　在所謂的「頭部前傾」中，頭肩頸部位會呈現
上身向下傾斜與頭骨往前滑動的症狀（9.21）。（四
周瞧瞧，到處都見得到呢！）

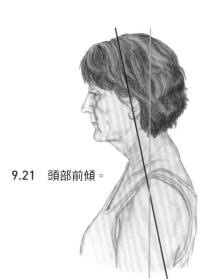

9.21　頭部前傾。

9.22
拉長鬆弛的相位
肌（菱形肌及中
斜方肌）。

9.23
縮短緊繃的姿
勢肌（胸大肌
及胸小肌）。

姿勢肌與相位肌（續）

　　這種姿勢病變是源自縮短拉緊還是伸長鬆弛的肌肉呢？是基因遺傳、環境影響還是心理因素呢？這個常見的情形可能有無數種說法，卻莫衷一是。只能說我們的姿勢都是經由自己獨特的方式造成的。

　　而我們能夠確定的是相位肌：菱形肌及下／中斜方肌，變得無力而鬆長。久而久之，其結締組織會逐漸適應新的空間，而肌腹則彷彿從 6 號升級為 8 號，從「強強壯壯」減弱成「勉勉強強」（9.22）。

　　而在同一時間，姿勢肌：胸大肌、胸小肌、上斜方肌、提肩胛肌以及胸鎖乳突肌，則變得短而緊（9.23）。這些緊繃的肌腹加上縮短的筋膜組織會使骨骼漸漸滑向異常的姿勢，至於試圖將這些骨骼拉回健康順位的拮抗肌，則因過於衰弱而無力回天。

　　綜覽全局，你會發現從側邊觀察人體時，這個緊／短與鬆／長的排列剛好在肩部形成一個大大的「X」（9.24）。從中一筆是縮短的姿勢肌所導致，另一筆則是無力的相位肌所造成。

　　這些所帶來的是枕骨及第一、第二節頸椎過度伸直、頭部前移。同樣地，在人體較低的臀部、骨盆處也能見到這樣的排列。此時，無數的相位肌會變得長而無力，姿勢肌則會變得短而緊繃（9.25）。

　　這一串連鎖反應不是只到骨盆前傾就結束了，還會導致髖關節的屈曲以及誇張的腰椎前凸。還不只如此，較低的「X」經常向上轉移，造成或加劇位於肩部的「X」（9.26）。就像一對「無論健康或疾病」皆不離不棄的老夫老妻一樣，肩部與髖部在結構及功能上的健全與否是相互依賴的。

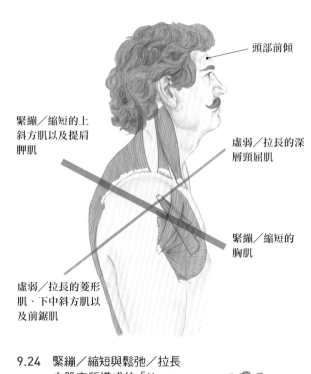

頭部前傾

緊繃／縮短的上斜方肌以及提肩胛肌

虛弱／拉長的深層頸屈肌

緊繃／縮短的胸肌

虛弱／拉長的菱形肌、下中斜方肌以及前鋸肌

9.24　緊繃／縮短與鬆弛／拉長之肌肉所構成的「X」。

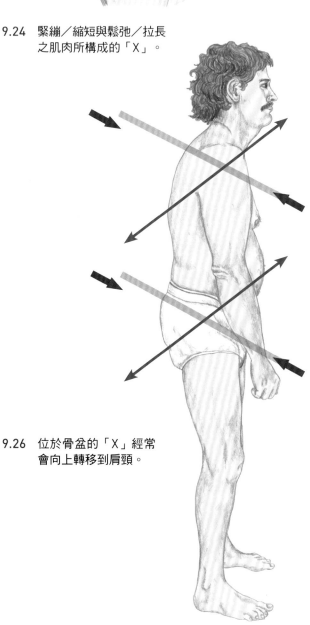

9.26　位於骨盆的「X」經常會向上轉移到肩頸。

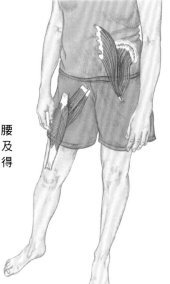

9.25　骨盆附近的姿勢肌（腰大肌、髖內收肌群及股直肌）也可能變得又緊又短。

肌肉

至關重要的長度與速度

人有喜怒哀樂，肌肉則有短長緊鬆。多虧肌肉本身的特性（第 104 頁），使其得以快如閃電或慢如蝸牛的速度收縮，發出微弱或巨大的力量（更明確地說，我們指的是「肌筋膜單元」所產生的力量，除了肌肉纖維所發出的主動肌力外，還包括有彈性的筋膜鞘及肌腱所發出的被動張力）。

儘管肌肉組織如此波動不定，但其實是由兩個關係變數所決定的。第一個關係是**力量—長度關係**，也就是說肌肉的「長度」（相對於等長收縮時的靜息長度）會決定其所能產生的最大力量。第二個關係則是**力量—速度關係**，指的是肌肉收縮的速度對其所能產生的最大力量也會造成影響。

簡單來說，肌肉的**長度**決定其**張力**，而其**收縮速度**則影響肌肉所能產生的**力量**大小。肌肉的能與不能可說是掌控在其長度與速度。

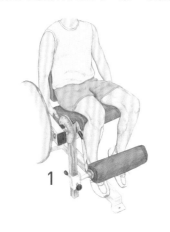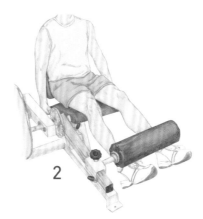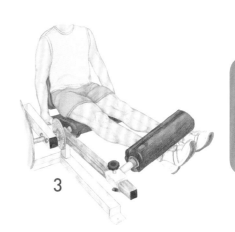

9.27　膝關節伸直：1屈曲、2中段及3伸直。

力量與長度

你也許以為肌肉不管處於何種姿態所產生的力量大小都一樣，但其實並非如此。肌肉的張力（拉力）是取決於其「長度」的。簡而言之，肌腹在縮短或伸長時所產生的力量並不如介於這二者之間時大。

這個現象可以透過細微的肌小節來理解。肌小節在靜止姿勢時，能夠控制的「橫橋」數量最多。橫橋越多，拉力越大，張力也就越強。在伸長或縮短時，橫橋的數量則較少，橫橋越少，拉力越小，力量就越弱。

現在，讓我們把這個小小的設計複製百萬倍，並想像一個人正要操作膝關節伸直（9.27）。股四頭肌群在動作開始與結束時所能產生的肌力較小，原因在於肌小節（如同肌肉）處於短短長長的姿態，而在動作中段時，則可產生最大的肌力。

更明確地說，我們剛剛所描述的是肌肉的**主動張力**。肌肉會「主動」激發一股將自己往中心拉的力量，同時因其彈性而產生**被動張力**。由此看來，肌肉纖維就像是一條橡皮筋（9.28），當伸直超過其靜止長度時，張力便會增加，肌肉於是在其試圖回到靜止長度的自然反應中產生拉力（9.29）。

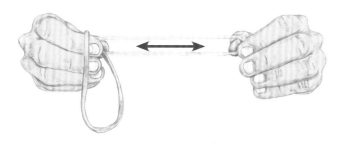

9.28　橡皮筋的被動張力增加。

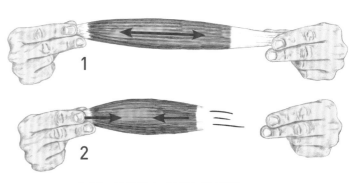

9.29　被動張力的1增加與2釋放。

至關重要的長度與速度（續）

力量與速度

　　除了肌肉的姿態外，肌肉改變長度的速度也會影響其所產生的力量。例如在向心收縮時，肌肉收縮得越慢，所產生的張力就越大。

　　讓我們拿不同重量的啞鈴來做彎舉，實際看看速度與力量之間的關係吧！首先，握住一個輕的啞鈴，盡可能地快速屈曲肘關節。此時，為了對抗負重而產生的力量還很小，收縮的速度則非常快。

　　接下來，換拿較重的啞鈴試試看。此時，肱二頭肌及肘屈肌所產生的力量更大了，但收縮的最高速度卻慢了下來。換句話說，若是啞鈴越重，則肌肉產生的力量越強，最高收縮速度則越慢（9.30）。

　　從這個示範中可以觀察到，最強力量與最高速度在向心收縮中是成反比的，也就是一個增加，另一個就減少。你也可以從另一個角度來看這個關係：向心收縮進行得越快，收縮所產生的最大力量就越弱。

　　造成這個現象的原因一樣是肌小節中細微的橫橋數量。在高速的狀態下，橫橋沒有足夠的時間搭建、重組，尤其是在彎舉較重的啞鈴時。但若將動作慢下來，則橫橋有較大的機會「搭起」，產生較強的張力。

　　至於在「離心」收縮時，力量與收縮速度的關係就較不明顯，而「等長」收縮則甚至能產生比向心收縮更強的肌力。這是因為等長收縮時肌肉沒有運動，所以橫橋有充裕的時間及空間進行連結，發揮其最大的潛能。

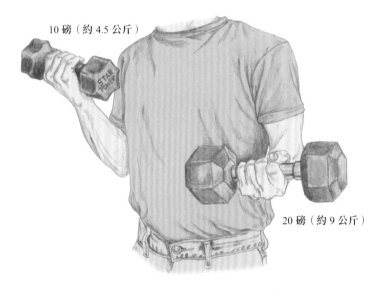

10 磅（約 4.5 公斤）

20 磅（約 9 公斤）

9.30　相較於舉起比較重的啞鈴，舉起較輕的啞鈴速度會更快。

　　哇！整整三章關於肌肉的各種介紹，提供滿滿的寶貴資訊。雖然讓我們往「站起來走出去」的目標（第14、15章）又更邁進了一步，但這些強壯的肌腹還需要一些神經肌肉協調才行。讓我們翻到下一頁，一起進入「神經」的篇章吧！

向後拉回

　　美國職業高球選手菲爾・米克森（ Phil Mickelson ）、女子網球選手小威廉絲（Serena　Williams）及棒球選手鈴木一朗如果少了強勁的後拉技巧，勢必無法成為雄霸一方的頂尖好手。這個於球桿或球棒進行揮擊之前先向後拉回的預備動作在大多數的運動項目中都可見到。

　　向後拉回的預備動作是一種「被動」張力，伸展了身體前半部的肌肉。之所以「被動」，是因為其肌筋膜的張力並非由本身的纖維收縮所產生的。在揮擊動作的第二階段中，身體後半部的肌肉會放鬆，使前半部的肌肉能夠彈回，加上肌肉收縮所產生的「主動」張力，兩種張力合起來便可產生強大的力量。若再搭配髖部及軀幹的旋扭動作更是可觀，米克森便是憑此將球揮至400碼之外的。

章節回顧問答：肌肉，第三部分

（你可以上網在 booksdiscovery.com 學生專區找到解答）

1. 當作用肌收縮的時候，對抗其效應的肌肉為？（p.126）
   a. 協同肌
   b. 拮抗肌
   c. 中和肌
   d. 固定肌

2. 下列何者是會影響肌肉運動的因素？（p.130）
   a. 該肌肉跨越的關節形狀和型態
   b. 肌肉的走向
   c. 遠端肢體的形狀和型態
   d. 對抗重力的能力

3. 什麼時候會發生被動不足？（p.132）
   a. 拮抗肌伸長的程度不足
   b. 中和肌縮短的程度不足
   c. 作用肌伸長的程度不足
   d. 固定肌縮短的程度不足

4. 人體肌肉可以大致分為哪兩種功能（p.134）
   a. 屈肌和伸肌
   b. 姿勢肌和屈肌
   c. 姿勢肌和相位肌
   d. 相位肌和屈肌

5. 肌肉所能產生的張力大小取決於？（p.137）
   a. 收縮力
   b. 收縮類型
   c. 肌肉長度
   d. 收縮速度

6. 向心收縮時肌肉收縮速度越慢越……？（p.138）
   a. 肌肉張力越大
   b. 肌肉張力越小
   c. 肌肉張力不變
   d. 各種肌張力都有可能

7. 高爾夫球手向後拉回的動作，能夠產生很大的力量是因為？（p.138）
   a. 肌筋膜單元中的主動張力
   b. 肌筋膜單元中的被動張力
   c. 筋膜中的主動張力
   d. 肌肉中的被動張力

目的

- 比對中央神經系統與周邊神經系統的功能有何差異。

- 描述神經元的各個結構。

- 指出並說出周邊神經系統中主要的神經叢有哪些。

- 列出自律神經系統的兩個主要成分。

- 詳細描述自律神經系統分支的功能。

- 定義體神經系統。

本章精華

　　當我們探討神經系統的時候，也許可以先從一些數據下手。

　　例如：時速 268 英里 (將近 430 公里)，這是 Alpha 運動神經元，將訊號傳遞到骨骼肌，啟動骨骼肌收縮的速度。這是體內傳遞訊息最快的速度，從頭部傳到足底，大約只需 0.013 秒。皮下的感覺受器，因為缺乏髓鞘來加速訊息傳遞，傳訊速度每小時只有一英里。

　　100,000,000,000，是的，一千億，這是我們大腦中所有的神經元數量。依序排起來的話，大約可以從芝加哥排到華盛頓特區。再來，一個 20 歲年輕人的大腦中，則至少有 100,000 英里 (161,000 公里) 的神經纖維，被髓鞘包裹，這個數字也不容小覷。研究人員深信，髓鞘的密度會在三十多歲的時候達到頂峰，意味著，如果你現在四十歲以下，請把握機會好好享受吧！

　　最終，在你開始學習本章的內容之前，記住這個數字，100,000,000,000,000,000。是的，一百兆，人腦中至少有一百兆個突觸。這比我們預估天上繁星的數量，還要整整多出十倍呢！

◆ 上課的時候，你把腳蹺了將近兩個小時，最後你站不太起來，甚至覺得左腳有點痛。你的姿勢會如何影響你的腳呢？

◆ 骨骼肌的收縮是自主的，我們能夠用意識控制其收縮。哪些動作是我們無法控制的呢？

◆ 人類藉由啟動「戰鬥或逃跑」機制，來回應環境中的各種威脅。以前你的身體又如何回應壓力情境呢？會產生什麼樣的生理現象呢？

本章節內容

神經與肌肉——動感二重奏

即將要往前邁進一大步了！我們已經建構了筋膜與骨骼的結締組織網絡，打造了能夠活動的關節，也安裝了可以拉動骨骼的肌肉馬達。你準備好要大秀舞姿了，對吧？

等等等等，先別著急。儘管這些零件的功能驚人，但在尚未連結到一個更大、更全面的系統來啟動、協調所有的潛在活動度之前，你還是動彈不得。

我們現在所需要的是一套**神經系統**，能夠「在組織間進行協調、控制與溝通」（10.1）。驅動這套系統的不是加壓水或汽柴油，而是能夠遞送、接收、轉傳訊息至全身上下各個角落的電化學訊號。

在本書中，我們將只側重於這個遍布全身的複雜系統中，被稱為**肌肉神經系統**的一小部分。雖然嚴格說起來並不能算是「系統」，但已巧妙地涵蓋了關鍵的神經與肌肉，並在人體運動的生成中扮演重要角色。

儘管任務大幅簡化了，但仍然有不少工作要做。我們必須思考基礎細胞的設計（神經元）、打造整個系統（腦、脊髓及其他）並依其功能配置綿長的神經線路，更重要的是，還要同時設計一套機制來傳遞與監督往返於肌肉的訊息（10.2）。畢竟，若是少了刺激或協調，就不會有肌筋膜產生並傳送力量至關節延伸出的骨骼槓桿，換句話說，就是不會有任何運動發生。

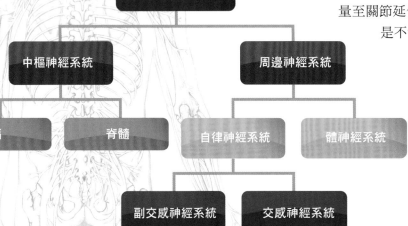

10.1　神經系統組織圖。

> 神經系統控制骨骼肌的兩種運動：**隨意**（voluntary）以及**不隨意**（involuntary），前者掌管有意識的動作產生，後者則在潛意識中進行。教課書經常將動作分為自主或反射，但其實幾乎所有動作都包含這兩種。例如在走路時，除了四肢會自主移動前進外，頭部也會不自主地移動以穩定視線。

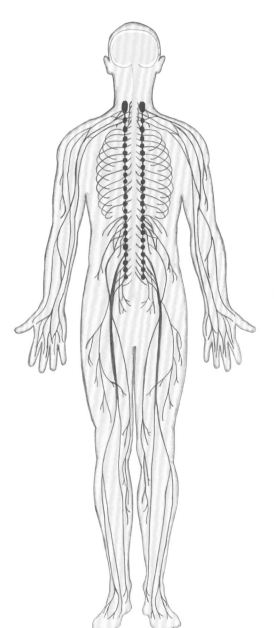

10.2　神經系統分支。

中樞神經系統

我們該如何建造神經系統呢？首先，我們需要一個總部：一個葡萄柚大小的球體，由大約一千億個細胞所組成的脂肪組織構成。再來要安裝一條從總部延伸出來通過身體中線的長條尾狀物，擔任中繼站，與周邊神經分支連結。由於這些組織不只對運動重要，更是攸關性命，因此最後要將其封在頭骨與脊椎裡妥善保護。

我們所說的當然就是構成**中樞神經系統**（central nervous system）的**腦**以及**脊髓**了（10.3）。這套精密到不可思議的神經組織網絡負責的工作簡直多如牛毛，但在此我們的焦點將擺在「理解接收到的感覺資訊並傳遞出指令以運動進行反應」。

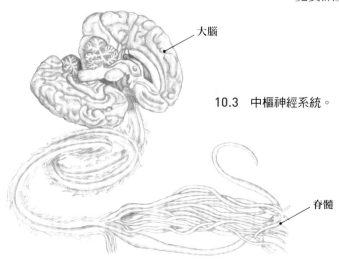

大腦

10.3　中樞神經系統。

脊髓

神經

神經與肌肉──動感二重奏（續）

周邊神經系統

構成中樞神經系統的是腦及脊髓，而其餘的神經組織則組成**周邊神經系統**（peripheral nervous system），從頭部的基地與脊髓分別發散出無數較小的神經分支，最終有如涓滴細流般滲透到人體的每一個角落。為了配合本書的主題，我們將聚焦於周邊神經系統，尤其是其分支所支配以及來回傳遞訊息的骨骼肌。

即便如此，你還是必須知道你是無法（而且你也不會想要）有意識地掌管身體各個層面的功能。因此，我們要把你的生理反射過程分為兩大類：不隨意（不知不覺）及隨意（顯而易見），也就是說，我們將把你的周邊神經系統分成自律神經系統以及體神經系統。

10.5 被河馬追著跑將會啟動你的交感神經系統。

10.4 多虧其自律神經系統，讓這位荷官不用擔心消化的問題。

自律神經系統（autonomic nervous system）掌管自動、本能的功能，也就是一些你連想都不用想的動作（10.4）。有些自主動作天生一派輕鬆，有些則相當驚心動魄，因此我們要進一步將自律神經系統區分為**交感神經系統**（sympathetic）與**副交感神經系統**（parasympathetic）。

就像政治上的分權制衡，這兩套系統也是被設計來相輔相成的。自律神經系統中交感神經的部分（經常被稱為「戰鬥或逃跑」系統）能夠加速新陳代謝（10.5）。

自律神經系統中副交感神經的部分（被稱為休息消化系統）則會減緩新陳代謝（10.6）。交感神經系統能增加心跳及呼吸速率，也會將新陳代謝的能量從內臟帶到肌肉去，至於副交感神經系統則在消化或休息時提供協助。

當你的自律神經系統在「後台」將一切照料妥當時，**體神經系統**則會（somatic nervous system）透過骨骼肌控制隨意運動。在此過程中，體神經系統會協調你的動作與姿勢（10.7）。

10.6 吃了一大盤家庭式烤肉的帶骨肋排後，她的副交感神經系統開始運作了。

10.7 她的體神經系統是控制骨骼肌的個中好手，看看她熟練的操牌技術就知道了。

打造神經元

　　就像先前為了打造結締組織、骨骼及肌肉所做的基礎工程一樣，現在讓我們把注意力轉向整個神經系統的基本單元——**神經元**（neuron），也就是神經細胞吧！在你可移動的身體整個建造出來後，這些可被電化刺激的細胞將會有意識地以幾十億的數量漫布在人體，這個數字之大，連神經系統本身都無法完全理解。

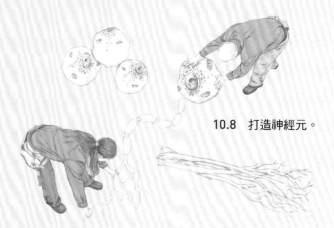

10.8　打造神經元。

10.9　將軸突包入髓鞘。

功能

2 那麼這些基本的脈衝傳導單元（神經元）是如何運作呢？就某個層面來說，它們的功能反映出整個神經系統的大方向動作：接收感覺訊息、處理資料再傳送訊號。

　　神經元要執行這些功能必須具備兩種主要的特性：一、興奮性，對刺激做出反應並轉換成神經脈衝的能力；二、傳導性，將哪些脈衝傳導至其他神經元、腺體或肌肉的能力。更確切地說，樹突會接收並傳遞刺激至細胞體，而軸突則將神經脈衝帶離神經元。

分類

3 並非所有的神經元都朝同一個方向傳送訊息。因此，我們必須將其分為三個功能群組：感覺神經元、運動神經元以及中間神經元。當**感覺神經元**（sensory neuron），或稱**傳入神經元**（afferent neuron），將感覺脈衝傳至腦部及脊髓，**運動神經元**（motor neuron），或稱**輸出神經元**（efferent neuron），會將運動脈衝從腦部及脊髓帶離至肌肉。而**中間神經元**（interneuron），或稱**聯絡神經元**（association neuron），則負責在腦部或脊髓的神經元間傳送訊息（10.10）。

神經元構造

1 神經元的大小及形狀多變，先讓我們打造一個典型的神經元吧！我們需要三個零件：一個**細胞體**、數個樹突以及一個軸突。細胞體包含一個細胞核。**樹突**（dendrite）則從細胞體延伸出來，有數條分支。長條的**軸突**（axon）會離細胞體越來越遠（10.8）。有些軸突，像是存在於坐骨神經中的，便有著令人難以置信的長度。

　　趁我們還在這裡，再加第四個零件。我們將沿著軸突的表面以一卷卷的**髓鞘**（myelin）加以包裹。並非所有的神經元都包含這層鞘，不過對於我們在此所需的神經元，髓鞘能夠隔絕軸突，並增加其脈衝速度（10.9）。

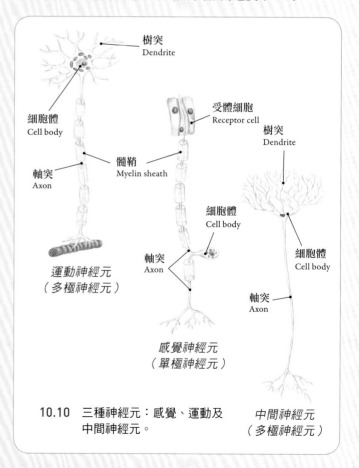

樹突
Dendrite

受體細胞
Receptor cell

樹突
Dendrite

細胞體
Cell body

髓鞘
Myelin sheath

軸突
Axon

細胞體
Cell body

運動神經元
（多極神經元）

軸突
Axon

細胞體
Cell body

感覺神經元
（單極神經元）

軸突
Axon

10.10　三種神經元：感覺、運動及中間神經元。

中間神經元
（多極神經元）

打造神經元(續)

突觸

4 單憑一個新組裝好的神經元是無法把你送進哈佛醫學院的,讓我們把它與另一個神經元相連形成**突觸**(synapse)吧(10.11)!這樣的連結會出現在任兩個神經元間或一個神經元與終末器官(例如肌肉或腺體)間。當我們要四處將感覺神經連接至肌肉纖維時,這個突觸便會形成「神經肌肉接合處」(10.12)。

10.11 將兩個神經元連接形成突觸。

從神經元到神經

5 現在讓我們再打造數千個帶有額外長條軸突的神經元吧!只要我們把這些「感覺尾巴」加以綑綁封住,就是周邊神經系統的神經了,而同樣的結構在中樞神經系統則被稱為「神經徑」。這個像纜線一樣的設計能夠提供神經脈衝沿著軸突前進的單一道路,不論方向是輸出或傳入皆可。

10.12 將神經肌肉接合處與胸小肌組裝起來。

大功告成

6 不過,我們要如何組織神經內部呢?在腦部及脊髓中,我們可以將神經纖維浸泡在液態的環境裡,但神經既長又有運動及伸展的需求,因此需要不同的設計。為了避免「閉門造車」,讓我們效法用在肌肉及肌腱上的設計樣板:一連串由裡到外層層包覆的筋膜層。首先,我們將每個軸突以**神經內膜**(endoneurium)包覆,再將成群的軸突用**神經束膜**(perineurium)綑住,最後,整條神經將被**神經外膜**(epineurium)套著(10.13)(聽起來很熟悉吧?)

神經在此結締組織構造的安排下,便可於關節運動中進行伸展,展現彈性。畢竟,要當一條神經可不容易。在通過無數肌筋膜層並歷經接續的關節彎曲環境中,每條神經都必須被伸展、扭絞及擠壓。當運動發生時,有些甚至會伸展超過其靜止長度的 20%。多虧層層包覆的結締組織提供了相當柔韌的緩衝,讓神經能夠對抗各種可能將其壓碎或扯斷的力量。

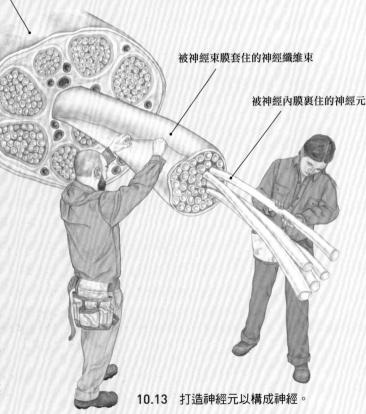

被神經外膜包覆的神經

被神經束膜套住的神經纖維束

被神經內膜裹住的神經元

10.13 打造神經元以構成神經。

周邊神經

複習一下：周邊神經系統是由位於腦及脊髓以外的軀幹及四肢的神經構成。要建構排列出這套非凡的感覺及運動線路，必須先將「神經」打造出來（把長串的神經組織與筋膜綑綁在一起）。接著再把這些線路分組（神經叢），最後再將每條神經一一擺放在安全的路徑上，使之順利抵達其肌肉終點。

所有的周邊神經都有運動及感覺神經元的分布，也就是能夠將訊息傳送到特定肌肉、腺體或部位，並接收來自該處的訊息。在我們完工後，將會有 43 對神經左右對稱地從腦部及脊髓延伸出去，這 86 條神經可以說就是活動度、穩定度及協調性的基礎。

讓我們從頭部往下開始吧！要研究我們的第一組神經——12 對**腦神經**（cranial nerve），得先在頭上鑽幾個洞才行。這 24 條神經穿透頭骨內外，支配的除了少數頸部肌肉與內臟，主要是頭蓋骨以及頭部的感覺器官（**10.14**）。（註：第二對腦神經並不被當作是真正的周邊神經。）

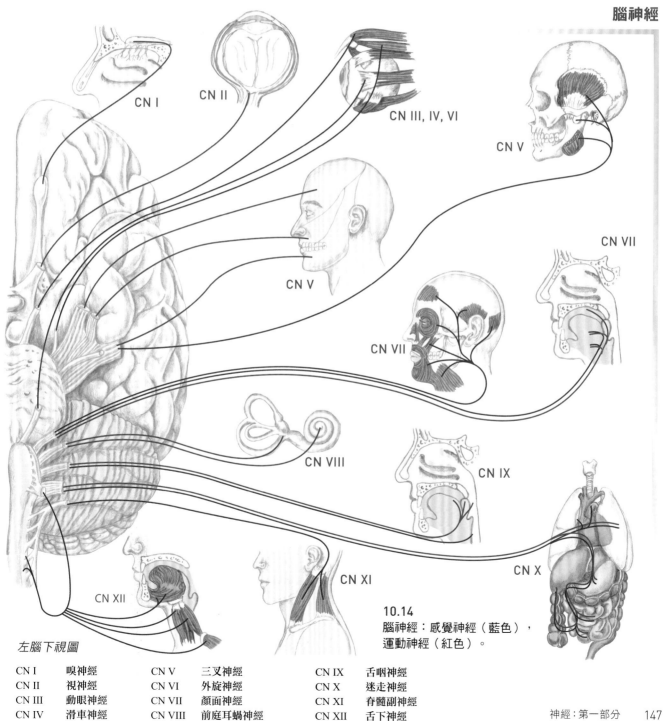

CN I

CN II

CN III, IV, VI

CN V

CN V

CN VII

CN VII

CN VIII

CN IX

CN XI

CN X

CN XII

左腦下視圖

10.14
腦神經：感覺神經（藍色），
運動神經（紅色）。

神經

CN I	嗅神經	CN V	三叉神經	CN IX	舌咽神經
CN II	視神經	CN VI	外旋神經	CN X	迷走神經
CN III	動眼神經	CN VII	顏面神經	CN XI	脊髓副神經
CN IV	滑車神經	CN VIII	前庭耳蝸神經	CN XII	舌下神經

周邊神經（續）

接下來，我們將把延伸自腦神經下方、從脊椎中鑽出的**脊神經**（spinal nerve）分成四叢。所謂的**神經叢**（nerve plexus）是一群彼此相交的神經，表面上看似亂成一團的交織糾結，其實大有深意。每條神經包含來自不同根部的纖維，萬一不幸受傷，如此的多餘累贅即可提供一層保障。

由脊髓分出來的四個神經叢是**頸神經叢**、**臂神經叢**、**腰神經叢**及**薦神經叢**，分別由往其支配的關節及骨骼肌方向發展的脊神經所組成（**10.15**）。至於往肋骨之間延伸的 12 對胸椎神經則未聚集成叢。現在，就讓我們把手腳的周邊神經攤開來仔細看看吧！

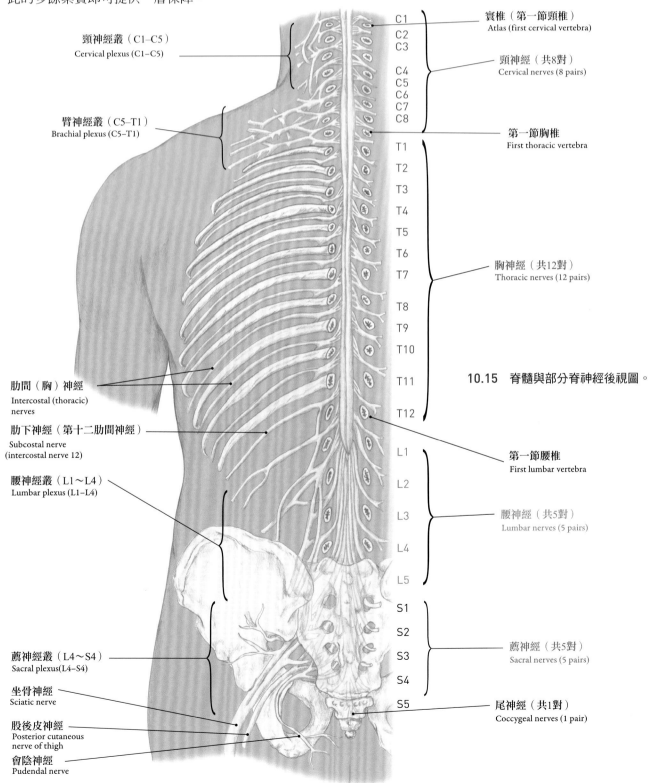

頸神經叢（C1–C5）
Cervical plexus (C1–C5)

臂神經叢（C5–T1）
Brachial plexus (C5–T1)

肋間（胸）神經
Intercostal (thoracic)
nerves

肋下神經（第十二肋間神經）
Subcostal nerve
(intercostal nerve 12)

腰神經叢（L1～L4）
Lumbar plexus (L1–L4)

薦神經叢（L4～S4）
Sacral plexus(L4–S4)

坐骨神經
Sciatic nerve

股後皮神經
Posterior cutaneous
nerve of thigh

會陰神經
Pudendal nerve

C1
C2
C3
C4
C5
C6
C7
C8
T1
T2
T3
T4
T5
T6
T7
T8
T9
T10
T11
T12
L1
L2
L3
L4
L5
S1
S2
S3
S4
S5

寰椎（第一節頸椎）
Atlas (first cervical vertebra)

頸神經（共8對）
Cervical nerves (8 pairs)

第一節胸椎
First thoracic vertebra

胸神經（共12對）
Thoracic nerves (12 pairs)

10.15　脊髓與部分脊神經後視圖。

第一節腰椎
First lumbar vertebra

腰神經（共5對）
Lumbar nerves (5 pairs)

薦神經（共5對）
Sacral nerves (5 pairs)

尾神經（共1對）
Coccygeal nerves (1 pair)

四肢的神經叢及神經分布

接下來的六頁將介紹上肢及下肢的四個神經叢及其神經支配的模式。脊神經總計有 31 對，包括 8 對頸神經、12 對胸神經、5 對腰神經、5 對薦神經以及 1 對尾神經。

第八對頸神經是從何而來的呢？前七對頸神經（C1～C7）分別來自與其相應的頸椎「上方」，但第八對頸神經（C8）是由第七節頸椎「下方」竄出（在第一對胸神經 T1 上）。

至於第一對胸神經則是來自第一節胸椎「下方」，而其餘的胸神經亦皆來自與其相應的胸椎「下方」。

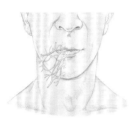

頸神經叢

10.16 頸神經叢前視圖。這一束神經控制橫膈膜以及頸部周圍的許多肌肉。

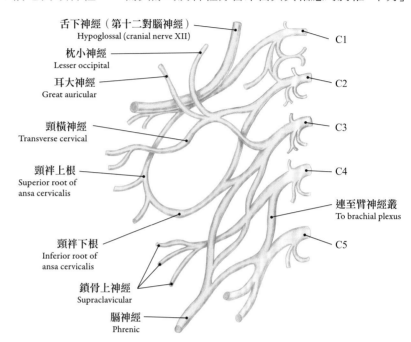

舌下神經（第十二對腦神經）
Hypoglossal (cranial nerve XII)

枕小神經
Lesser occipital

耳大神經
Great auricular

頸橫神經
Transverse cervical

頸袢上根
Superior root of ansa cervicalis

頸袢下根
Inferior root of ansa cervicalis

鎖骨上神經
Supraclavicular

膈神經
Phrenic

連至臂神經叢
To brachial plexus

C1
C2
C3
C4
C5

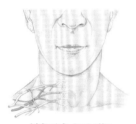

臂神經叢

10.17
臂神經叢前視圖。此神經叢包含五個分支：腋神經、肌皮神經、正中神經、橈神經以及尺神經。這些神經一起控制肩膀、手臂以及手部的肌肉。

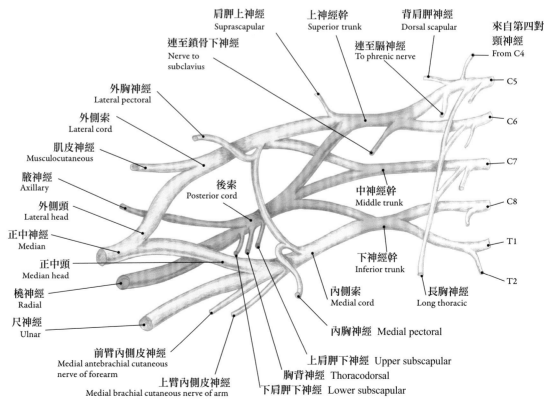

肩胛上神經
Suprascapular

連至鎖骨下神經
Nerve to subclavius

外胸神經
Lateral pectoral

外側索
Lateral cord

肌皮神經
Musculocutaneous

腋神經
Axillary

外側頭
Lateral head

正中神經
Median

正中頭
Median head

橈神經
Radial

尺神經
Ulnar

前臂內側皮神經
Medial antebrachial cutaneous nerve of forearm

上臂內側皮神經
Medial brachial cutaneous nerve of arm

後索
Posterior cord

上神經幹
Superior trunk

連至膈神經
To phrenic nerve

中神經幹
Middle trunk

下神經幹
Inferior trunk

內側索
Medial cord

內胸神經　Medial pectoral

上肩胛下神經　Upper subscapular

胸背神經　Thoracodorsal

下肩胛下神經　Lower subscapular

背肩胛神經
Dorsal scapular

來自第四對頸神經
From C4

長胸神經
Long thoracic

C5
C6
C7
C8
T1
T2

神經

四肢的神經叢及神經分布（續）

肌皮神經（C5～7）

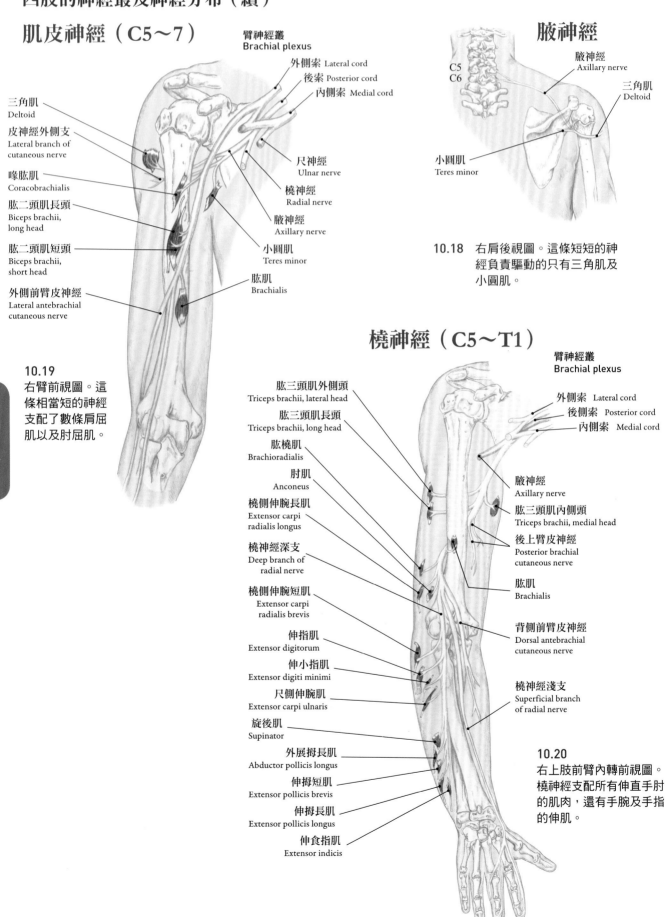

臂神經叢
Brachial plexus

外側索 Lateral cord
後索 Posterior cord
內側索 Medial cord

三角肌
Deltoid

皮神經外側支
Lateral branch of
cutaneous nerve

喙肱肌
Coracobrachialis

肱二頭肌長頭
Biceps brachii,
long head

肱二頭肌短頭
Biceps brachii,
short head

外側前臂皮神經
Lateral antebrachial
cutaneous nerve

尺神經
Ulnar nerve

橈神經
Radial nerve

腋神經
Axillary nerve

小圓肌
Teres minor

肱肌
Brachialis

神經

10.19
右臂前視圖。這
條相當短的神經
支配了數條肩屈
肌以及肘屈肌。

腋神經

C5
C6

腋神經
Axillary nerve

三角肌
Deltoid

小圓肌
Teres minor

10.18 右肩後視圖。這條短短的神
經負責驅動的只有三角肌及
小圓肌。

橈神經（C5～T1）

臂神經叢
Brachial plexus

肱三頭肌外側頭
Triceps brachii, lateral head

肱三頭肌長頭
Triceps brachii, long head

肱橈肌
Brachioradialis

肘肌
Anconeus

橈側伸腕長肌
Extensor carpi
radialis longus

橈神經深支
Deep branch of
radial nerve

橈側伸腕短肌
Extensor carpi
radialis brevis

伸指肌
Extensor digitorum

伸小指肌
Extensor digiti minimi

尺側伸腕肌
Extensor carpi ulnaris

旋後肌
Supinator

外展拇長肌
Abductor pollicis longus

伸拇短肌
Extensor pollicis brevis

伸拇長肌
Extensor pollicis longus

伸食指肌
Extensor indicis

外側索 Lateral cord
後側索 Posterior cord
內側索 Medial cord

腋神經
Axillary nerve

肱三頭肌內頭
Triceps brachii, medial head

後上臂皮神經
Posterior brachial
cutaneous nerve

肱肌
Brachialis

背側前臂皮神經
Dorsal antebrachial
cutaneous nerve

橈神經淺支
Superficial branch
of radial nerve

10.20
右上肢前臂內轉前視圖。
橈神經支配所有伸直手肘
的肌肉，還有手腕及手指
的伸肌。

正中神經（C6～T1）

10.21 右上肢前視圖。正中神經只負責手肘以下的運動能力，控制前臂旋前肌、部分手腕及手指屈肌與拇指的許多肌肉。腕隧道症候群多與此條神經脫不了關係。

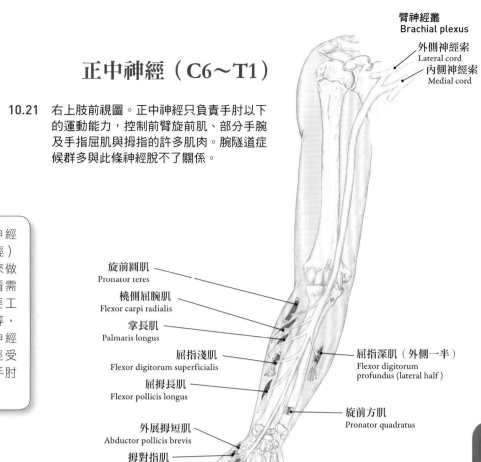

臂神經叢
Brachial plexus

外側神經索
Lateral cord

內側神經索
Medial cord

旋前圓肌
Pronator teres

橈側屈腕肌
Flexor carpi radialis

掌長肌
Palmaris longus

屈指淺肌
Flexor digitorum superficialis

屈拇長肌
Flexor pollicis longus

屈指深肌（外側一半）
Flexor digitorum profundus (lateral half)

旋前方肌
Pronator quadratus

外展拇短肌
Abductor pollicis brevis

拇對指肌
Opponens pollicis

屈拇短肌
Flexor pollicis brevis

蚓狀肌（外側一半）
Lumbricals (lateral half)

有注意到我們分配了三組神經（肌皮神經、正中神經、尺神經）負責手肘屈曲，但卻只用一組來做手肘伸展（橈神經）嗎？想想看需要靠手肘屈曲才能進行的重要工作，例如吃飯、喝水、舉物等等，就明白為什麼需要這麼多條神經了。就算是一組甚至兩組神經受損，只要第三組還是完整的，手肘就可免於完全癱瘓。

尺神經
（C8, T1）

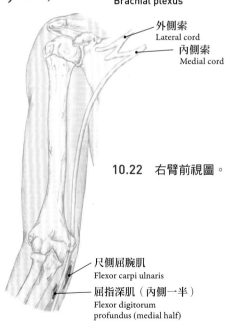

臂神經叢
Brachial plexus

外側索
Lateral cord

內側索
Medial cord

10.22 右臂前視圖。

尺側屈腕肌
Flexor carpi ulnaris

屈指深肌（內側一半）
Flexor digitorum profundus (medial half)

除了一些手腕屈肌外，尺神經還控制許多手部及手指的小肌肉。肘部尺骨端（funny bone）受撞擊的酥麻感便是由通過內上髁及鷹嘴突的尺神經所引起的。

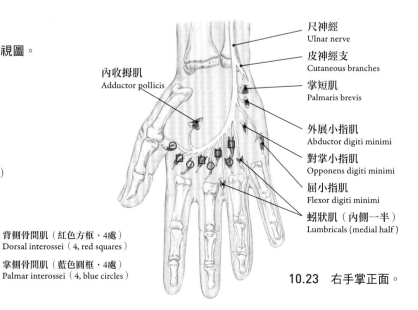

尺神經
Ulnar nerve

皮神經支
Cutaneous branches

掌短肌
Palmaris brevis

外展小指肌
Abductor digiti minimi

對掌小指肌
Opponens digiti minimi

屈小指肌
Flexor digiti minimi

蚓狀肌（內側一半）
Lumbricals (medial half)

內收拇肌
Adductor pollicis

背側骨間肌（紅色方框，4處）
Dorsal interossei（4, red squares）

掌側骨間肌（藍色圓框，4處）
Palmar interossei（4, blue circles）

10.23 右手掌正面。

四肢的神經叢及神經分布（續）

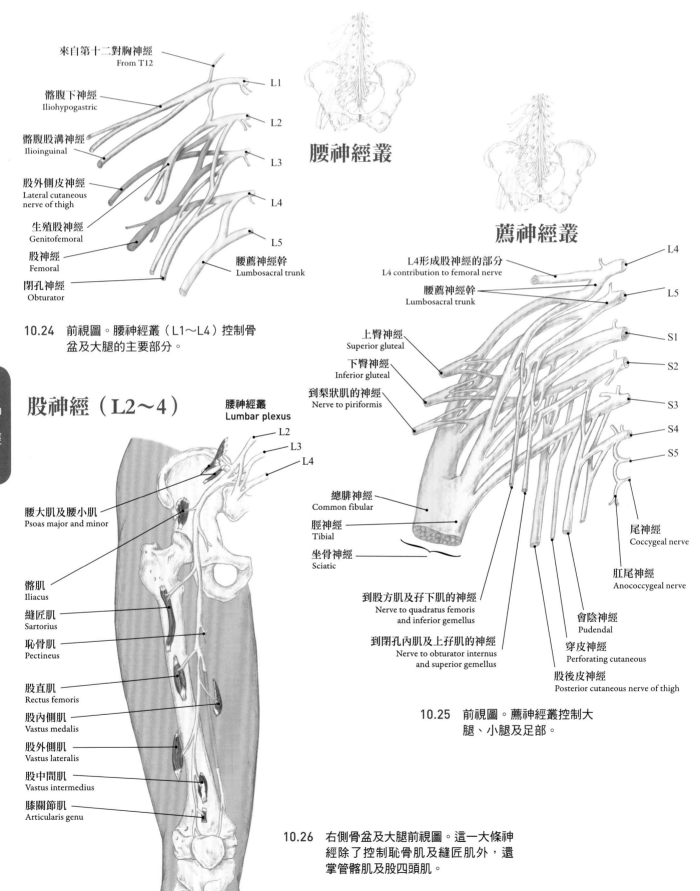

來自第十二對胸神經
From T12

髂腹下神經
Iliohypogastric

髂腹股溝神經
Ilioinguinal

股外側皮神經
Lateral cutaneous
nerve of thigh

生殖股神經
Genitofemoral

股神經
Femoral

閉孔神經
Obturator

L1

L2

L3

L4

L5

腰薦神經幹
Lumbosacral trunk

腰神經叢

10.24　前視圖。腰神經叢（L1～L4）控制骨盆及大腿的主要部分。

股神經（L2～4）

腰神經叢
Lumbar plexus

L2
L3
L4

腰大肌及腰小肌
Psoas major and minor

髂肌
Iliacus

縫匠肌
Sartorius

恥骨肌
Pectineus

股直肌
Rectus femoris

股內側肌
Vastus medalis

股外側肌
Vastus lateralis

股中間肌
Vastus intermedius

膝關節肌
Articularis genu

薦神經叢

L4形成股神經的部分
L4 contribution to femoral nerve

腰薦神經幹
Lumbosacral trunk

上臀神經
Superior gluteal

下臀神經
Inferior gluteal

到梨狀肌的神經
Nerve to piriformis

總腓神經
Common fibular

脛神經
Tibial

坐骨神經
Sciatic

到股方肌及孖下肌的神經
Nerve to quadratus femoris
and inferior gemellus

到閉孔內肌及上孖肌的神經
Nerve to obturator internus
and superior gemellus

L4

L5

S1

S2

S3

S4

S5

尾神經
Coccygeal nerve

肛尾神經
Anococcygeal nerve

會陰神經
Pudendal

穿皮神經
Perforating cutaneous

股後皮神經
Posterior cutaneous nerve of thigh

10.25　前視圖。薦神經叢控制大腿、小腿及足部。

10.26　右側骨盆及大腿前視圖。這一大條神經除了控制恥骨肌及縫匠肌外，還掌管髂肌及股四頭肌。

閉孔神經（L2～4）

腰神經叢
Lumbar plexus

腰大肌及腰小肌
Psoas major and minor

L2
L3
L4

閉孔神經後支
Posterior branch

閉孔神經前支
Anterior branch

恥骨肌
Pectineus

閉孔外肌
Obturator externus

內收短肌
Adductor brevis

內收大肌
Adductor magnus

內收長肌
Adductor longus

股薄肌
Gracilis

閉孔神經皮支
Cutaneous branch
of obturator nerve

> 如前所述，神經在人體內的旅程可能遭遇漫長險阻等挑戰。例如坐骨／脛神經，便要跨過三段關節，總長達一公尺。周邊神經被夾在層層肌肉及筋膜間，直接施加於其上的壓力可能會導致抽痛、麻痹或刺痛等症狀。

10.27　右側骨盆及大腿骨前視圖。閉孔神經的路徑和股神經相似，不過控制的主要是內收肌。

坐骨神經（L4～S3）

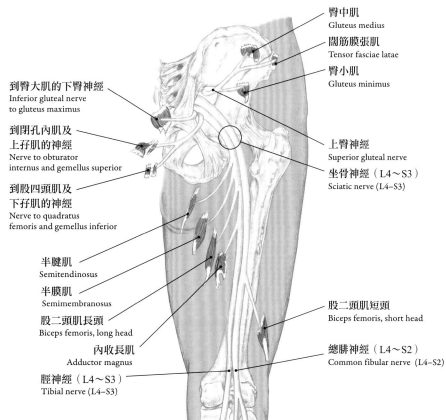

臀中肌
Gluteus medius

闊筋膜張肌
Tensor fasciae latae

臀小肌
Gluteus minimus

上臀神經
Superior gluteal nerve

坐骨神經（L4～S3）
Sciatic nerve (L4-S3)

到臀大肌的下臀神經
Inferior gluteal nerve
to gluteus maximus

到閉孔內肌及
上孖肌的神經
Nerve to obturator
internus and gemellus superior

到股四頭肌及
下孖肌的神經
Nerve to quadratus
femoris and gemellus inferior

半腱肌
Semitendinosus

半膜肌
Semimembranosus

股二頭肌長頭
Biceps femoris, long head

內收長肌
Adductor magnus

脛神經（L4～S3）
Tibial nerve (L4-S3)

股二頭肌短頭
Biceps femoris, short head

總腓神經（L4～S2）
Common fibular nerve (L4-S2)

10.28　右側骨盆及大腿後視圖。坐骨神經為人體最大條的神經，實際上是由兩條神經：脛神經、總腓神經所組成。坐骨神經在膝蓋以下一分為二以前，控制的是膕肌及內收大肌。

四肢的神經叢及神經分布（續）

脛神經（L4～S3）

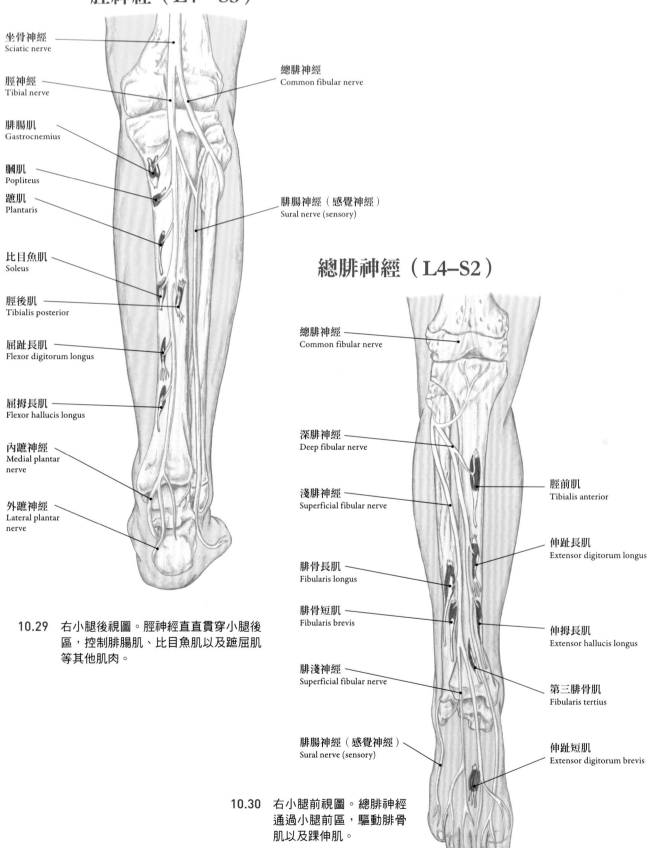

坐骨神經
Sciatic nerve

脛神經
Tibial nerve

腓腸肌
Gastrocnemius

膕肌
Popliteus

蹠肌
Plantaris

比目魚肌
Soleus

脛後肌
Tibialis posterior

屈趾長肌
Flexor digitorum longus

屈拇長肌
Flexor hallucis longus

內蹠神經
Medial plantar
nerve

外蹠神經
Lateral plantar
nerve

總腓神經
Common fibular nerve

腓腸神經（感覺神經）
Sural nerve (sensory)

總腓神經（L4–S2）

總腓神經
Common fibular nerve

深腓神經
Deep fibular nerve

淺腓神經
Superficial fibular nerve

腓骨長肌
Fibularis longus

腓骨短肌
Fibularis brevis

腓淺神經
Superficial fibular nerve

腓腸神經（感覺神經）
Sural nerve (sensory)

脛前肌
Tibialis anterior

伸趾長肌
Extensor digitorum longus

伸拇長肌
Extensor hallucis longus

第三腓骨肌
Fibularis tertius

伸趾短肌
Extensor digitorum brevis

10.29 右小腿後視圖。脛神經直直貫穿小腿後
區，控制腓腸肌、比目魚肌以及蹠屈肌
等其他肌肉。

10.30 右小腿前視圖。總腓神經
通過小腿前區，驅動腓骨
肌以及踝伸肌。

神經

章節回顧問答：神經，第一部分

（你可以上網在 booksdiscovery.com 學生專區找到解答）

1. 中樞神經的組成是？（p. 142）
   a. 脊椎與頭部
   b. 大腦與脊髓
   c. 上肢與下肢
   d. 周邊神經與神經終端

2. 負責接收感覺資訊並送出運動訊號，是什麼神經系統的工作？（p. 143）
   a. 體神經系統
   b. 中樞神經系統
   c. 周邊神經系統
   d. 自律神經系統

3. 當我們要全力逃離河馬群的時候，會需要什麼神經系統？（p. 144）
   a. 自律神經系統
   b. 副交感神經系統
   c. 交感神經系統
   d. 體神經系統

4. 感覺（輸入）神經元會如何傳遞感覺訊號？（p. 145）
   a. 從大腦與脊髓往外傳
   b. 傳往四肢
   c. 傳往近端神經
   d. 傳往你的大腦與脊髓

5. 當運動神經深入神經纖維，此處的突觸會形成？（p. 146）
   a. 神經束
   b. 髓鞘
   c. 神經肌肉接合處
   d. 神經元

6. 總共有幾對腦神經？（p. 147）
   a. 6
   b. 9
   c. 12
   d. 15

7. 四組神經叢分別是？（p. 148）
   a. 腦神經、臂神經叢、肌皮神經和腰神經叢
   b. 頸神經叢、臂神經叢、腰神經叢、薦神經叢
   c. 頸神經叢、腰神經叢、薦神經叢、脛神經
   d. 臂神經叢、頸神經叢、胸神經、腰薦神經

8. 支配腿部和足部的兩條主要神經是？（p. 154）
   a. 淺腓神經與腓腸神經
   b. 脛神經與外蹠神經
   c. 脛神經與總腓神經
   d. 淺腓神經與腓腸神經

神經
第二部分

目的

- 描述本體感覺與肌肉功能間的關係。
- 描述四種不同的本體覺。
- 詳細描述高基腱器與肌梭細胞的功能。
- 魯斐尼氏終器和巴齊尼氏小體在關節運動時的角色。
- 定義並舉一個肌肉收縮時相互拮抗的例子。

本章精華

當我第一次拿海綿球跟兩歲的女兒玩時，她伸出雙臂，然後盯著我的臉。直到球從她的胸口反彈出來，掉到地上了，她才把手掌合起來，然後四處找球。很快地，她的眼睛開始會跟著空中的球，預測球的位置。後來，她的手臂、甚至是腿，會隨著手的動作改變位置。最後她的手終於能夠抓到海綿了，她的臉上漾起大大的微笑。

換句話說，她漸漸學習了。經過重複的試誤後，她的神經系統不但在肌肉、關節間等等，生成數百萬個神經連結，也連結到她位於大腦的情緒中心，記錄下各種困惑、傷心，還有成功的心情。

這個章節將會專注在感覺受器、抑制機制、反射和執行各種動作所需的神經傳導過程（無論這樣的動作你有多麼熟悉到甚至不需思考，或是全然不熟悉）。

◆ 將一隻手放在小腿前，然後把另外一隻手放在小腿後。為了要讓你的股四頭肌能夠成功收縮，伸直膝關節，膕肌會怎麼收縮呢？

◆ 你正在上一堂有點無聊的課，你開始打瞌睡，頭點個不停。你的頭點了好大一下，讓你醒了過來，觸動了頭部的伸肌收縮，安全地把頭抬回原來的位置。有什麼其他情境的例子，你的骨骼肌不須意識控制就能自動運作呢？

◆ 當小孩專心接球時，全身的感覺受器會不斷地將資訊送到大腦，維持她的身體平衡。你覺得有哪些資訊被送到大腦，好讓她不會跌倒？而她的身體又如何回應這些資訊呢？

本章節內容

打開開關吧　本體感覺及肌肉功能

呼！到目前為止，我們已經打造出神經元、組裝成神經，布置在全身形成周邊神經系統，並且與主要肌肉有了連結。而在進行「肌肉實測」前，先讓我們複習一下肌肉與神經之間所發生的大小事吧！

一般說來，正常的狀況是這樣的：周邊神經系統的感覺神經元會將感覺訊息傳送至中樞神經系統（例如：「膝蓋目前靜止不動」），這些訊息經過中樞神經系統的整合神經元處理後，會做出改變身體姿勢或保持不動的決定（「讓膝蓋屈曲吧」）。做出運動的決定會透過運動神經元傳回周邊神經系統，引發肌肉收縮（「請縮短肌肉纖維」）以完成動作(**11.1**)。

當我們在瞬間完成這整個過程時，便已經開啟肌肉與神經之間永不止息且幾乎是即時的感覺運動對話。

不過，先讓我們縮放一下小腿肌肉吧！打開開關，啟動系統，然後一哇！關掉關掉！這小腿活像匹脫韁的野馬，不受控制地亂蹦亂跳，最後痙攣了(**11.2**)。

是哪裡出了差錯？原來小腿（或身體其他部位）運動的平穩、協調需要一些**本體感覺**（proprioception）──神經系統覺察身體在空間中的姿勢之能力。我們必須在肌肉、肌腱及關節的裡外周圍安裝上感覺受器，監控與運動相關的刺激。這些**本體感覺受器**（proprioceptors）（一種對於肌肉及關節姿勢有關的刺激特別敏感的受體細胞）會將傳入的訊息送至中樞神經系統處理，由大腦解讀後，更新持續不斷的知覺感，並下達動作指令調整身體的平衡、姿勢及運動。

基本上，你需要四種感覺受器（**11.3**）：

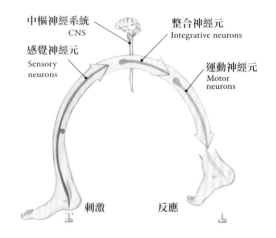

11.1　資訊在神經系統間的流動。

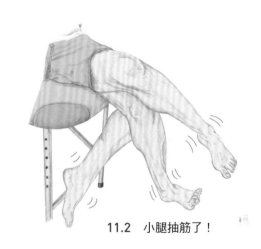

11.2　小腿抽筋了！

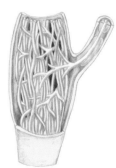

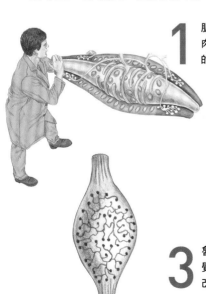

1　肌梭細胞負責監控肌肉伸展及其改變長度的速率。

2　高基腱器負責察覺並協助人體對肌肉張力的改變做出反應。

11.3　四種主要的感覺受器。

3　魯斐尼氏終器負責察覺關節位置的緩慢改變。

4　巴齊尼氏小體負責注意關節囊周圍壓力的快速改變。

感覺受器及其回饋 肌梭細胞

首先讓我們來安裝一些肌梭吧！還記得我們在第 7 章曾經打造出一些**梭外**細胞嗎（第 97 頁）？肌力的產生都得靠這些體積大、數量多的收縮纖維。而為了我們的感覺接受器，必須得再設計一種新的肌肉細胞——**梭內**纖維。

這些纖維又被稱為**肌梭細胞**（muscle spindle cell），同樣具有收縮能力，但是體積較小、數量較少。作為感覺纖維，其主要任務並非產生肌力，而是「估計肌肉收縮及其改變長度的速率」，因此在控制肌肉張力中扮演關鍵的角色。讓我們來打造一個吧！

首先，我們要製造幾個梭內纖維，並將其固定在運動神經元上。與梭外纖維不同的是，梭內纖維呈紡錘狀，也就是中段較寬，逐漸朝兩端變尖細。

接下來，我們要將感覺軸索纏繞在無法收縮的中段，就像個紡錘一樣，然後撕開肌腹（由梭外細胞構成）的一段，再將肌梭細胞放進層層的結締組織中（11.4）。

我們最終要使整個肌腹都布滿這些小型的監控單位。在動作細微精準的肌肉（例如雙手或雙眼）中，我們會安裝較多的肌梭細胞，而動作大開大闔的肌肉（例如膕旁肌、股四頭肌），我們則安裝較少的肌梭細胞。

藉由這些滲透到肌腹中，被收縮自如的梭外纖維環繞的「監視器材」，中樞神經系統得以獲得各部位肌肉的資料，尤其是「肌肉長度的改變」以及「長度改變的速度」兩項訊息。為什麼這兩者對人體如此重要呢？簡單說——安全第一。

脆弱易傷

儘管肌肉纖維具有許多驚人的特性，但在伸展超過其活動限度或拉扯速度過快時，是相當容易造成撕裂傷害的。特別是在收縮同時伴隨著外力發生時，這些危險因子格外容易成真。

肌梭細胞的運作方式如下：

當梭內纖維跟著肌肉一起被拉長時，這些肌梭纖維由於伸展超過了中樞神經系統所預設的長度，因此被激發而向中樞神經系統送出預警，告知肌肉被拉長了（11.5）。

若是肌肉所遭遇的伸展量過於危險，則脊髓神經會快速回覆肌肉，令其進行收縮以避免被進一步拉開而受傷的反射作用（11.6）。為了確保收縮進行，神經系統也會使協同肌一併收縮，並抑制其拮抗肌。

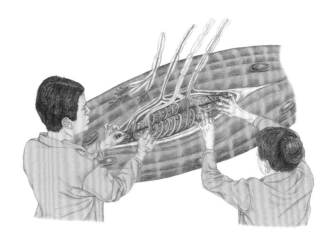

11.4 將肌梭細胞安插進肌腹中。

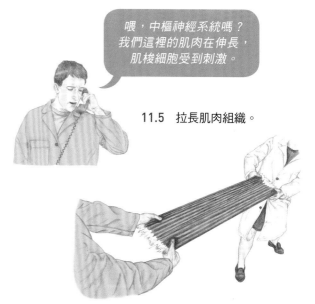

11.5 拉長肌肉組織。

11.6 肌肉組織做出收縮的反應。

感覺受器及其回饋（續）

　　舉例來說，假如你正在瑜伽課堂上做「下犬式」，而大腿後方的膕旁肌卻沒什麼感覺（11.7），於是你決定將髖部及腳踝後移進行更大的伸展，以便「刺激」膕旁肌。這樣的調整會拉長（並刺激）膕旁肌的肌梭細胞，也會啟動一個保護性的反射弧，使膕旁肌產生收縮。因此，你刻意的伸展到頭來卻是不攻自破，原本希望拉長的肌肉反而收縮，等於是白費力氣了。

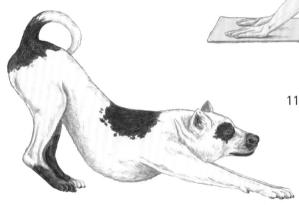

11.7　左圖是伸懶腰的狗，上圖是模仿其伸展姿勢的下犬式。

牽張反射

　　在繼續之前，讓我們先仔細看看剛剛瑜伽課那個保護肌肉免於過度伸展並受傷的反射動作。**反射**動作是一種「身體面對刺激時自動做出的無意識反應」。當醫生拿反射槌敲打你的膝蓋而小腿不自覺向前踢的動作，便是這個現象。你不需要思考怎麼做，它就自然而然地發生了（11.8）。

　　所謂**反射弧**指的是「引起反射動作的神經脈衝路徑」。而**牽張反射**（stretch reflex）便是一種由肌梭纖維所引發的反射弧。牽張反射使肌肉對刺激做出反應，在毫秒間便完成調整姿勢及張力的動作。就像我們在你的瑜伽課所觀察到的，這種反射會在肌肉被拉長時，以同一塊肌肉的纖維進行收縮作為反應。

　　在膝反射的測試中，髕腱膜受到敲擊所引起的快速伸展刺激了股四頭肌的肌梭。肌梭向脊髓神經發送感覺訊息，接著該反射弧便轉了一個 180° 的大彎，直接順著運動神經元回到原本的肌肉，並帶著新訊息：「肌肉正在拉長，請收縮。」

　　換句話說，被牽張反射激起的梭內細胞引發了肌肉梭外細胞的收縮。這個使肌肉在被拉長時產生收縮的抑制法是一種確保肌肉免於受傷並維持肌肉張力的基本策略，基本到你連想都不用想。

11.8　在膝蓋上輕敲，便能引發牽張反射。

高基腱器

另一種我們想要安裝的本體感覺受器是**高基腱器**（Golgi tendon organ，簡稱 **GTO**）。這種感覺受器位於肌肉的肌腱當中，負責監控施加於肌腱上的拉力（11.9）。其「察覺肌肉張力的改變並做出反應」的任務恰好與肌梭的工作相反。肌梭監控的是肌肉的「長度」，而高基腱器監控的則是肌肉的「張力」。當雙方合作時，兩者的特性能夠增強肌肉功能，並保護其纖維免於受到被動伸展所帶來的可能傷害（11.10）。若是察覺到肌腱的張力過大，收縮中的肌肉（11.11）便會聽從高基腱器所發出的抑制訊號，而轉為放鬆以紓解張力。

還記得嗎？肌腱就是一束環繞並裹住肌腹纖維的筋膜組織。當肌肉纖維收縮時，肌腱會受到拉扯，因而牽動關節周圍的骨骼，於是產生運動。我們會將高基腱器安裝於肌腹的肌肉骨骼關節處，並接上感覺神經，如此一來便能傳送訊息至中樞神經系統。

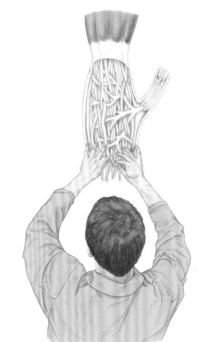

11.9 打造高基腱器。

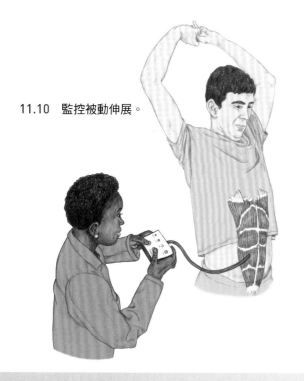

11.10 監控被動伸展。

11.11 監控肌肉收縮。

如前所述，肌梭細胞監督肌肉長度，而高基腱器則控管肌肉張力。想像一下，假如你的膕旁肌只配備其中一種本體感覺受器而缺少另外一種，你的中樞神經系統便只能接收到關於膕旁肌的長度或其張力之一的資訊，而非兩者兼具。

可以確定的是，如此一來多少會有些問題。每個本體感覺受器各自傳送訊息到中樞神經系統，但最終的本體感覺是由中樞神經系統統合雙方訊息後產生而成的。

例如肌肉在進行（離心）延展時，所承受的張力可能是少許、龐大或兩者之間。相反地，肌腹在（向心）縮短時，其張力也可能是一點都沒有、非常巨大或是界於兩者之間。當然，肌肉也可能在以上任何一種張力下保持（等長）靜態而無長度上的變化。

因此，肌腹可能遭遇不同的長度及張力組合，而這兩種感覺受器則可解讀各種狀況，讓中樞神經系統做出適當的反應。

感覺受器及其回饋（續）

抬起一箱重物

　　為了看清楚高基腱器的運作方式，我們要請你用雙臂抬起一箱書（11.12）。這個動作需要肱肌、肱二頭肌以及其他肘屈肌等部位進行強力的向心收縮，在此過程中，將會有極大的張力施加於這些部位的肌腱上，使高基腱器因伸展而啟動。隨之而來的，便是快如閃電的反射弧，在此為**肌腱反射**（tendon reflex），傳送抑制（放鬆）訊息至屈肌纖維，例如：肱二頭肌（以及周圍的協同肌）便會減少其張力，而扮演拮抗肌的肱三頭肌則會受到刺激而增加張力。

　　高基腱器在此的目標並非完全抑制肱二頭肌的活動而導致整箱書掉落，事實上，其抑制的影響力非常薄弱，並無法完全阻斷運動神經的收縮訊號。相反地，高基腱器要做的是調節作用肌與拮抗肌之間的張力，同時協助判斷完成手上工作所需要的肌力大小。

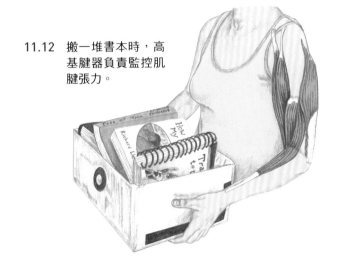

11.12　搬一堆書本時，高基腱器負責監控肌腱張力。

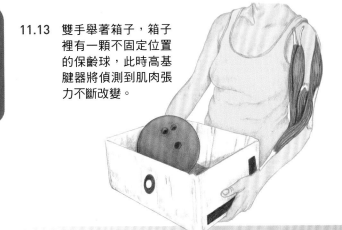

11.13　雙手舉著箱子，箱子裡有一顆不固定位置的保齡球，此時高基腱器將偵測到肌肉張力不斷改變。

保齡球

　　又假如現在箱子裡裝的不是書本，而是一顆不固定的保齡球。你試圖將其固定在雙手之間，但球卻不斷左右滾動。這個不斷移動的重量會改變肱二頭肌中高基腱器所察覺到的張力大小（11.13），一會兒緊繃，一會兒又放鬆。

　　在面對肱二頭肌張力變動的過程中，高基腱器傳送至中樞神經系統的訊息在產生適當而浮動的肌肉收縮量中扮演重要的角色。無論是完全收縮肌肉、試圖舉起過重的物品或肌肉伸展過度，高基腱器都隨侍在側，保護肌肉免於傷害。

神
經

牽張速度

　　牽張反射（第160頁）不一定總是像膝跳那樣。事實上，人體有時需要的恰好是與其相反地反射──維持現狀。我們可以將牽張反射分成兩種來說明。

　　相位性（phasic）的牽張反射（例如「膝跳反射」）發生於肌肉遭遇快速伸展，例如你牽的狗突然猛力向前而拉扯你的肱二頭肌（如左圖）。費時50毫秒的相位性牽張反射將可保護你的肌肉組織免於任何傷害。相反地，**張力性**（tonic）牽張反射則是由「延長的」伸展引起，且會伴隨緩慢的肌肉收縮。

　　身體直立，然後緩慢地左右搖晃（如右圖），便可感覺到。當你往左傾斜時，身體右側的肌梭纖維會察覺到肌肉拉長，引起張力性牽張反射，使右側的肌肉緩慢收縮以將身體拉正。

　　這個拉長、收縮的連續調節為一種熟練的潛意識過程，是使身體免於傾倒在地的重要機制之一，讓你不用時時思考如何保持平衡。為了保身體直立，張力性牽張反射會扮演一種「抗引力肌反射」，持續作用於承受重量之關節周圍的姿勢肌上。

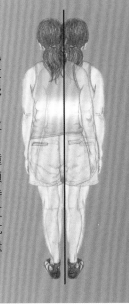

巴齊尼氏小體與魯斐尼氏終器

　　我們在第 5 章打造了滑液關節。不過嚴格來說，其實尚未完工，因為還需要一些本體感覺受器。少了本體感覺受器，你幾乎無法得知關節在空間中的角度或位置，而這些都是協調運動的重要資訊。就讓我們來安裝一些上去吧！

　　雖然植入在關節及其關節囊結締組織中的本體感覺受器有好幾種，但我們將先討論其中兩種：**巴齊尼氏小體**（Pacinian corpuscle）與**魯斐尼氏終器**（Ruffini's end organ），兩者都會藉由察覺關節內部及周圍的組織變化來幫助協調關節運動。

　　你也許已經注意到，當關節改變位置時，某一邊的組織會受到擠壓，而另一邊的組織則獲得伸展。（屈曲腕關節試試看。）這些組織的改變都會被本體感覺受器記錄著，轉成感覺訊息傳送至中樞神經系統，完成關節的定位（11.14）。

伸展

縮短

11.14　環繞膝關節的巴齊尼氏小體與魯斐尼氏終器會記錄其位置。

神經

快！再傳另一個脈衝！

11.15　巴齊尼氏小體關注的是關節的位移（運動）……

我們隨時監控著！

11.16　……魯斐尼氏終器則不論關節是動是靜皆參與其中。

　　因此，當你的肌梭細胞及高基腱器擔任肌肉與肌腱的感覺接受器時，巴齊尼氏小體與魯斐尼氏終器則監控著關節周圍的組織改變。更精確地說，**巴齊尼氏小體**監控的是「關節周圍壓力的快速變化」，而**魯斐尼氏終器**則負責察覺「關節位置的緩慢改變」。

　　巴齊尼氏小體對任何關節位置變化的資訊，擷取速度很快，連珠炮似地發送多重脈衝至中樞神經系統。不過一旦動作停止，它們便馬上沉寂下來，停止傳遞訊息（11.15）。

　　相反地，魯斐尼氏終器的反應比較慢。它們也會在位移時發送脈衝至中樞神經系統，但跟巴齊尼氏小體不同的是，當動作停止後，它們仍然繼續傳遞訊號（11.16）。換句話說，巴齊尼氏小體是受到關節位移（及動作發生）的刺激而活躍，至於魯斐尼氏終器則不論關節是動是靜，皆處於啟動的狀態。藉由傳送控制訊息觸發肌肉收縮的停止或調整，這些本體感覺受器戮力共同保護關節免於可能造成傷害的動作。

你伸長我才能縮短

交互抑制與其他反射動作

我們就快要將神經肌肉的元件組裝完成了，不過還有一點說不通：若是相對的肌肉沒有伸長，那麼原肌肉要如何向心收縮（縮短）呢？例如當你躺在床上聽到怪聲音，決定要抬起頭。為了讓胸鎖乳突肌能夠屈曲頸關節，頸後的肌肉勢必要放鬆並拉長（11.17）。否則，作用肌及拮抗肌會發現彼此同時收縮，造成無動作發生的僵局。搞什麼？

解決這個兩難局面的是聽起來很酷炫的**交互抑制**（reciprocal inhibition），也就是一種「一處肌肉，當其對向肌肉收縮時，會放鬆」的神經反射。沒有這樣的神經反射，便難以產生運動，尤其是平穩、協調的運動。在剛剛的例子中，若你的斜方肌及提肩胛肌不願意在胸鎖乳突肌收縮時伸展，你的頭便無法抬離枕頭。

胸鎖乳突肌
SCM

11.17　胸鎖乳突肌的收縮必須伴隨其他肌肉的交互抑制發生。

橡皮筋實驗

由此看來，對向的肌肉在本質上是相關的。為了便於類比，我們以一條橡皮筋套在有彈性的枝條上來取代前一個場景（11.18）。拉扯橡皮筋的一側以增加張力（猶如胸鎖乳突肌的收縮動作），枝條（頸部）便會彎曲（11.19）。

然而，「頸屈曲」只有在橡皮筋的另一側（頸後肌肉）伸長時才有可能發生。沒有伸長也就沒有運動。鬆開橡皮筋，則「頸部」便會恢復原狀。橡皮筋是一種材料，某方面來說，對向的肌腹也是，其筋膜成分亦不例外。而這一切都暗示我們別把肌筋膜單元看做獨立作業，因為實際上並非如此。

再舉一個例子：你把餅乾往嘴巴裡送。你的肱二頭肌接收到了運動的訊息，說：「收縮」（11.20）。拮抗肌，也就是你的肱三頭肌，則在同一時間（藉由交互抑制）收到抑制而放鬆的信號，於是得以伸長。不過肱三頭肌並非只是放開一切變得鬆垮垮，而是逐漸調降其肌肉張力，使其纖維能夠慢慢伸長，確保關節能夠平穩協調地運動。這種對向肌肉之間的分工合作對許多有節奏的動作來說都相當重要，例如行走、奔跑及咀嚼。

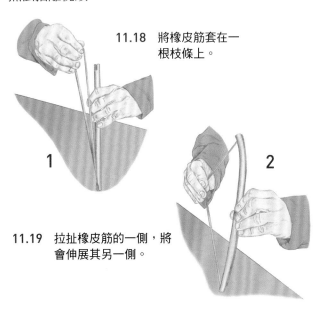

11.18　將橡皮筋套在一根枝條上。

1

2

11.19　拉扯橡皮筋的一側，將會伸展其另一側。

肱三頭肌
Triceps
brachii

肱肌
Brachialis

11.20　雖然她只是舉起餅乾（和前臂）的重量，但因為肱肌收縮，肱三頭肌不得不被拉長。

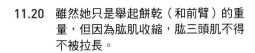

神經

肌張力

　　肌肉張力是在肌腹中由微弱、不自主的收縮所造成的微量被動張力，與肌梭及高基腱器有密切的關係。肌肉「適當」的張力或長度為何？由什麼決定呢？

　　假設你在健身房裡做了很多手臂彎舉，那麼你的中樞神經系統便會將這些持續的屈曲動作視為重塑肱肌、增加整體肌肉張力的暗示。這個過度的張力就像以每分鐘250轉怠速中的汽車，而非一般的每分鐘100轉，此時你休息中的肌肉也彷彿呈現屈曲的姿勢（看看哪些健美人士就一目瞭然了）。

　　由於這樣的過度張力，肱肌原本的靜止長度假如是15公分，則可能會縮短為12公分。當你意識到肱肌的長期屈曲時，你可能會決定伸展一下肘屈肌，但是別太著急，畢竟你的肌梭纖維從中樞神經系統得到訊息是「肱肌應該要有12公分長」（右圖），如此一來，過度的伸展很可能會造成這些組織受傷。為了迴避此牽張反射以便重塑肱肌的肌梭細胞，你必須以緩慢輕柔的方式誘騙手肘周圍的組織，使其接受更勻稱的肌張力。

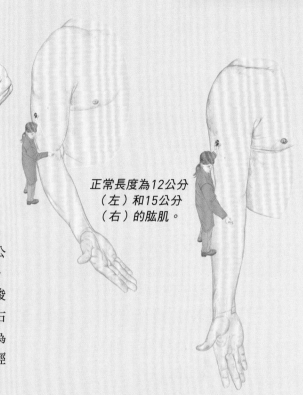

正常長度為12公分（左）和15公分（右）的肱肌。

平衡至上

　　除了肌腹、肌腱以及關節之外，我們也想在你的內耳及顳底的肌肉擺放一些感覺受器。為什麼是這些地方呢？因為我們希望讓你的頭部「改『斜』歸正」。

　　位於耳朵的感覺組織能夠記錄頭部傾斜的角度以及頭骨的直線或旋轉加速度，這些資訊再加上來自雙眼的刺激，將是維持平衡的關鍵。顯然當你的頭部保持水平時，是執行這些工作的最佳狀態（試試看歪著頭走一圈，很快就會發現平衡感整個跑掉了）。

　　保持頭部穩定的是**翻正反射**（righting reflex），一種引導頭骨以下的肌肉無論如何都要使頭部保持鉛直的不自主反應（如左圖）。

　　而位於顱底的枕下肌群則是輔助翻正反射的左右手，我們得在這八塊小肌肉中安置大量的肌梭以及高基腱器，以便進行兩個任務：產生微調頭部的運動、監控頭部的位置。

　　這些針對頭骨的監控相當重要，畢竟全身都是接受頭部的帶領。想想看，當你騎著腳踏車從山坡上向下俯衝時，你的眼睛（及頭部）是指向前方的道路還是你要閃避的樹木就知道了。

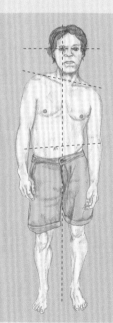

不管身體怎麼彎，頭都能保持正直。

反射動作

　　對人類來說，一些基本的反射動作，例如交互抑制（第164頁），可說是有充分的理由而能深深烙印在演化遺傳中。不小心將手伸到發燙的鍋爐上，**屈肌逃避反射**便（flexor withdrawal reflex）會立刻將手移開。跟所有反射動作一樣，這個即時而無意識的動作源自脊髓，能夠產生屈曲動作使身體某部位遠離疼痛源。而當屈肌接收到收縮的訊號時，「交互抑制」便會使伸肌放鬆，藉此協助進行屈肌逃避反射的保護機制。將右腳趾往圖釘靠過去，在你尚未意識到之前，便已自動將腳趾移開，並將體重移往左腳去。右膝關節及髖關節的屈曲是由屈肌逃避反射所引起，但收縮左腳伸肌以便支撐額外重量的則是**交叉伸肌反射**（crossed extensor reflex），能夠將反射訊息傳遞至身體的對側。

實際操作

運動中的神經肌肉系統

　　這些關於本體感覺受器的介紹可不只是隔靴搔癢，而是能夠在臨床診斷或墊上運動中帶來實質幫助的。怎麼說呢？在實務上，你大概會以改變病患肌肉的「長度、靜止張力或肌力」為主。由於所有人體的運動模式皆是依靠肌肉的收縮（11.21），如此做法也就不難理解了。換句話說：

> 均衡的肌肉
> ＋理想的神經系統結構
> ＝協調的動作

11.21　跑百米跨欄。

　　理論上來說，我們可以利用，甚至是「操弄」前幾頁所介紹之本體感覺受器的特性，來促進病患適當的活動範圍及均衡的姿勢。

　　就讓我們來實際操作吧！我們將進入運動實驗室去檢視各種可能改變病患肌肉狀態的概念及技巧。不過，先來看一些生理學上的現況。

本體感覺準確性

　　如前所述，肌肉很少是完全放鬆的。即使是賴在沙發上睡覺（11.22），身體的肌肉（包括手、腳及全身上下）仍保有少量但持續的收縮。這個主要被設計來穩定關節順位（以及避免脫臼）的背景張力就像汽車的空檔一樣，讓引擎怠速或低速運轉，在需要時則能夠馬上換檔。

　　肌肉張力是可以增加或減少的。來回游個上百趟便能增加（11.23），施打全身麻醉則會減少到幾乎完全沒有。在此我們所關心的是肌腹的靜止張力，像是你在睡覺、躺在按摩椅或手上拿著一本書坐下時的情形。這時，你的肌肉是放鬆的，但仍處於「開機」狀態。

11.22　哪兒也跑不了。

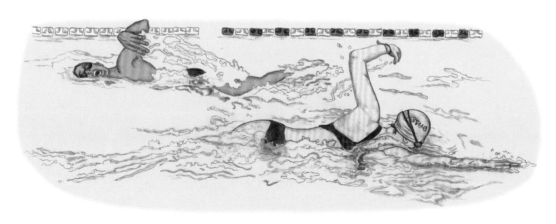

11.23　增加肌肉張力。

神經

從 5 到 8.5 的提肩胛肌

關鍵的問題來了：在這些被動的情況中，肌肉該保持多大程度的待命狀態呢？拿先前的汽車比喻來說，是要以每分鐘 100、200 還是 300 轉的速度怠速呢？其答案會隨著本體感覺受器（肌梭和高基腱器）及中樞神經系統的微調而不斷變動。近期活動、傷病、舊的「肌肉記憶」等等都會影響肌肉的靜止張力。也就是說，你身上的「張力藍圖」會根據感覺輸入與運動輸出之間的神經關係而不斷重新繪製。

舉例來說，假如上禮拜你的左提肩胛肌的靜止張力是「5」。但是這禮拜在你的愛犬過世、幫朋友搬動他大量的石頭收藏（11.24）之後，便提高到了「8.5」。這些心理及生理的經驗將你的本體感覺受器重新送回工作室，再幫你提肩胛肌的靜止張力繪製一張新的藍圖。

這只是當肌肉應該放鬆時卻異常緊繃的一個例子。對你（以及其餘活動過度的現代人）而言，臨床診斷或墊上運動的治療目標或許是「降低肌肉組織的靜止張力」，但事實上，降低某些肌肉的張力，同時增加其他肌肉的張力或許會是更有效的療程（見第 135 頁，「就是那個交叉點」）。

若是肌肉靜止張力能夠在一念之間自由升降，那該有多好！可惜這樣的能力並非在你的意識控制範圍之中。肌梭細胞的長度由中樞神經決定，肌腹的張力也受其影響。肌肉的張力可能適中、過高或過低，這些都是根據姿勢、行為、情緒及動作（也就是生活方式）不斷地調整。

11.24　你朋友大可蒐集奇異的羽毛，可惜偏偏不是。

善用肌肉組織特性

雖然肌肉張力的故事聽起來有點教人氣餒，但還是有希望的。首先，只要應用第 104 頁所列舉的肌肉組織特性，即可達到改變肌肉靜止張力的目的。也就是說，你可以利用肌肉的收縮性及延展性來「調整」肌肉張力。

舉例來說，假如你的菱形肌張力不足，便可藉由收縮使其變短來強化並增加其靜止張力（11.25）。相反地，如果你的前鋸肌張力過高，則可藉由伸展使其變長，回到較輕鬆的靜止狀態（11.26）。

或許你在健身房或上瑜伽課時，便曾做過這些促進張力改變的運動。當你這麼做的時候，負責監管的本體感覺受器即可接收到訊息，知道你想要鼓勵肌肉放鬆。讓肌腹處於縮短、緊繃的狀態下，疼痛接受器遲早會發出信號。重點是：藉由應用肌肉組織的特性，你是可以改變肌腹長度、靜止張力以及肌力的。

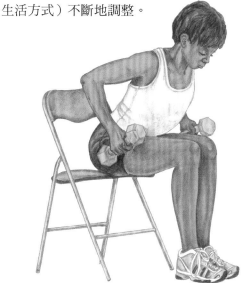

11.25　收縮並強化菱形肌。

11.26　根據肩胛的位置，這個瑜伽姿勢是個伸展或提高前鋸肌張力的好方法。

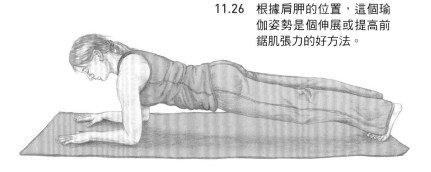

實際操作（續）

牽張反射VS.各式伸展

回想一下，牽張反射（第 160 頁）是肌梭細胞所引起的一種即時反應，能夠「使受到伸長刺激的同一塊肌肉產生收縮」。換句話說，伸展肌肉時，肌梭便會做出啟動即時收縮的反應。這種保護機制存在於任何伸展肌肉的情形，但會受到三個變數的影響：

- **力道**
- **持續時間**
- **速度**

讓我們來測試三種不同的狀況，看看哪一個最接近健康的肌肉組織伸展方式。膕旁肌顯然是作為測試對象的不二選擇。

首先，讓我們來嘗試不同的伸展力道（11.27）吧！若是我們用身體的重量猛壓病患的腿部，使其超過原有的活動範圍，那麼他將毫不意外地痛得哇哇叫。牽張反射在肌肉組織裡響起警報（別忘了它的工作是協助保護），大腿跟著「反抗」，顯然這麼做並非有效的伸展。相反地，如果我們以輕柔的力道使其緩緩伸展、慢慢收縮，則牽張反射將不會有所抵抗，肌肉也可獲得伸長的空間。

第二，改變伸展的期間也有幫助。意思是說，多給肌肉一些時間。如果我們只輕輕伸展膕旁肌一下，則肌梭細胞將無法充分調整至新的長度。但若能維持伸展姿勢達 30 秒或更長的時間，便可促進組織適應新的長度。

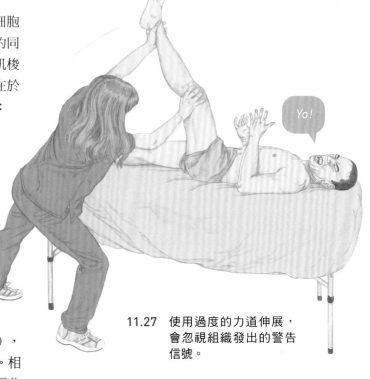

11.27　使用過度的力道伸展，會忽視組織發出的警告信號。

第三，我們應該注意，即便使用的力道很輕，但急速地伸展仍然會使脊髓收到警報而使肌肉對伸長做出抵抗。因此，我們必須降低伸展的**速度**，輕輕柔柔地做就好（11.28）。

完美的變數組合包括移動「慢一點」、力道「輕一點」以及伸展「久一點」。（應該不令人意外吧？）只要能做到這幾點，便可抑制牽張反射，使肌肉組織接受我們施加的伸展。一旦克服牽張反射，這幾點的功效便不言而喻了。

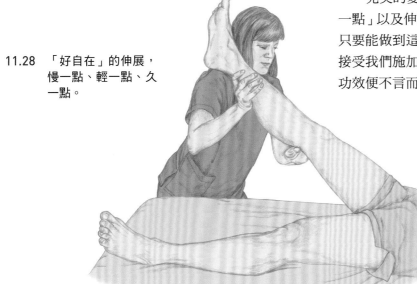

11.28　「好自在」的伸展，慢一點、輕一點、久一點。

善用牽張反射增加優勢

在前一個場景中，你有沒有注意到什麼有趣的地方呢？記得肌梭在面對猛力而快速的伸展時是如何做出收縮反制的嗎？那麼，我們有沒有可能利用這樣的牽張反射動作來完成棒球的揮擊、網球的抽打或足球的射門呢？

做個小小實驗就知道了。讓我們到網球場去打個幾球吧！當球靠近時，你連想都不用想，就本能地快速將球拍向後拉，再猛力向前擊球過網。

這個向後揮臂的擊球準備動作不只產生兩種張力（如第 138 頁所述），更為這個組合帶來第三種：

藉由向後伸展將要向前揮動的肌肉，使肌梭的牽張反射誤信組織將要受傷，於是就在你想要用力向前揮動時，肌肉也接收到「收縮」的保護命令（11.29）。

讓我們試試看不同的擊球方式吧！這次我們不在向前揮拍時先做一個快速向後的準備動作，而是直接往前方擊球。注意這個動作明顯的力量落差，使你很難將球「咬住」，原因不只是透過伸展肌肉所激發的主被動張力被關閉，而且還少了牽張反射所帶來的優勢（11.30）。

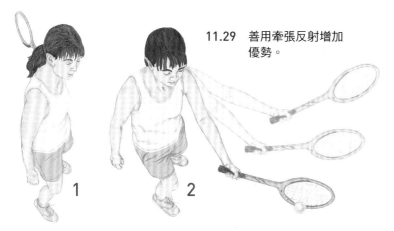

11.29 善用牽張反射增加優勢。

1

2

11.30 沒有向後的預備動作，就不會有被動張力。

透過高基腱器放鬆

由於高基腱器負責的是「探查肌肉張力的改變並做出反應」，因此我們可以利用其功能來放鬆肌肉組織。當肌肉過度緊繃時，它們便會發出「張力過大，請放鬆」的抑制訊息。

讓我們先做一個緩慢、輕柔而不斷施加張力在肌腹上的伸展。（在此我們將進行頸部側彎，伸展上斜方肌。）

當斜方肌感到遭拉扯時，會將這種感覺記錄在肌肉肌腱的結合處，也就是高基腱器的所在。儘管施加於肌腹上的張力尚未構成威脅，不斷監控整個伸展過程的高基腱器仍舊會向肌腹發送抑制（放鬆）的訊號（11.31）。

然而，肌梭（負責探測伸展的「長度」而非肌肉的張力）同時也會偵察到伸長，並且向肌肉發送「收縮」的訊息。

於是我們有第二個更誇張的方式來幫助高基腱器。雖然乍看之下有點詭異，不過我們要做的是把會傳送電流通過肌肉的電極片貼在你身上。這種刺激就像神經電流一樣，能夠誘發肌肉收縮。這種持續的刺激（通常長達 10 分鐘）會施加張力於肌腱，並觸發高基腱器。久而久之，受夠了高基腱器所傳出的「放鬆訊息」後，肌肉就知道該放鬆了。

不過其實我們不用真的自己測試，這個被稱為「電肌肉刺激」（簡稱 EMS）的方法已經被復健相關專業人士成功運用，證明確實有效了。

肌腱這邊有張力了……

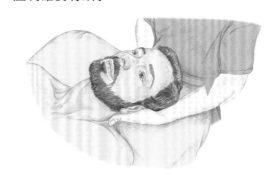

11.31 當頸部側彎時，「內在高基腱器技師」（上圖通電話者）即監控著上斜方肌肌腱的張力變化。

實際操作（續）

等長收縮後放鬆與交互抑制

　　你也許沒注意到肌肉在收縮過後會自然產生放鬆的反應。打個比方來說，如果雞肉一開始的尺寸是「6」，然後緩緩收縮至「4」，那麼在停止用力後，則會放鬆到「6.01」。這樣的運作理論正是**等長收縮後放鬆**（post-isometric relaxation，簡稱 **PIR**）的基礎。

　　想想看：有沒有可能以這個生理現象為前提來設計一套伸直技巧呢？舉例來說，假設你的夥伴呈仰臥姿勢，而你屈曲他的髖關節，拉長他的膕旁肌。

　　我們可以請他短暫地收縮膕旁肌（「緩緩伸直髖關節來對抗我的阻力」），像是 5 秒鐘（11.32）。接著，當肌肉停止用力，而組織的放鬆反應開始時，我們便能慢慢地伸直其膕旁肌超過原本的活動範圍。換句話說，我們能夠善用肌肉本身在收縮後會伸長的神經傾向，打造更長的肌筋膜組織。

　　讓我們再進一步想個更棒的點子吧：有沒有可能把以上方法結合一點**交互抑制**（reciprocal inhibition 簡稱 **RI**）呢？還記得我們在第 164 頁提過，交互抑制指的是「一處肌肉，當其對向肌肉收縮時，會放鬆的神經反射」。有沒有可能讓剛剛那個狀況的拮抗肌（股四頭肌）也參與其中呢？

　　讓我們繼續接著做下去。你的夥伴呈仰臥姿勢，你屈曲他的髖關節，並請他伸直以對抗你的阻力。接著，在他放鬆後，你能夠伸直其膕旁肌達更大的活動範圍。此時，若你再請他收縮股四頭肌會如何呢（11.33）？（「收縮大腿上端的肌肉，緩緩將大腿拉近胸口。」）

　　現在膕旁肌收到了另一個神經訊息：「股四頭肌在收縮，請放鬆。」（理論上，只有股直肌——股四頭肌肌群中唯一與髖關節相交的肌肉在收縮，但其他三塊肌肉仍然能夠伸直膝關節，傳送另一個放鬆的訊息給膕旁肌。）視夥伴的狀況做個二或三組，以促進來自肌肉以及筋膜組織的反應（11.34）。

　　這個結合 PIR 與 RI 的技巧有時被稱為「收縮放鬆拮抗肌收縮法（contract-relax-antagonist-contract，簡稱 CRAC）」。

　　過去幾頁所討論的一些實際應用將有助於引導我們進入下一章有關生物力學的定律及概念。牛頓，我們來了！

11.32
邊動作邊說：「請你慢慢地伸展髖關節，來對抗我的阻力」

11.33
邊動作邊說：「請彎曲你的髖關節」…

11.34
…接著將膕旁肌最大程度地伸展開來。

從小養成的終身模式

觀察正在學習爬上樓梯的小孩，會發現他們總是偏好以特定的某一腳開始每一步。甚至早在出生以前，他們就已經在發展運動的偏好習慣。在他們自己意識到以前，第一次的「姿勢」會成為完整的「動作」，再發展成為「習慣」，最後則是高度熟練的「動作模式」，深深烙印在他們的中樞神經系統中。

儘管後來他們可能會選擇改變其中某些模式（重新編寫的過程可能需耗時數月的持續專注），但若沒有這些模式，他們可能連蹣跚行走都辦不到。那麼，在這個不可或缺的動作模式發展過程背後的機制又是什麼呢？

打個比方或許就清楚了：神經命令就像一條流下山坡的小溪，水量越大，則河道越順、越深，水流越強。同樣地，突觸的路徑也會因使用而強化，由於包裹神經細胞軸索的髓鞘增殖，使得經過這些路徑的神經電流傳導更加迅速。神經肌肉的傳導路線越常啟動，髓鞘化的規模就越大，這樣的關係於是在神經系統中產生正向的回饋。

更重要的是，不僅髓鞘的增殖「拓展河道」，突觸路徑的反覆啟動也引起了分子改變而強化這些連結，就像以水泥鋪設河道，使其流向更加固定一樣。水往熟悉的河道流，神經肌肉系統累積模式的狀況也相同，而這些都將展現在肢體動作上，即所謂的易化定律。

回到小孩身上：雖然他們完全不曉得，但身體一點一滴所養成的習慣將為他們未來的運動特色打下基礎。

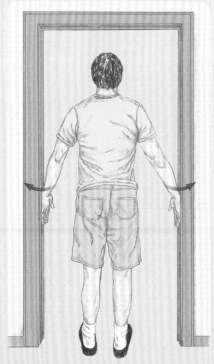

門口的有趣實驗

書讀累了需要休息一下、想親身體驗高基腱器嗎？站在門口，雙手置於身體兩側。接著，將雙手手背抵住兩邊門柱。保持這個肩膀外展的姿勢 30 秒，甚至是一分鐘，再向前一步，讓雙臂休息。你的雙臂應該會感覺特別輕盈，並且自然往外「飄移」成外展姿勢，重現剛剛你在門口所做的動作（如左圖）。

為什麼會這樣呢？某方面來說，剛剛的動作已經造成高基腱器（以及中樞神經系統）誤認這種持續的等長收縮代表新的三角肌靜止張力。更精確地說，你的高基腱器由於肌肉纖維的拉扯而處於張力之下，中樞神經系統判定這樣的張力增高並不構成危險，但其持續卻讓中樞神經系統以為必須重新調整（在此即為增加）三角肌的靜止張力。

同時，中樞神經系統也會傳送抑制（放鬆）訊息至闊背肌以及胸大肌（拮抗肌），告訴它們要放鬆。因此，當你走出門口時，三角肌便已調整適應新的張力。當它們縮短成新的長度時，拮抗肌的阻力便會消失，因為那些肌肉已經被告知要相應放鬆了。

章節回顧問答：神經系統，第二部分

（你可以上網在 booksdiscovery.com 學生專區找到解答）

1. 神經系統中感覺身體在空間中位置的能力稱為？
   （p. 158）
   a. 本體感覺
   b. 截取力
   c. 本體感覺受器
   d. 感覺感受

2. 肌梭細胞主要功能是？（p. 158）
   a. 監控肌肉的牽拉
   b. 決定肌肉收縮的速度
   c. 取決於肌肉收縮的持續時間
   d. 對肌肉施力

3. 關於反射弧何者正確？（p. 160）
   a. 由神經系統決定最有效率的路徑
   b. 由脊髓發出的連續神經衝動
   c. 引起反射動作的神經脈衝路徑
   d. 神經衝動持續的時間

4. 下列何者與高基腱器相關？（p. 161）
   a. 偵測並回應肌肉張力的變化
   b. 回應肌肉長度的變化
   c. 決定肌腱的適當長度
   d. 回應肌腱長度的變化

5. 巴齊尼氏小體：（p. 163）
   a. 偵測肌腱的組織變化
   b. 回應關節的外在刺激
   c. 監測關節周邊快速的壓力變化
   d. 決定關節的動作

6. 在一個神經反射，一條肌肉放鬆，相反地對應
   肌肉收縮的現象稱為？（p. 164）
   a. 本體感覺
   b. 交互抑制 Reciprocal inhibition
   c. 《泰特斯·安特洛尼克斯》（Titus Andronicus）
   d. 魯斐尼氏終器

7. 在肌腹裡微弱、不自主的收縮所造成的微量被
   動張力為？（p. 165）
   a. 軀體 Terra
   b. 痙攣 Spasm
   c. 神經衝動 Impulse
   d. 肌張力 Tone

8. 頭顱以下，不自主地保持頭部鉛直的反應稱為？
   （p. 165）
   a. 顱反射神經衝動
   b. 空間反射
   c. 翻正反射
   d. 頸部平衡神經衝動

9. 均衡的肌肉加上理想的神經系統結構等於？
   （p. 166）
   a. 最大程度的伸展
   b. 協調的動作
   c. 同步的組織
   d. 最大程度的柔軟度

10. 能夠影響肌肉伸展的變數有 ......？（p. 168）
    a. 力道、持續時間和速度
    b. 力道、強度和節奏
    c. 持續時間、強度和速度
    d. 潛能、節奏和動態

11. 肌肉收縮後，會自然產生放鬆的反應稱為？
    （p. 170）
    a. 交互抑制
    b. 等長收縮後放鬆
    c. 離心收縮前收縮
    d. 向心收縮後放鬆

12

生物力學
第一部分

艾薩克 · 牛頓爵士
（Sir Isaac Newton，1642 － 1772），英國
物理學家、數學家、鍊金術士、聖經年表
學家，甚至還會衝浪？

目的

- 解釋動態與靜態的差異。
- 比較骨骼運動學與關節運動學。
- 定義力與力矩；並舉個運動中常見的例子。
- 列出各種與生物力學相關的物理定律，例如：摩擦、向量、速度與動量。
- 描述並指出重力在運動中扮演的角色。
- 統整牛頓三大運動定律與人類運動的關係。

本章精華

塔拉在高中最後一堂的物理課時，把考卷揉成一團丟到馬可老師的桌上。

「物理對我一點用也沒有。」塔拉說。

「塔拉，我記得妳踢足球的吧？」馬可老師說。「我們把妳的這團考卷，就當作一顆球吧。」

他彎起了他的手指，把紙團彈過桌子，彈到她的手上。

「對了，這就是牛頓的第一運動定律的例子之一。」

「真的假的？」她驚訝地問。

「在我彈球之前，球的狀態是什麼？」

她想了一會兒，「嗯 ...... 停在那裡？」

「沒錯，為什麼呢？」

「噢，我知道！靜止的物體傾向維持靜止狀態。」

他從椅子上站了起來。「對！沒錯！然後呢？」

「你彈了紙團，紙團滾動，然後再次停止。」

「啊哈！一個物體 ......」

「...... 如果處於活動狀態，會傾向維持活動狀態。」她接著說。

「妳知道，他們為什麼沒有稱牛頓定律為牛頓的猜想，是有其道理的。如果這並非定律，那麼不只是足球，恐怕全宇宙，都要陷入混亂了。」

她把考卷攤開。「就像我的考卷一樣嗎？」

「好在我的馬可定律說，學習就像長途旅行。明天再交吧。」在我們探索「生物力學」這個物理學的分支前，也請你將馬可定律謹記於心。

◆ 如果塔拉在平坦的平面上，用相同的力量推動和滾動一顆足球，哪一種方式球會滾得比較遠呢？為什麼？

◆ 有沒有什麼是我們身為臨床人員，可以利用重力的例子？

◆ 如果你以為你要抬起一箱裝滿課本的沉重箱子，結果箱子是空的。那會發生甚麼事呢？反過來，如果你原本以為是空箱子，結果是一箱書的時候又會怎樣呢？

生物力學——基本概念

現在你已經擁有一具搭載筋膜、骨頭、肌肉等等而且能夠運動的身體，若是再對運動時會應用到的一些基本物理概念有所認識，那就更棒了。也就是說，我們要來研究一下運動方面的生物力學。

此時此刻，你有很好的理由闔上本書。畢竟關節和神經是一回事，但「物理學」會不會太艱難了？不過在你奪門而出之前，請記得**生物力學**（biomechanics）——與人體直接相關的力學原理，只不過是描述日常活動的另一種方式。

洗手？摩擦力。轉開瓶罐？力矩。以最短路徑穿越舞池與心儀的男女相會？向量。甚至是提起一袋水泥（牛頓第二運動定律）或放下水泥後舉起水瓶就口（第三類槓桿）都有生物力學在背後運作。無論你是動還是靜，這些原理都讓平凡的動作顯得一點也不平凡。

那麼，就讓我們放輕鬆來探究這些運動定律、槓桿及力學原理如何影響我們生活及身體工作療法中的動與靜吧！

首先，我們要先看一些重要的概念。接著，我們要進入牛頓的世界去認識他的三大運動定律。最後，我們再來研究力、力矩、槓桿以及穩定性。

靜態與動態

如同我們在第14頁所討論過的，**靜態**（statics）生物力學處理的是「非運動（或近乎非運動）系統」。右上圖中在其核心床撐起某個姿勢的喬瑟夫‧皮拉提斯（Joseph Pilates）便提供了一個說明「靜中有動」的絕佳例子（12.1）。

動態（dynamics）生物力學針對的是「運動系統」，關注動態的（也就是以可觀察到之速率改變形狀的）身體，以及造成影響的各種力。例如不顧一切縱身救球，可說是活力展現的極致（12.2）。動態生物力學又可再分為「動力學」及「運動學」。

骨骼運動學與關節運動學

我們在第82頁深入討論過兩種關節運動。**骨骼運動學**（osteokinematics）關心的是骨骼移動的路徑，較不為人知的**關節運動學**（arthrokunematics）則是聚焦於關節接合面所發生的動作。當洗窗工人在額平面移動他的肱骨時（「骨骼運動學」），他的肱骨頭正在肩盂窩內旋轉（「關節運動學」）（12.3）。

12.1　在核心床上的喬瑟夫‧皮拉提斯。

12.2　運動裡的動態力學。

動力學與運動學

動力學（kinetics）研究的是「作用於身體而產生或改變運動的力（例如重力、摩擦力壓力）」。舉例來說，大腿按摩的質感（12.4）取決於按壓的力道以及所遭遇的阻力。（是否使用潤滑液？）

相反地，**運動學**（kinematics）則是「以力學的角度（例如時間、空間及質量）針對運動進行分析」。回到按摩床上，在此我們考慮的將會是按壓的速度以及手部相對於腿部的位置關係（人體力學）。

12.3　窗戶清洗作業中。

12.4　按摩膕旁肌。

力

力就像是水果蛋糕：既熟悉又帶點神祕。從早到晚你都看得到、摸得著，例如：推購物車或拉患者的四肢（12.5），但「力」究竟是什麼？我們將在第 182 頁深入探討，目前我們姑且先將力（force）理解為「任何造成物體發生改變的影響」。改變的發生可能有三種形式：「方向」的改變（例如被海浪打翻）、「運動」的改變（當緊繃的結締組織降低了伸

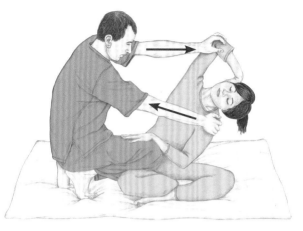

12.5　推拉患者的身體。

展的速度）或「結構」改變（當你把水果蛋糕砸到靴子上）。

無論你是動是靜，力都會「由體外影響組織」或「由體內向外散發」。舉例來說，被大浪襲倒後，重力（外力）會將你拉下水。與此同時，你的肌肉及筋膜（內力）則會使勁拉起自己至水面，以便安然脫險上岸。

12.6　向後伸展的投球準備動作。

慣性與質量

慣性（inertia）是「物體在動態或靜態時對狀態改變的抵抗」。（這個詞經常被用來形容美國國會的狀態，不意外吧？）換句話說，物體會持續它們原有的狀態。例如一顆滾動的球會持續滾動（無摩擦力時），靜止的球則會保持不動。

不同物體所遭遇到的阻力有大有小，這時候就牽扯到**質量**（mass），也就是「物體所含物『質』的『量』」了。所有物體（足球、房舍、小雞）都有質量，而物體所含的質量越大，則對狀態改變的抵抗能力就越大。壘球的質量比鉛球小，慣性也較小，因此能夠拋得又快又遠（12.6）。相反地，鉛球的質量較大，抵抗改變的慣性也較大，丟擲的距離就比較短（12.7）。慣性與質量在牛頓第一運動定律中皆扮演重要的角色（第 178 頁）。

12.7　擲鉛球。

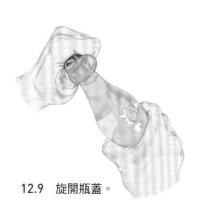

12.9　旋開瓶蓋。

力矩

力矩（torque）是帶有轉動的力。力是直線的拉或推，而力矩則是「使物體繞著轉軸旋轉」。轉動扳手鎖緊螺栓、旋開瓶蓋或活動病患的踝關節時，你都在製造力矩（轉力）以便達成目標動作（12.8、12.9）。而你大概也猜得到，力臂的長度（扳手握把、手指或手臂）會影響你所能產生的轉力大小。我們在第 185 頁會針對這個概念有更深入的討論。

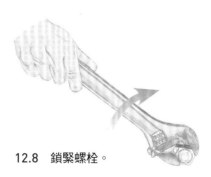

12.8　鎖緊螺栓。

生物力學——基本概念（續）

向量

12.10

電影《空前絕後滿天飛》（Air-plane!）中的經典台詞「你的航向動力為何，維荷？」（What's your vector, Victor?）指的是噴射機的飛航方向及動力大小（**12.10**）。

向量（vector）其實就是「帶有方向與大小的力」，一架起飛的噴射客機便包含這兩項性質（例如帶著大量推進力朝西前進）。

所有的力，包括肌力，都是向量。例如當你的膕旁肌收縮時，便可沿著肌腹的方向畫出一個向量箭頭（**12.11**）。雖然這個箭頭代表的主要是肌力的方向（而非大小），但仍可作為理解肌肉拉力線（第130頁）的方便工具。在做空手道的側掌劈時，可畫出好幾條沿著不同肌肉的向量線（**12.12**）。

摩擦力

摩擦力是個很有趣的東西，你需要它才能移動，但在移動的過程中它卻又會拖慢你的速度。舉例來說，當你走過被奶油弄髒的木質地板時，幾乎感受不到任何摩擦力。但若你穿著羊毛襪試圖走過魔鬼氈，那可就是舉步維艱了。

摩擦力（friction）是「兩個相對接觸面移動的阻力」，在點火柴（介於手指、火柴與火柴盒之間，**12.13**）或跑步（介於腳、鞋與地面之間）時被視為身體外的力，不過同時也是身體內重要的角色，例如在咀嚼食物（牙齒與食物）、運動關節（關節面與關節液）以及拉動肌筋膜組織（貼著彼此滑動的組織層，**12.14**）時。

速率與動量

拿支測速槍對著在稀樹草原上奔馳的印度豹，測得的時速可高達120公里。不過，要判定其**速度**（velocity），也就是其「位移的速率」，必須結合其速率以及運動方向。速率是物體移動得有多快，速度則是速率再加上方向。

印度豹在追逐獵物的過程中不斷調整其速率及方向，鮮少維持「等速度」（**12.15**）。你與你每天所進行的動作也是這樣，總是不斷在步調及方位上變化著。

不過，你當然是可以沿著筆直的鄉間道路以始終如一的步速前進，藉此達到等速度。但若一陣風從你身後吹來而使你加速，便失去等速度了。此時，你將獲得**動量**（momentum），也就是「質量與速度的乘積」。在此例中，你的質量保持不變，但獲得額外的速度，因此動量便增加了。即便是慢吞吞（時速0.24公里）的三趾樹懶（**12.16**）仍然擁有速度，當然也就能產生動量，儘管兩者皆微乎其微。

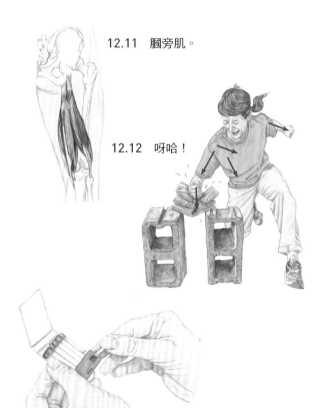

12.11　膕旁肌。

12.12　呀哈！

12.13　介於手指與火柴、火柴與火柴盒之間的摩擦力。

12.14　介於手部與皮膚／皮下組織之間的摩擦力，使背部的肌筋膜組織得到舒展。

12.15　一隻印度豹。

12.16　一隻樹懶。

生物力學

重力

　　重力（gravity）是宇宙間主要的力之一，對人體運動的影響勝過其他所有因素的總和。重力是「將物體往地心吸引的力」（與月球做比較，12.17），彷彿與生俱來且無所不在，因此忘記其存在也是情有可原。不過，在人行道邊緣滑倒後透過身體組織傳來的陣陣疼痛，即可馬上喚醒你對重力的記憶。

12.17　在月球上的重力較小，因此步伐較高而大。

　　我們就跟其他動植物一樣，無時無刻不在與重力拔河。就算是水平橫躺，身體的結締組織也會被拉往地心。當人類在許久前選擇站立之後，似乎讓與重力之間的戰況更加激烈，但透過不斷演化，我們也發展出善用重力（以及其他特性，例如動量）來幫助運動的方法，由手臂與腿部的擺動即可見一斑。

與重力順勢、逆向或垂直交叉

　　所有的力——重力、摩擦力、風力及水力，都會影響身體的方向及速率。順著從背後拂來的微風走下山，便能感受到重力及氣流如何使你的動作加速。一邊逆流而上一邊用假蠅釣魚，則會發現水流及其動量如何減緩你的速度。倒轉涉水的方向，方才的阻力即變成助力。一般說來，重力及阻力是會減慢動作的。

　　有此認知後，接下來要注意的是身體相對於重力的方向對運動時肌肉收縮的種類大有影響。抱起哭鬧的小孩這個動作是與重力的方向相反（12.18），主要包括一系列的「向心」（縮短）收縮，尤其是股四頭肌、臀肌群、豎脊肌以及肩膀後的肌群。

　　當你抱著小孩安撫她時，肌肉進行的是「等長」收縮（不變短也不伸長），與不斷拉扯的重力相抗。當小孩的情緒穩定後，要將她輕輕放下時，所進行的則是與重力方向相同的「離心」收縮（伸長）。

　　當然了，你的姿勢——俯臥、仰臥或倒立，也會改變重力對身體的影響。例如以站姿進行側屈時，右側腰方肌幾乎完全沒有作用（12.19）。

　　但試試看往左側躺再做同樣的動作，肌筋膜組織的使力情形將完全不同。（12.20）

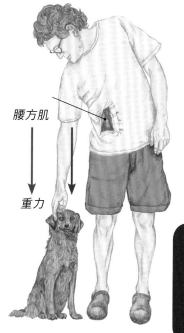

腰方肌

重力

12.19　傾身撫摸愛犬的動作與重力同方向，此時其右側腰方肌幾乎沒有任何作用。

重力

12.18　我想下去！抱起小孩的同時須與重力的拉扯相抗。

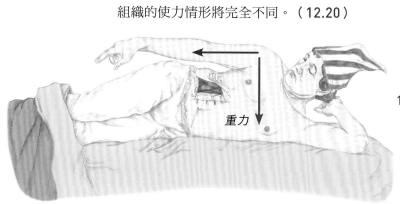

重力

12.20　伸手向下抓取毯子的動作需要動員肌肉來對抗重力，此時其右側腰方肌將完全收縮來側屈及脊椎軀幹。

運動定律

當牛頓提出（或者說是發明）他的三大運動定律時，腦子裡想的並不是肌肉與骨骼，他所關心的是天體，而非人體。沒想到，他的論點不但適用於地球、月球及太陽，對我們的身體組織也有同樣的影響。作為古典力學的基礎，這三大運動定律描述的是「作用於物體上的力以及這些力所導致的運動之間的關係。」（那人體運動呢？）

12.21　衝向一道牆壁。

生物力學

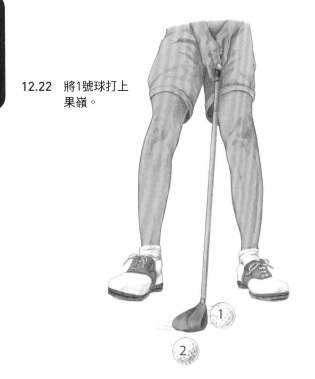

12.22　將1號球打上果嶺。

第一運動定律：慣性定律

假設你正穩穩地沿著一小路慢跑著。在路的盡頭，看都沒看就轉了彎，結果發現一堵牆突然出現在眼前。你可能會試著用肌肉撐住、定住腳跟來「煞車」，不過往往還是無可避免地會撞上這道牆。（12.21）。

這則滑稽的故事說明了**牛頓第一運動定律**，或稱**慣性定律**（Law of Inertia），也就是「靜止下的物體傾向保持靜止，運動中的物體則傾向保持運動」。我們在第 175 頁討論過，所謂慣性指的就是物體慣於保持其原有狀態的特性。在此例中，你是處於運動中，而牆壁則是靜止的。

為了要對抗物體慣性，我們需要反作用力。這道力量能讓我們停下來、移動或是換個方向。在上面的例子中，你的動量被來自牆壁的一道力量改變了（而且還是以非常殘酷的方式）。從這個例子中你也可以了解，慣性如何抗拒改變，以及為什麼你沒有在撞到牆壁之後，直接穿過牆壁。（因為牆壁的質量比你大的多，要改變牆壁的慣性非常困難，此時你的身體正在減速，更是不太可能直接撞穿過去。）

讓我們重新倒帶回去，並且把你換成魁梧的美式足球選手迪克·布特庫斯（Dick Butkus），把牆壁換成小山羊。彼此相對的慣性對調後，一碰之下，布特庫斯將把小山羊撞飛到半空中去。

讓我們來看看本定律的另一個例子。將兩顆高爾夫球排好，小心將 1 號球打上果嶺。當 2 號球在原地保持不動（「靜止下的物體傾向保持靜止」），球桿的力量則將 1 號球推往球洞（「運動中的物體傾向保持運動」）。若是將所有阻力移除，例如重力、摩擦力及空氣阻力，則 1 號球將永遠不會停止前進（12.22）。

牛頓第一運動定律看起來是如此天經地義，你可能會想這值得如此討論嗎？不過，這個簡單的概念卻解釋了活動度及穩定度。試想看看，若是將此定律翻轉，「靜止下的物體傾向運動，而運動中的物體傾向靜止」，將會產生什麼樣的動作呢？科幻小說的世界要崩解了吧！

在一些較嚴重的狀況，例如急煞或猛衝的車輛中，第一運動定律將對頸椎造成殘酷的傷害。舉例來說，當你暫停在馬路上而遭後方來車追撞時，甩鞭動作所造成的頸部扭傷便是「靜止下的物體傾向保持靜止」的最佳寫照。不幸的是，在那短短的幾毫秒中，你的身體軀幹被汽車座椅推向前（如左圖），這些不同的慣性（移動中的身體、靜止下的頭部）使頸椎猛然伸直，緊接著（因稍後會提及的牛頓第三運動定律）又向前甩成屈曲（如右圖）。

第一運動定律造成頸部扭傷，先是頸椎過度伸直，接著……

……頸椎過度屈曲。

第二運動定律：加速度定律

大雪紛飛，而你的車被困在一團泥濘當中。幸運的是，另一輛車停了下來，跑出三名大漢來幫忙。在你控制方向盤時，他們緩慢地將你的小豐田推回道路。向他們道謝後，便小心翼翼地驅車前往目的地（12.23）。

此時此刻，你該表達感激的對象還有**牛頓第二運動定律**，或稱**加速度定律**。（Law of Acceleration）本定律與油門無關，而是強調**力**、**質量**以及**加速度**之間的關係。

牛頓第二運動定律表示「物體的加速度與其所受的力成正比、與其質量成反比，而加速度的方向則與力施作的方向相同」。

這到底是在說些什麼呢？有些人推（力）你的車（質量），於是車子順著他們施力的方向移動（加速度）。

讓我們再想得更深入一點。還記得嗎？**力**是「導致物體改變狀態的任何影響」。因此，當三名大漢共同施力，車子於是動了起來。**質量**：物體所含物「質」的「量」，則與你的車子有關。幸運的是，這幾位熱心的大漢遇到的只是一輛小車，所含的質量不大。**加速度**：物體隨著時間而改變的速度，由你的車被從泥濘推回路上便可見到了。

現在我們來看看，如果改變這個故事中的某些變因，會發生甚麼事情。例如，我們把這臺小小的豐田小車換成兩噸重的悍馬車（12.24）。推車的三個人，給予一樣大小的力，但悍馬車實在是非常的重。雖然他們盡全力的推了，但輪框動都不動一下。車子的加速度大量減少。換句話說，即便給予同樣的力量（一樣三個人推），物體重量增加（悍馬車）。加速度會大幅下降。

但如果現在換成 UCLA 美式足球隊。十個全副武裝的大漢來推推看（12.25）。即便悍馬車的質量大幅增加，他們還是能夠給予足夠的力，將車子推回馬路上。我們很清楚地可以看到增加施力，會提升加速度的現象。

12.23　三名大漢成功將豐田汽車推了出來。

12.24　三名大漢推不動一輛悍馬車。

生物力學

運動定律（續）

本定律的第二部分告訴我們「加速度的方向與其合力的方向相同」。舉例來說，若你將一顆巨大的雪球滾向「南邊」，那麼它便會滾向……南邊。若是該雪球原本就在滾動，那麼一點輕微朝向西南的觸碰（推或拉）都將改變其行進方向。乍聽之下，你也許會脫口而出：「不會吧！」那麼就想像有一個與我們相反地平行宇宙，當你企圖讓病患的肩膀屈曲時，它卻莫名地外展或伸直。科幻小說的世界又要崩解了。

讓我們回到高爾夫球課去看看若是將高爾夫球換成保齡球，那麼本定律將如何作用。由於質量增加，因此需要更大力量揮桿，才能產生同樣的加速度（12.26）。再換回標準尺寸的高爾夫球，並以方才打保齡球的力量揮桿。如此巨大的力量施加在小小的質量上，將會造成更大的加速度（讓你落到粗草區）。

如果你想看看牛頓第二運動定律如何作用於你的身體組織，就等等電視廣告吧！當你從沙發上起立成站姿時，你的肌肉（數道力）將拉扯骨骼及筋膜（質量）於四肢產生運動（加速度）。本定律的後半段則是確保你的加速度會將你送到目的地——廁所而非廚房。

12.25 加州大學洛杉磯分校的美式足球隊完成了推車的工作。

12.26 這會痛死吧！

12.27 汪洋中的一片槳。

第三運動定律：作用與反作用定律

你將一艘獨木舟放進湖中。湖面平滑如鏡，而隨著船槳每一下划動，都有一陣漣漪劃過小船（12.27）。你朝著湖中央小小的浮塢划過去，由於獨木舟或浮塢皆非繫泊在固定的地方（像是岸邊），因此當你笨拙地從小船爬上浮塢後，它們便會漸漂漸遠（12.28）。安然位於浮塢上，你聽見一隻潛鳥飛過頭頂。如果那隻鳥是牛頓的化身，那麼他也許會說：「每一個作用都有一個力量相等而方向相反的反作用。」

這正是**牛頓第三運動定律：作用與反作用定律**。換（Law of Aciton-Reaction）句話說，每當一個物體推另一個物體時，另一個物體便會以同樣的力量推回去。作用與反作用的力量相等、方向相反。

這條定律其實在前幾例中便已出現。首先，以槳划水時，船槳會感受到水流傳來相等而相反地感覺（若是沒有水流的反作用力，你大概還在岸邊）。某種程度來說，水流及出力的你正在彼此互推，而當你順利「前進」後，水流則旋轉「向後」。

同樣一條定律也適用於當你試圖跳上碼頭時。關鍵的一刻發生在你一腳踏在船裡、另一腳落在浮塢上（12.28），隨著你船上的後腳一踢，重量比碼頭輕上許多的獨木舟於是漂然而去。

由此例可見我們是如何將牛頓第三運動定律視為理所當然。每當我們想要跨步，也就是將身體推離某處，便需藉由推擠地面來完成，我們不知不覺地確信地面會反推回來使我們離開。不過，此例中的「地面」（獨木舟）具有與你的身體類似的慣性，而且水面對於受力後之船身的摩擦力非常有限，結果就是兩者皆加速（牛頓第二運動定律）遠離對方。

到公園散個步，你便會見到牛頓第三運動定律的無所不在。首先，在公園「散步」這個簡單的動作：雙腳推向地面、地面推回雙腳，便是一例。而在草地上放風箏的男孩也不簡單（12.29），作用與反作用的拉拔不只發生在其雙手與風箏線，也存在於風箏與風之間。停下腳步看看籃球場上的鬥牛賽，注意躍然於運球手與籃球間的作用與反作用（12.30）。散步結束後，走進一堂皮拉提斯課，在裝滿彈簧的核心床上感受一下肌肉及筋膜的作用與反作用力吧（第174頁）！

12.28 試圖跳上未繫泊固定的平台。

12.29 放風箏。

12.30 籃球場上的作用與反作用定律。

力學深究

我們在第175頁曾經簡單描述過「力」，現在讓我們再進一步探究吧！如前所述，力是「任何造成物體發生改變的影響」。要產生力，必須要有一個物體（如拳頭）作用於另一個物體（例如吊袋）。我們從第31頁關於結締組織的討論中得知，力的形式可以有「推」或「拉」（扭力、剪力等其他力只是隨著環境不同所產生的變化）。

當兩個物體以大小相同的力推向或拉離彼此時，結果會是靜止不動（12.31、12.32）。但若其中一力大於另一力呢？瞧！有動靜了。值得注意的是，力的來源可以是體內（肌肉、筋膜、骨骼），也可以是體外（重力、摩擦、風）。

在接下來的例子中，我們將會同時見到這兩種。

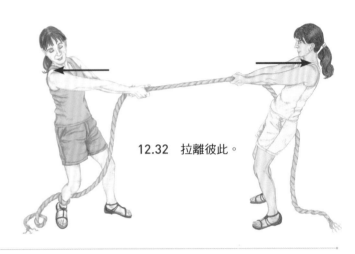

12.32　拉離彼此。

12.31　推向對方。

複習：力與向量

在我們深入研究這三種不同的系統前，首先要先知道力（會讓物體產生某種變化）是一種向量。而向量（我們在第176頁有討論過）由方向和量組成。例如，你其實也常常用向量的方式為朋友報路：「向東走兩個街區。」此處的「向東」就是方向，「兩個街區」就是量。

每一道力除了這兩種特性（**量**與**方向**）外，還有一個**作用點**。改變這三個特性中的任何一點，都會改變運動。

想像一艘拖著接駁船的拖船。托繩的張力代表了該向量的力量（M）。拖船的移動軌跡就是向量的方向（D）（12.33），纜繩與接駁船連結的地方為施力作用點（A）。

當你僅靠腳趾站立的時候，從解剖學的結構上就可以看出用力的程度（12.34）。小腿三頭肌的張力也就是這個向量的大小，小腿肌肉拉力線，就是這個向量的方向（D）。施力作用點則位在後跟骨（A）。

接下來我們也可以用力的這三個面向，分別出三種不同的力系統。

- **線性力**
- **平行力**
- **共點力**

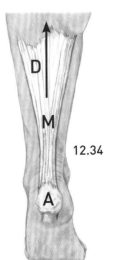

12.34　蹠屈足部可以看出施力向量的量。

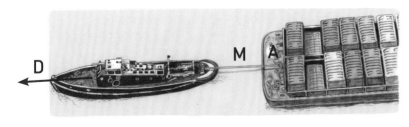

12.33　拖船應用了方向、力量和施力作用點來拖動接駁船。

線性力

當你幫仰臥的病患進行頸椎牽引治療時（12.35），就是一個**線性力**（linear force）——所有力皆發生在同一條拉力線上的好例子。牽引動作在此是藉由你的雙手向自己移動所引起，而頸部（透過組織內部張力）則在同一條拉力線上對你的牽引做出抵抗。

線性力可作用於同向或反向，也可能產生張力或壓力。在上例中，你的雙手所產生的便是「張力」（在此為對頭部的拉力）。

當你幫仰臥的病患屈曲其髖部及膝蓋時，也可見到線性力的發生（12.36）。現在，你可以站在病患腳邊推擠他的組織，產生在同一條作用力線上的力。

平行力

接著，讓我們來看看肩部吧！這次你站在病患的側邊，一手壓在肩部上方，另一手則掌心向上置於肩部下方。當你以相反方向施加壓力時（上方的手按壓肩窩，下方的手則由側邊向上拉），所產生的便是平行力（12.37）。

平行力（parallel force）「作用於同一平面，且互相平行」，方向可以相同或相反。但總是相互伴隨著彼此，或是作用在不同的深度（就像你的手在以上的那些情境中一樣）。在解剖學上也能找到平行力（而且是朝同方向作用）的例子，例如膕旁肌的收縮（12.38），便是與位於同一個平面的肌腹一起用力，以同一個角度驅動膝關節。

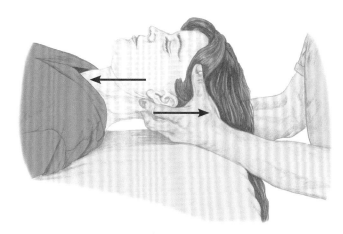

12.35　頸椎牽引。

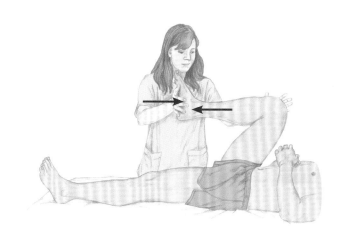

12.36　線性力。

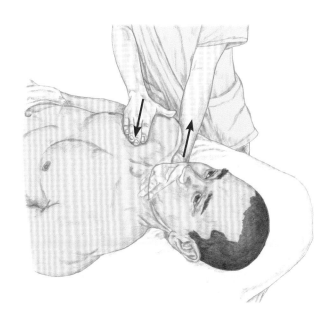

12.37　平行力：在肩部的對側施加壓力。

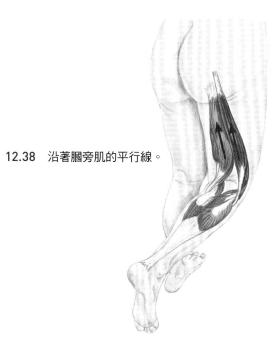

12.38　沿著膕旁肌的平行線。

力學深究（續）

當平行的兩道力往不同方向移動，就會造成扭轉的力量，稱為**力偶**。轉動方向盤就是一個每天都可以看到的好例子（12.39）。

在肌肉骨骼中常見的力偶，例如當斜方肌和前鋸肌同時作用在肩胛骨，會造成肩胛骨上旋（12.40）。斜方肌的上部肌纖維，將肩胛骨向上拉，下部纖維則向內拉，前鋸肌則將肩胛骨向外拉。將這些動作結合後，會造成肩胛骨向逆時鐘轉。當腹內斜肌與腹外斜肌往不同方向收縮，使身體順著脊椎扭動時也是一種力偶的作用（12.41）。

共點力與合力

假設你讓你的患者，站在治療床旁外展髖關節。此時臀中肌主導著髖關節的運動，產生了**共點力**（common force）（表示兩個或更多力作用在同一個作用點，往相同的方向拉）。

臀中肌的三大部分（前、中、後肌纖維）會產生**合力**（resultant force）（將兩個或更多的力合在一起的淨力）。最終會導致髖關節外展（12.42）。

全身各地都可以看到共點力的作用，並不只有像胸大肌和三角肌這樣有聚合纖維的肌群，在旋轉袖肌群和股四頭肌也看得到。

根據動作的不同，一道共點力也能合在一起，創造出不同的合力。例如，伸手跨過桌子去拿筆，需要前三角肌用力拉動，但後三角肌放鬆（12.43）。不只是單單將手臂往外側抬起（此時前後的三角肌同等收縮），肌肉的合力最終將手往前、往外拉（結合伸直與外展），好讓手抵達正確的位置，拿到筆。

生物力學

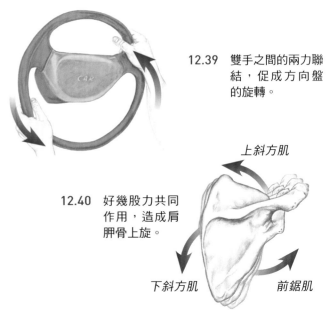

12.39 雙手之間的兩力聯結，促成方向盤的旋轉。

12.40 好幾股力共同作用，造成肩胛骨上旋。

上斜方肌

下斜方肌

前鋸肌

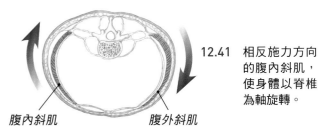

12.41 相反施力方向的腹內斜肌，使身體以脊椎為軸旋轉。

腹內斜肌　　　　　腹外斜肌

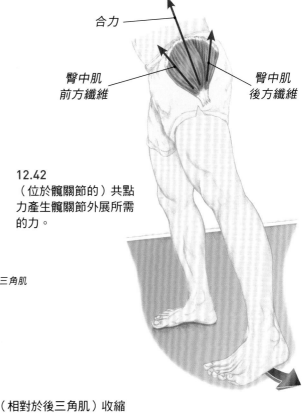

合力

臀中肌前方纖維

臀中肌後方纖維

12.42（位於髖關節的）共點力產生髖關節外展所需的力。

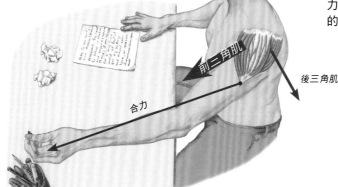

前三角肌

合力

後三角肌

12.43 前三角肌的（相對於後三角肌）收縮較強，使手臂朝對角移動。

力矩深究

前幾頁所介紹的力一般都侷限在直線的範圍內作用，但人體運動，你或許也已經想到，其實是以環狀、螺旋及輪轉為根本。因此，我們便需要**力矩**，一種「使物體繞著支點旋轉」的力。

讓我們回到治療床上，繼續被動屈曲及伸直病患的髖關節（12.44）。在進行這個動作時，你正在產生一個力矩（旋轉力），使股骨頭繞著關節支點旋轉（12.45）。

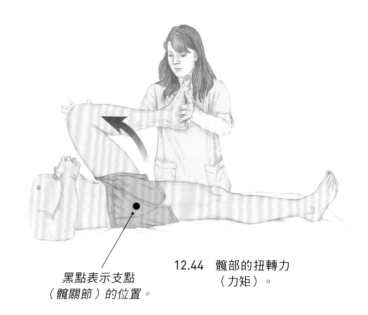

12.44 髖部的扭轉力（力矩）。

黑點表示支點（髖關節）的位置。

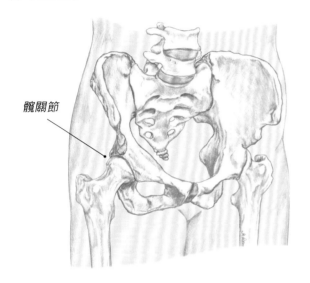

髖關節

12.45 骨盆的前／側視圖。

旋轉動作依靠下列兩個重要的因素：

- 力道大小
- 力與支點的距離

舉例來說，想像一下只用兩根手指（很少的力）來轉動扳手，或是要轉動一支把手很短（距離支點太近）的扳手（12.46），兩者都不是產生運動的有效機制。

讓我們將旋轉動作的兩個要求應用在病患的髖關節上吧（12.44）！首先，你需要「產生足夠的力」來舉起整個下肢（出乎意料地重），並且抓住腿部，讓你能夠活動部分力矩以旋轉關節。

為此，你不會只用置於病患大腿後側的單手來舉，這樣無法產生力矩；或是力量太小、太靠近支點。相反地，你必須使用兩條手臂的力量，並且抓住膝蓋及腳踝（更大力或更遙遠）（12.44）。

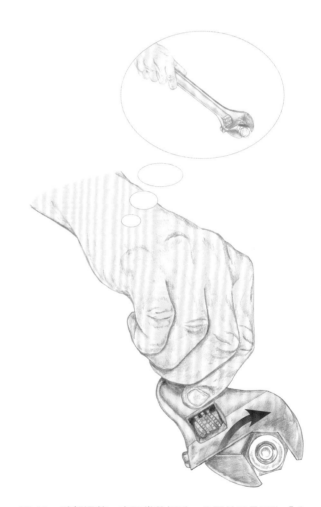

12.46 手部渴望一支正常的扳手。此圖的工具因為「力量」（手部）到「支點」（鉗口）的距離過短，所以很難產生力矩。

* 力矩（Torque）又稱為moment of force。

力矩深究（續）

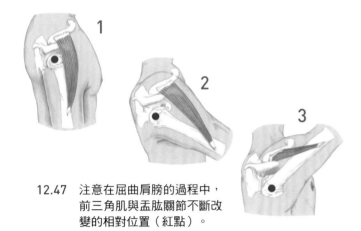

12.47 注意在屈曲肩膀的過程中，前三角肌與盂肱關節不斷改變的相對位置（紅點）。

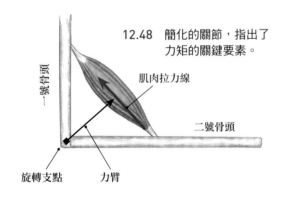

12.48 簡化的關節，指出了力矩的關鍵要素。

一號骨頭

肌肉拉力線

二號骨頭

旋轉支點　　力臂

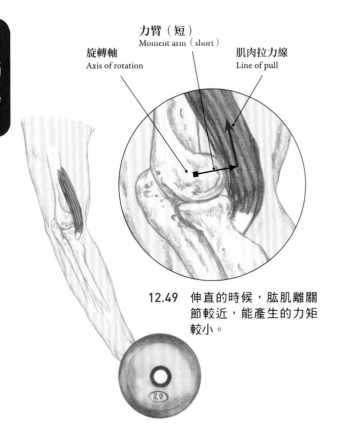

力臂（短）
Moment arm（short）

旋轉軸
Axis of rotation

肌肉拉力線
Line of pull

12.49 伸直的時候，肱肌離關節較近，能產生的力矩較小。

延續前頁的內容，力讓物體沿著支點轉動是因為產生了力矩。那麼現在試著將這個概念應用在關節和肌肉上吧。狀況是：你身上多數的關節，都能做出某種程度旋轉的動作。例如屈曲你的膝蓋、伸直你的手指、轉動你的頸部，這些都與關節轉動有關。更明確地說，肌肉收縮會產生力，然後以關節為中心，產生力矩。

記住這個觀念後，還有一件事情也別忘了。肌肉與關節的相對位置，在運動的過程中，也會不斷變化。

例如，你的肩膀屈曲角度超過180度，前三角肌的長度會因為盂肱關節而有所改變（12.47）。也因為相對關係不斷改變，過程中所產生的力矩大小也會不斷改變。

我們可以更進一步檢視這些關節的結構，了解它們和力矩的關係。我們的簡化關節（12.48）由一條**拉力線**（line of pull）（穿過肌腹，第130頁）與**旋轉軸**（axis of rotation）（關節中心）組成。結合在一起就會形成**力臂**（moment arm），也就是肌肉拉力線和旋轉支點的垂直距離。

正如前面所述，關節力矩的大小取決於（1）肌肉的力量（2）作用點與旋轉中心的垂直距離。這段距離會在關節運動的過程中，不斷改變，當然也會不斷造成力矩改變。跟槓桿的組成一樣，當拉動關節的拉力線與力臂交角為90度時，此時的力矩是最大的。但當交角大於或是小於90度，那麼力矩就會開始變小。

讓我們來看看肱肌吧！當手肘伸直時，肌腹相當靠近肱尺關節（12.49），這樣的位置造成短的力臂。不需要計算，就看得出來肱肌在伸直的位置時所能產生的力矩較小。

同樣地，在完全「屈曲」的位置時，肱肌所含的旋轉力量也有限（12.51）。然而，當關節呈90°時，其力臂將會是「最長」，能夠產生最大的力矩（12.50）。（這點跟我們在第137頁的討論不謀而合，也就是肌肉如何靠著肌小節在中段的位置產生最大的力量。）

現在，你可能會有點好奇，為什麼力臂的長度（作用點到旋轉軸的垂直距離）會對肌肉造成這麼大的影響。畢竟這只不過是從某個點移到另外一個不遠的點。但實際上這麼小的差距不只改變了肌肉的生物力學位能，也改變了肌肉在關節上作用力的類型。

例如，在肱二頭肌舉啞鈴的時候，仔細觀察三種不同的力，如何影響手肘的關節。動作剛開始的時候，此時手臂完全伸直，肌肉所產生的力多半為**穩定力**（12.52，A圖）。肱二頭肌的止點在關節的後方，將兩根骨頭拉近。

當肱二頭肌開始彎曲手臂的時候，用在穩定的力氣越來越小，增加不少**角向力**。接著肌肉用力的目的在於將尺骨拉到肱骨的末端（12.52，B圖）。舉到一半的時候（此時大約90度），二頭肌的力臂最長，所有的力量都集中在旋轉關節。

過了90度之後（舉啞鈴的後半部動作），作用力又再次改變。現在變成**脫位力**，肌肉的用力又會遠離關節（12.52，C圖）。

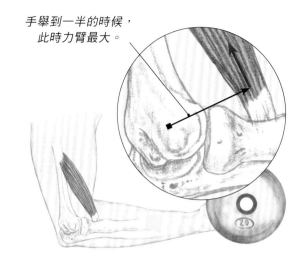

手舉到一半的時候，此時力臂最大。

12.50　成90°時，位於偏向力模式的肱肌能夠產生的力矩最大。

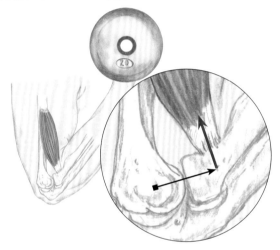

12.51　屈曲的姿勢跟伸直時一樣，都會將肱肌拉近關節，產生的力矩較小。

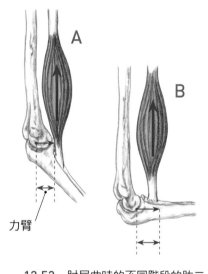
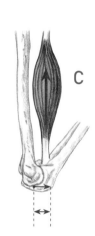

A

B

C

力臂

12.52　肘屈曲時的不同階段的肱二頭肌。肌肉的施力，也會隨著關節運動而改變。

為了要決定一塊肌肉在運動過程中，製造比較多穩定力還是角向力（如上方圖片）。我們必須重新思考肌肉的設計和位置。舉例來說，因為喙肱肌的走向及其與盂肱關節的距離近（短力臂），所以對於穩定肩膀的肱骨頭相當重要。

另外像是股四頭肌也是一個會產生角向力的例子，但需要部分仰賴髕骨才能達成。髕骨包在股四頭肌遠端的肌腱中，這塊種子骨負責將肌腱舉離股骨。增加的距離雖然只有一點點，但增加了力臂和肌肉的拉力線（如右圖）。因此股四頭肌在股骨末端，能夠有更大的角向力，拉動脛骨。

如果膝蓋沒有髕骨（如遠處的右圖），力臂就會變小，肌肉的拉力線就會更靠近支點，股四頭肌多數的力氣就會是穩定力，而非角向力。

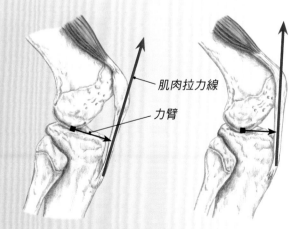

肌肉拉力線

力臂

股四頭肌在有髕骨（左）和沒有髕骨（右）的時候，力臂的差距。

章節回顧問答：生物力學，第一部分

（你可以上網在 booksdiscovery.com 學生專區找到解答）

1. 生物力學的定義是？（p. 174）
   a. 哺乳類生物的物理定律
   b. 與身體直接相關的運作機械原理
   c. 生物與科學的各種機械面
   d. 和人體運動相關的生物學原理

2. 一道力可以造成什麼改變？（p. 175）
   a. 方向、動作與結構
   b. 方向、穩定度與力量
   c. 穩定度、活動度與功能
   d. 動作、結構與功能

3. 讓球滾動的時候如果沒有任何阻力，則不斷向
   同一個方向運動，是什麼的作用？（p. 175）
   a. 質量
   b. 力矩
   c. 慣性
   d. 重力

4. 對抗兩平面間的相對運動的力為？（p. 176）
   a. 向量
   b. 摩擦力
   c. 靜態生物力學
   d. 動態生物力學

5. 下列哪一個因素對你的動作影響最大？
   （p. 177）
   a. 柔軟度
   b. 重力
   c. 力量
   d. 時間

6. 衝向一片磚牆能夠描述牛頓三大運動定律中的
   哪一個定律？（p. 178）
   a. 慣性定律
   b. 作用與反作用定律
   c. 加速度定律
   d. 活動度定律

7. 哪些是牛頓第二運動定律的關鍵因素？（p. 179）
   a. 質量、向量與重力
   b. 力、重力與光
   c. 向量、重力與加速度
   d. 力、質量與加速度

8. 走下未固定的獨木舟或是踏上不穩的船板，驗
   證了……？（p. 181）
   a. 向量與力的關係
   b. 作用與反作用
   c. 加速度與減速度
   d. 力與穩定度

9. 作用力可被分為哪三種系統？（p. 182）
   a. 環狀力、附屬力、條狀力
   b. 線性力、垂直力、向量
   c. 線性力、平行力、共點力
   d. 矩形力、同步力、區域力

10. 轉動扳手是哪個選項的例子？（p. 185）
    a. 力矩
    b. 重力
    c. 向量
    d. 力

13

生物力學
第二部分

目的

- 定義並列出人體可以找到的三種槓桿。
- 為每一種類型的槓桿舉個例子。
- 解釋為什麼穩定性對於動作相當關鍵。
- 定義並解釋平衡狀態。
- 用圖畫表達一個常見的平衡動作。

本章精華

　　大概在三萬年前，一位舊石器時代的工匠正在苦思要怎麼結合一顆石頭、棍棒和一些動物的皮毛。幾千年後，我在五金行的工具區閒逛。我們都拿了一把槌子，可是其實我們需要的是一個槓桿。

　　原始人類曾經對於槓桿的定義（一種機械構造，使力量具有舉起一件物體的能力）相當困惑。直到他們在手上把玩槓桿之後，一切便了然於心。直到現在，我們的生活到處都有槓桿的存在：在工房、家裡和各種車子上都隨處可見。很快地，你在這一章節也會發現，甚至是我們的肌肉，也把骨頭當作槓桿使用。

　　得先說清楚，使用槓桿並不會減少我們需要做的功。只是延伸到更遠的地方。例如，當我用鉗子想要把釘子夾起來的時候，我不會夾住中點直接拔（上圖）。我會直覺地使用槌子的末端當成絕佳的槓桿。沒錯，我需要更長的距離才能將釘子拔出，但所需要施加的力小多了。嘿，別這麼簡單就相信我，試著用槌子、釘子和一塊木板，自己做做實驗吧！你也會更有感覺的。

- ◆ 當你把釘子拔起來的時候，身體會做什麼動作保持平衡？
- ◆ 如果有個人有啤酒肚，你覺得會怎麼影響他身體的重心？
- ◆ 健身教練試著把他的手和身體練壯，但從來不練腳。會怎麼影響他的身體平衡呢？

本章節內容

槓桿

我們的團隊最近開始打造一間新的人體動作實驗室，磚塊、鏟子、鐵撬以及骨骼、關節、肌肉與筋膜都已就位。為了移動建材以及自己的身體，他們需要力、重力以及所有其他我們討論過的生物力學要素。其中一項要素——槓桿作用，更是關鍵。因此，我們必須提供一些槓桿。

所謂**槓桿**就只是「一種將施力轉成力矩，藉此放大力量的簡單機械」。如果你感到一頭霧水，別緊張，讓我們重新認識一下其實在日常生活裡隨處可見的槓桿。例如：當你剪朋友的頭髮、將落髮掃起、打開一瓶桃子罐頭並用叉子取出一片，你使用了四種槓桿（13.1）。而且，除了剪刀、掃把、開罐器及餐具外，你還用了自己身上肌肉骨骼系統的槓桿呢！

要構成「解剖學上的」槓桿，我們需要一根「硬棒」以及一個能夠讓該硬棒作為樞軸以便轉動的「軸心（支點）」（13.2），也就是說，我們需要骨骼及關節。幾乎所有的人體運動都是透過骨槓桿的協調才得以進行，即便是造型奇特的肩胛骨、脊椎骨以及頭蓋骨，也都與槓桿作用脫不了關係，而手臂及腿部的長骨，則最適合發揮槓桿的極大優勢。

將硬棒及支點安排好，便可形成一個槓桿，其中包含了三個部分：

- 支點
- 施力
- 抗力

槓桿繞著**支點**（axis）旋轉，**施力**（effort）推動槓桿，**抗力**（resistance）則被槓桿移動。再看一次開罐器，開罐器與罐頭接觸的點是支點，你的手與肌肉是施力來源，而罐頭蓋則是抗力（13.3）。

這三個點必須分開才符合槓桿的原理。施力及支點之間的距離稱為**施力臂**（effort arm），抗力及支點之間的距離則稱為**抗力臂**（resistance arm）（13.4）。

根據這些要素的擺放位置，我們一共可設計出**三種槓桿**（levers）。就跟超級英雄一樣，每種槓桿都具備「力」、「速率」或「活動範圍」這三種特色中的一或兩項，而該特色的出線必然是透過剩餘幾種的犧牲。因此，有些槓桿能夠以「短」距離製造「強大」的力，有些則是透過「長」距離輸出「微弱」的力。

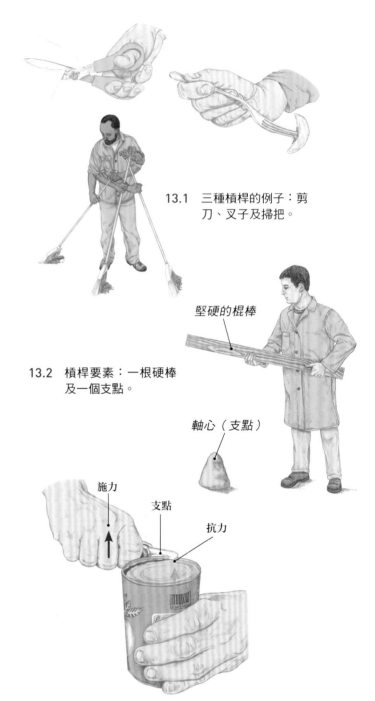

13.1　三種槓桿的例子：剪刀、叉子及掃把。

13.2　槓桿要素：一根硬棒及一個支點。

堅硬的棍棒

軸心（支點）

施力　　支點　　抗力

13.3　使用開罐器。注意當我們在使用開罐器時（如左圖），施力及抗力是以相反方向作用，也就是手往上拉時，罐頭蓋也向上「推擠」開罐器的前端（橘色箭頭）。

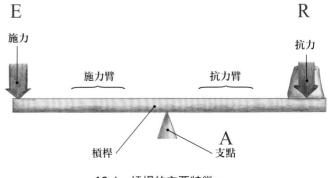

E　　　　　　　　　　　　　R

施力　　　　　　　　　　　　抗力

施力臂　　　　　抗力臂

槓桿　　　　　　　A

支點

13.4　槓桿的主要特徵。

第一類槓桿

回到我們新的實驗室工地，柯利正在用鐵撬抬起一塊巨石（13.5）。雖然他無法將其舉得很高，但相對來說，他只要施一點點力便可產生巨大的力矩。

第一類槓桿（first-class lever）的特技是力量強化。就像我們剛剛看到的柯利，他只出少量的力便可使重物進行短距離的移動。因此，第一類槓桿在力量方面堪稱翹楚，但就活動範圍及速率而言，其表現則是不堪入目。

先前討論到的開罐器及剪刀都屬於第一類槓桿。當然，這類槓桿所能提供的機械優勢乃取決於其「施力臂」與「抗力臂」的長度比較（13.6、13.7）。舉例來說，試著用長 0.6 公尺與 2 公尺的鐵撬來舉起巨石，你馬上就能看見（並且感受）施力臂的長度決定了所需的力量。

想體驗人體的第一類槓桿的話，就抬頭看看天花板（13.8）。頸部及頭部的伸肌產生施力，頸椎關節提供支點，而頭顱的前半部則是抗力。人體內的第一類槓桿其實很少，這並不難理解，畢竟人體的設計是追求活動度的最大化，因此不適合這種強力槓桿。

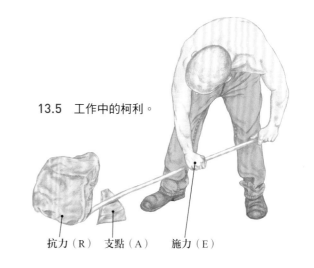

13.5　工作中的柯利。

抗力（R）　支點（A）　施力（E）

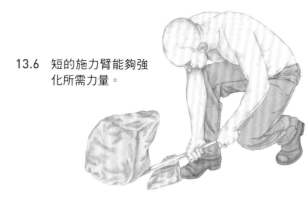

13.6　短的施力臂能夠強化所需力量。

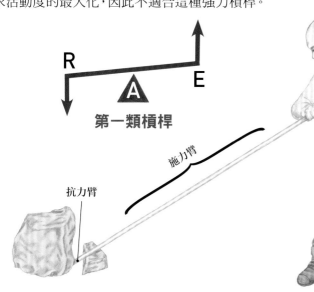

第一類槓桿

抗力臂　　施力臂

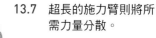

13.7　超長的施力臂則將所需力量分散。

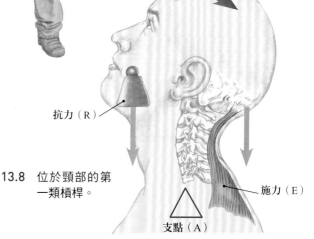

抗力（R）

13.8　位於頸部的第一類槓桿。

施力（E）

支點（A）

槓桿是以力量移動物體的機械優勢（所謂「機械優勢」指的是藉由少許力量移動物體所獲得的利益）。在人體中，肌肉藉由骨骼作為槓桿來進行槓桿作用。不過要注意的是：使用槓桿作用並未減少所需要的功，而只是將其分攤出去。舉例來說，用超長的鐵撬使巨石滾動短距離（13.7），其所需的工作量與使用短鐵撬並無分別，只是分散到不同地方。你雖然可以少施一點力，卻必須擺動較長的距離。

槓桿（續）

　　另外一個第一類槓桿的例子發生在當腳沒有承重的時候。例如，當你躺在床上，或是你正蹺著二郎腿時（13.9）。比目魚肌（施力）在腳踝（支點）處蹠屈足部，而足背屈肌的被動張力，則是此處的抗力。當然，如果你切換肌肉的角色（換成足背屈肌施力），也會有類似的槓桿效應。至於腳踝處承受施力的時候會有什麼變化，我們將在第二類槓桿的篇幅中討論。

　　肱三頭肌試著對抗抗力，伸直你的手肘也是一個第一類槓桿的例子。肱三頭肌在鷹嘴突施力，肘關節作為支點，抗力可能來自前臂（當沒有抗力時），也可能來自手部（例如我們在健身房裡，用滑輪作手肘伸直一樣）（13.10）。

第二類槓桿

　　拉莉負責的工作是搬運空心磚給泥水匠。她先將手推車裝滿磚塊，然後，在開始行走前，「抬起手推車的把手」（13.11）。神奇的是，這個小動作只需要些微的施力，尤其是跟磚塊巨大的重量比起來更顯得不相稱。

　　第二類槓桿（second-class lever）藉由將負重（磚塊）擺放於支點（車輪）與施力（拉莉的抬舉）之間而具有不可思議的力量，比起第一類槓桿要有力得多。第二類槓桿犧牲掉活動範圍及速率，換取機械優勢的增加。就跟我們在第一類槓桿看到的一樣，改變「施力臂」相對於「抗力臂」的長度，便會改變該槓桿的效率（13.12）。

　　除了使用胡桃鉗或開瓶器外，你也可以在身上感受第二類槓桿，只要踮起腳尖即可。此時你的腳前掌擔任的是支點，小腿三頭肌則負責施力，而位於這兩項槓桿要素之間的便是作為抗力的全身重量（13.13）。

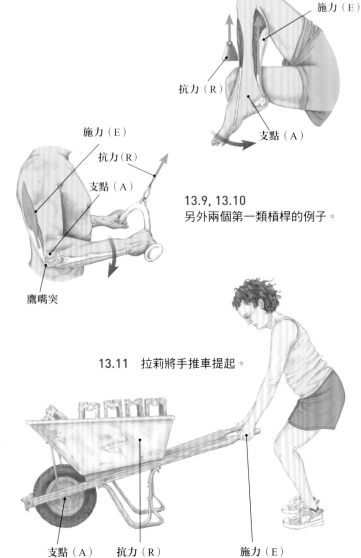

13.9, 13.10
另外兩個第一類槓桿的例子。

13.11　拉莉將手推車提起。

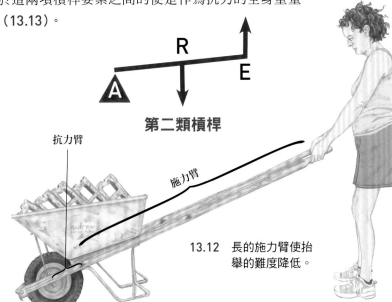

第二類槓桿

13.12　長的施力臂使抬舉的難度降低。

> 抗力不一定都是重力或四肢的重量，也可能是由拮抗肌及筋膜的對抗所引起。

生物力學

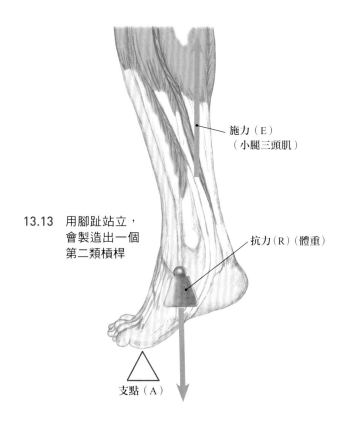

施力（E）
（小腿三頭肌）

抗力（R）（體重）

13.13 用腳趾站立，
會製造出一個
第二類槓桿

支點（A）

　　三種不同的槓桿都需要一根硬棒，在人體中要用什麼代表呢？雖然緊繃的筋膜束也能進行槓桿作用，但骨骼顯然是最佳選擇。所有的骨骼都可供利用，但以四肢的長骨作為槓桿更有效（想像一下，若你的骨單位不夠堅固，而是柔軟的，你將無法移動，甚至連滑行也有困難）。此外，旋轉軸位於關節接合處。相反地，若是將整副骨架想像成一個巨大的骨單位，那麼又能提供幾個槓桿呢？

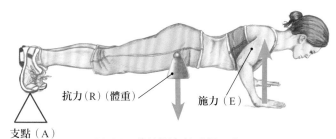

抗力（R）（體重）　　施力（E）

支點（A）

13.14 伏地挺身的時候，也
會形成第二類槓桿。

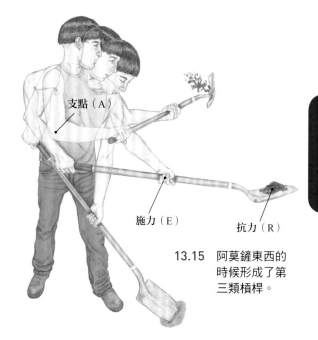

支點（A）

施力（E）　　　抗力（R）

13.15 阿莫鏟東西的
時候形成了第
三類槓桿。

　　做伏地挺身，舉起身體的時候，是另一個第二類槓桿的例子（13.14）。當你試圖推起你的身體，你的腳會作為支點，而你的身體重量則是這個例子中的抗力。肩膀和手臂的肌肉則是這個例子中的施力來源。是的，第二類槓桿雖然移動範圍小，但可以產生較大的力量。

第三類槓桿

　　阿莫是位「鏟子大師」，每一下或許看似只鏟起一丁點，但手上工具的揮動使他能夠迅速地移動泥土，並且隨心所欲地擺放到任何地方（13.15）。

　　第三類槓桿（third-class lever）的重點是活動範圍及速度。藉由將施力點（阿莫的手）置於支點（位在把手底端的另一隻手）及抗力（泥土）之間，達到犧牲力量增強以換取最大活動範圍的目的。就跟第一、第二類槓桿一樣，只要調整力臂的相對長度（在此例中，即移動握住把手的位置），便可改變機械優勢及所需的施力大小（13.16、13.17）。

　　掃帚、鏟子、棒球棒、網球拍及高爾夫球桿都屬於第三類槓桿，尤其是運動器材，更能凸顯這類槓桿的優劣勢。第三類槓桿一方面能做出很大的揮擊準備動作，及完成擊球後的弧形隨球動作，另一方面又能讓動作在短時間內完成。然而，因為這類槓桿無法提供太多的力量，所以運動員必須自己提供所需的力道，而為了擊中小小的球，還需要較大的棒子，然後轟的一聲打了出去。

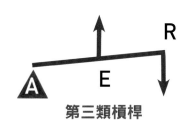

R

A　E

第三類槓桿

生物力學

槓桿（續）

因為人體的設計是追求可動性，所以大部分（尤其是四肢）是由第三類槓桿所組成。屈曲手肘（13.18）、手腕或膝蓋（甚至是咬緊牙齒），便能感受到這類槓桿的運作，同時體會其所提供的迅速敏捷。

再舉一些第三類槓桿的例子，例如肩關節上的胸大肌和髖關節上的臀中肌。這些關節都作為支點，肌肉施力，上肢或下肢的重量則作為抗力。有趣的是，當你踢足球或是丟標槍的時候（13.19），肩關節或髖關節的第三類槓桿不是唯一參與運動的槓桿，沿著我們的四肢，有一系列的第三類槓桿，會在做出動作的時候作動。

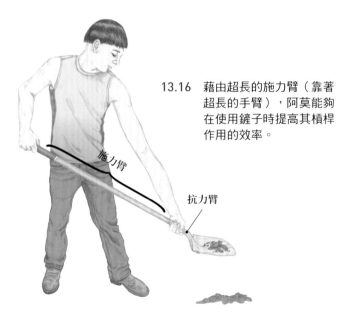

13.16 藉由超長的施力臂（靠著超長的手臂），阿莫能夠在使用鏟子時提高其槓桿作用的效率。

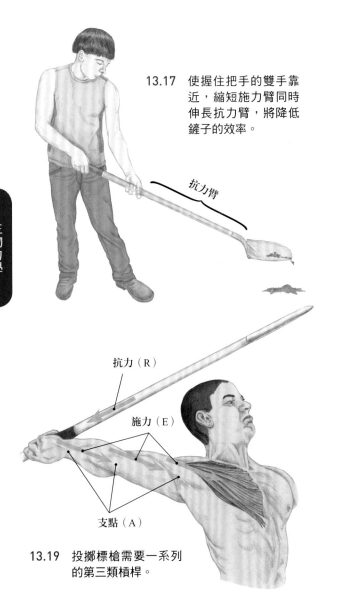

13.17 使握住把手的雙手靠近，縮短施力臂同時伸長抗力臂，將降低鏟子的效率。

抗力臂

13.19 投擲標槍需要一系列的第三類槓桿。

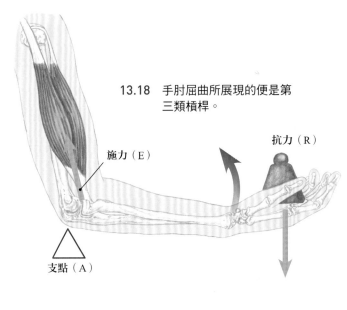

13.18 手肘屈曲所展現的便是第三類槓桿。

想想人體充滿快速靈活的第三類槓桿，卻只有少數強而有力的第二類槓桿，人體的首要功能：活動度勝過力量，便不言而喻了。舉例來說，上肢大部分的關節都屬於第三類關節，而這並不難理解，畢竟肩膀、手肘及手腕的唯一目標就是確保手能夠在廣闊的活動範圍以及位置進行活動。

生物力學

二合一槓桿

有時候身體會讓兩種以上的槓桿同時運作。例如，屈曲膝蓋的時候，膕旁肌會在一個第三類槓桿上施力，而腓腸肌則施力在第二類槓桿。那麼膕旁肌提供速率和運動範圍，腓腸肌則提供力量。

肌肉附著點（力）與關節的相對位置與負重等因素，會一同決定在關節系統上運用哪一種槓桿。膕旁肌附著在膝關節以及脛骨和腓骨遠端，負責以膝關節為軸施力，對抗足部和腿部的重量（圖A）。腓腸肌的活動端則連結在跟骨遠端。這樣的設計會使抗力（腿部的重量）介於支點（膝關節）和腓腸肌的施力之間（圖B）。

手肘屈曲的動作，也有類似的配置。只是將膕旁肌換成了肱二頭肌，將腓腸肌換成了肱橈肌。在關節上使用各種不同的槓桿，讓關節與周邊的支持組織能夠在活動和穩定間、向心收縮和離心收縮間有更多選擇的彈性。如果收縮的止點反過來靠近起點，相關的機制也會反向運作（第119頁）。

就在你的手掌心

如果你想體驗不同的槓桿類型，其實相當容易。以第一類槓桿來說，先找一個像是石頭或是鉛球這樣夠重的東西。用手掌握實（圖C），以你的掌指關節為軸心，介在負重（抗力）與施力（遠端，韌帶

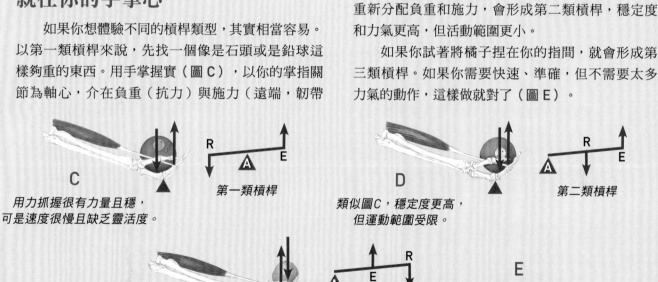

施力（E）
膝蓋屈曲時，膕旁肌為
第三類槓桿的施力來源……

A

支點（A）

抗力（R）

施力（E）B

支點（A）

……而腓腸肌則為第二類
槓桿的施力來源。

抗力（R）

附著處）之間。這樣的槓桿會製造強而有力的握力。這樣的握力既慢且缺乏靈活性，但非常穩定。

如果你將這顆球往遠端指尖關節移動（圖D），重新分配負重和施力，會形成第二類槓桿，穩定度和力氣更高，但活動範圍更小。

如果你試著將橘子捏在你的指間，就會形成第三類槓桿。如果你需要快速、準確，但不需要太多力氣的動作，這樣做就對了（圖E）。

C
第一類槓桿
用力抓握很有力量且穩，
可是速度很慢且缺乏靈活度。

D
第二類槓桿
類似圖C，穩定度更高，
但運動範圍受限。

E
第三類槓桿
僅用指尖抓握，
快速增加準確度，但力量小。

還有最後一個，也是槓桿最有趣的特性：槓桿間可以切換。只要你用工具改變支點、施力與抗力，你就能轉換槓桿。例如，當阿莫用鏟子鏟土時，他應用的是第三類槓桿（第193頁）。但當他將鏟子插進地裡時，支點變成了鏟子的頭，形成了第一類槓桿或第二類槓桿（取決於他如何搖動鏟子的把手）。

如果阿莫此時將土鏟起，舉到髖關節的高度，用後方的手轉動鏟子把手（前方的手維持固定）。鏟子會變成第一類槓桿，支點從後方的手跑到前方。

有個解剖結構和鏟子很像（槓桿的類型也可以切換），與咀嚼的動作有關。用門牙輕輕地啃玉米的時候，就會形成活動的第三類槓桿，施力來自嚼肌，介於顳頜關節和阻抗力（玉米）之間。如果你用後方的臼齒磨碎一塊牛排，就會得到一個第二類槓桿，抗力是牛排，支點是顳頜關節，由嚼肌施力。你的身體聰明地將用來粉碎食物的牙齒放在嘴巴後方，正是巧妙地運用了槓桿原理，放大施力的設計。換句話說，用來切碎食物的牙齒位於前排，而用來嚼食的牙齒放在後排，這絕非偶然。

穩定度

如同我們在 15 頁所討論過的，**穩定度**是活動度經常被忽略的重要夥伴。穩定度的定義是維持穩固和提供支持的能力。藉由關節、肌肉和筋膜組成不斷變化的陣列，來提供穩定度和運動時的必要支持。

但有時這種支持的力量，會對抗活動度的能力因為穩定度與活動度，就像太極的陰陽一樣。穩定度越高就越難靈活地做出動作。反過來，活動度越大，穩定度也越低。換句話說，巨石越重，越難滾動。車子跑得越快，就越不穩定。

在穩定度和活動度的相互作用下，身體才得以做出各種動作：從誇大到精細的動作。雖然活動度比穩定度總是受到更高度的關注，但別忘了，良好的活動度與一部分精確的穩定度有關。

接下來我們來看看構成穩定度的三個要素（13.20）：

- 重心
- 支撐面
- 重力線

重心（center of gravity, COG）是一個想像的平衡點，能將一個立體的物體全部重量集中在這個點。任何物體，一輛校車、一塊磚塊，甚至是你的身體，都有自己的重心。如果你依照解剖學姿勢站立（第 54 頁），你的重心會位在第二薦椎前方與身體中軸線的交點。這是你身體的平衡點，也同時是三個基面的交點（13.21）。

重心會隨著身體姿勢和體型的改變而變化。當你舉起左手向右側屈，你的重心會向上、向右外側移動（13.22）。現在，試著向前彎，雙手觸地，你的重心則會向前、向下移動（13.22）。

重心的位置也會因人而異，和年紀、性別與身體組成都有關係。例如小孩的重心，因為頭的重量比例較大，相對位置也比起一般大人要更高。

重心也會因為重量重新分配而改變，例如當我們拿著一箱書的時候，重心也會跟著往前。右肩上扛著一袋重物時，也會將你的重心往右外側移動，如果換成扛一個小孩，那麼重心可能又會往上一些（13.23）。

深蹲通常會增加你的穩定度，重心會垂直下降，更接近你的腳，提供更多支持力。

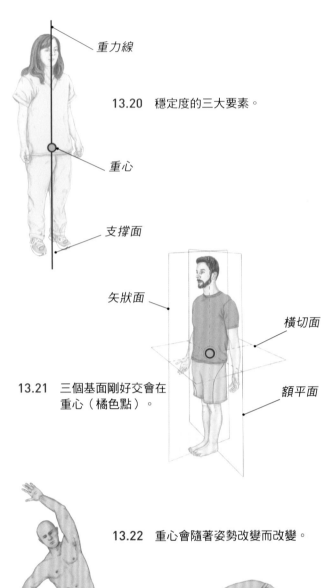

13.20　穩定度的三大要素。

重力線
重心
支撐面

13.21　三個基面剛好交會在重心（橘色點）。

矢狀面
橫切面
額平面

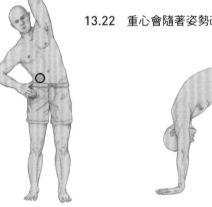

13.22　重心會隨著姿勢改變而改變。

13.23　人體重心（橘色點）會因為重量重新分佈而有所改變。

支撐面（base of support, BOS）指的是身體與支撐平面接觸的部分，例如地板或地面。構成接觸平面的三點，可由雙腳、雙手或是膝蓋，甚至是拐杖構成。

如何選擇你的支撐面，會大大影響穩定度。例如將你的腳併攏，你的支撐面會在身體下方形成一個很小、近乎圓形的支撐面（13.24），而這並非最穩定的狀態。為了讓接觸面更加穩定，需要將你的雙腳打開，與髖部同寬，前後距離約一步，增加站姿的深度。注意觀察你的雙腳間包括的矩形空間（13.25）。

你的穩定度不只取決於支撐面的大小，也取決於支撐面的形狀。例如，站在起跑線前，你會將腳步前後排成一線，重心往前，等待槍響（13.26）。如果你是橄欖球的攻擊線衛，你會將腳分開，單手壓在草地上，形成穩固的三角形接觸面，以防止防守方的線衛把你壓倒（13.27）。

如果你帶著拐杖走路，你的支撐面積會隨著運動的階段不同，而有所改變（13.28）。拐杖在前或在後，會給予向前或向後的支撐。如果拐杖在側邊，那麼也能從外側撐住你。

最後，重力線（line of gravity, LOG）是一道想像中由頭穿過身體和重心，直達地板的鉛直線（13.20，第196頁）。接下來幾章，我們說明姿勢和步態的時候，會有更多討論。

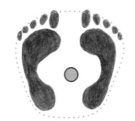

13.24　雙腳併攏時，支撐面很小（橘色點）。

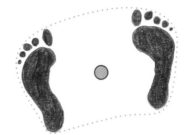

13.25　更穩定的支撐面。

13.26　準備衝刺，重心往前，單腳向前。

（未按比例繪製）

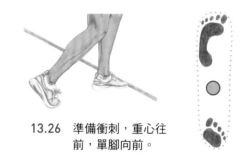

13.27　橄欖球守衛形成三角形的支撐面，以承受接下來的直接撞擊。

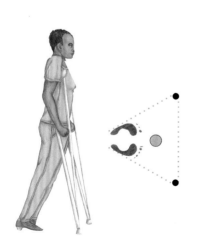

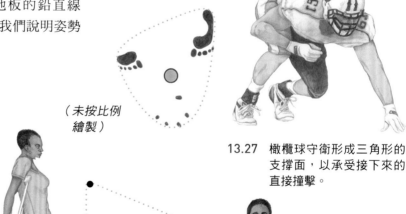

13.28　隨著拐杖位置的不同，給身體不同的支撐。

生物力學

穩定度（續）

平衡性

對一個物體來說，維持平衡的定義是？不管是艾菲爾鐵塔、划著獨木舟在浪堆裡衝鋒陷陣的人還是舉著啞鈴的運動員，施加在物體上的力與力矩相互抵銷的時候，就會達到平衡狀態（來自左邊的力量，會被來自右邊的力量抵銷，以此類推）。達到**平衡狀態**仰賴兩個因素：重心位置與物體的支撐面。有下列三種平衡狀態：

穩定平衡（stable equilibrium）：指的是當物體的重心在最低位置。例如，背部靠在地上，仰臥在地板上，會是身體最平衡的狀態，此時重心會維持在最低點（13.29）。

不穩定平衡（unstable equilibrium）：此時物體的穩定狀態，會輕易地被極小的力量破壞，導致重心偏移（13.30）。你可以試著用單腳站立，體會一下這個狀態，輕輕一推就會推倒你。這種岌岌可危的狀態，並不少見。奧林匹亞的跳水選手，當站在跳板的邊緣，就會故意讓身體處於這種不穩定的狀態。他會拉高身體重心，僅靠極小的支撐面站立（他的腳趾），這讓他的起跳能更好（13.31）。

隨遇平衡（neutral equilibrium）：表示物體受力的時候，重心不會因此下降或升高。例如，當撞球彼此撞擊的時候，這些球並不會因此改變穩定度（13.32）。

13.29　藍色磚塊和這位練習瑜伽的人，正在示範何謂穩定平衡。

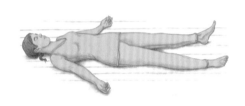

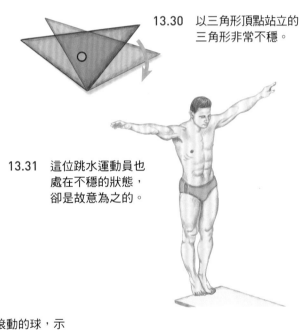

13.30　以三角形頂點站立的三角形非常不穩。

13.31　這位跳水運動員也處在不穩的狀態，卻是故意為之的。

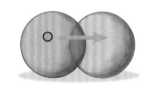

13.32　在平面上滾動的球，示範了何謂隨遇平衡。

穩定度當然也有其限制。其關鍵點又被稱為**穩定極限**（limits of stability, LOS），也就是當你向各個方向傾斜身體，又不至於失去平衡的最大極限。你可以試著用雙腳穩穩站立，然後盡可能地向前延伸，感受一下。那個你需要重新調整腳步的點，就是矢狀面的穩定極限。

再試一次，但這次改向右延伸。這次你失去平衡的點，是額平面的平衡極限。柔軟度、力量和害怕跌倒的恐懼感，都會影響你的重心。嘗試以上的動作前，最好請先戴上安全帽。你很快就會感受到重心的上升如何削減低穩定極限。

生物力學

平衡的要素

如果我們結合**穩定度的要素**——重心、支撐面和重力線——可以分出三種平衡的要素。這些要素決定你（或任何物體）是否能達到平衡。

1）人或物體的支撐面大小
2）人或物體的重力線與支撐面的相對關係

一般而言，只有當重力線位在支撐面以內，才能達到平衡。當身體在對抗重力的時候，身體的重力線，如果離支撐面的中心越近，那麼就越穩定。反過來說，如果重力線越接近支撐面的邊緣，這樣的平衡就越不穩固（13.33）。

3）重心的高低

13.33 在冰球比賽中，重力線並不一定落在支撐面中（第二要素）。

重力線（LOG）

當你站在通勤火車的走道上，讓我們重新回想平衡的三個要素（13.34）。當你面向火車前方，火車緩步向前。你的身體往後傾斜，但還算穩定。你的重心和重力線，還在支撐面的範圍內（第一要素）（13.35）。

突然，火車減速。你直覺地壓低你的膝蓋，降低重心的高度（第三要素）。但你的重力線還是超出了支撐面的邊緣（第二要素）。為了避免跌倒，你將腳一前一後擺放，拉長你的支撐面（第一要素）（13.36）。現在你的重心和重力線，又落到了支撐面裡面（第二要素）。

你很幸運，有個座位空了出來，你坐了下來。坐著的時候，你的支撐面大幅增加（第一要素）。確保你的重力線，都落在支撐面裡（第二要素），並維持重心放低（第三要素）。

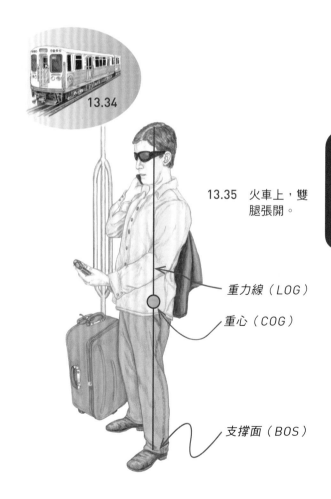

13.34

13.35 火車上，雙腿張開。

重力線（LOG）

重心（COG）

支撐面（BOS）

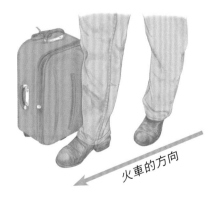

火車的方向

13.36 火車減速，你將單腳前移。

穩定度（續）

穩定度的原則

我們在前幾頁所提到的平衡要素，也是穩定度的重要因素。現在我們來探討穩定度的六大基本原則。

1）降低身體的重心，越低就越穩。

武術大師在比賽的時候，不只是利用這個原則，讓腳不要越過軟墊的邊界，還能夠取得更多力矩來對抗它的對手（13.37）。其他例子像是踩滑板過傾斜的滑軌時，或是沿著小船的板凳上滑動屁股時，要記得把身體放低，避免升高重心。

13.37 關於「把重心降低」！

2）在施力的方向上，擴大身體的支撐面，會獲得更高的穩定度。

讓我們回到第199頁的情境，你站在火車上，面向前方。還記得火車減速，你多跨出一步，只為更加穩定嗎？你在了解背後的原理前，就向前伸出一隻腳，將另一隻腳放在後頭（這個例子，是火車的運動方向）。

拳擊手和棒球投手都會運用這樣的原則。運用一腳在前、一腳在後的站姿，讓他們有足夠的穩定度，將重心投前，送出一拳或投出一球。這樣的姿勢也能讓他們在施力後，穩住身體的重量（13.38）。

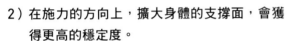

13.38 在施力的方向上，維持一個夠寬、夠穩定的支撐面。

3）為了要讓穩定度達到最大，人會在施力的方向上，提供最大限度的運動範圍，使重力線落在支撐面裡。

這與第199頁平衡的第二要素有關，只不過加上了運動的因素。你也可以在第197頁的橄欖球選手身上看到這項原則。選手向前傾，將重力線置前，可以避免他因為對手的撞擊，失去平衡。排球選手因為隨時準備要接住對手的球，反倒會將重力線放在支撐面的中心，所以她能夠很快地朝不同方向運動，又不會失去平衡（13.39）。

類似的技巧在足球場上也很常見，能夠快速地切換運球方向。如果選手在場上靈活地四處穿梭時，他移動的腳步又小（支撐面），很容易會失去平衡。如果他能夠跨大腳步、將身體向後，好隨時煞車。此時他的重力線會落在支撐面之內。這時他能控制他的動量，就能輕易地轉身。

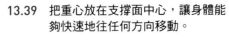

13.39 把重心放在支撐面中心，讓身體能夠快速地往任何方向移動。

4）一般來說，若一個人的質量越大，越趨穩定。

這個觀念解釋了為什麼像是空手道、摔角和柔道等運動，目標都是要推翻對手的重心，所以會按照體重分級。這樣的話就可以讓競爭者的質量相近。當然，穩定度越高的缺點就是靈活度也會越低（13.40）。

5）因為人體的質量是垂直堆疊起來的，所以最穩固的狀態就是當每一層的重心，都落在支撐面的中央時。

這個原則是愛達·魯爾夫（Ida Rolf）和 F. M. 亞歷山大（F. M. Alexander）等其他領導者在姿勢和人體結構分配領域的傑作。平衡從頭到腳的各個點，不只讓我們能維持平衡，也減少我們消耗關節和周邊組織。

然而，因為你的身體屈曲、扭轉或彎折，身體各部位的重心線又要如何落在支撐面上呢？原則就是當作用力作用在身體的某個部位，必定會產生一個相同大小、相反方向的反作用力，這樣才能維持平衡。例如，當你伸出左手去抓住飛球的時候，你會自然地往反方向伸出右腳，製造一道必要的力量，讓身體維持穩定並向上（13.41）。

6）如果身體與平面接觸的點摩擦力越強，身體會越穩定。

最顯而易見的例子，就是運動員在軟墊、球場或是跑道上常常會使用防滑釘鞋或其他特殊的鞋子（13.42）。鞋子與平面間所增加的阻力，不只提供更多穩定度，也會讓動作更快更有力，增加動量。

如果整合這些規則和前述（第 199 頁）平衡的要素，會發現最大程度的穩定度（最低活動度）需要：

- 夠大的支撐面
- 重心放低
- 重心要在支撐面內
- 質量夠大
- 身體與接觸平面間的摩擦力夠大

相反地，下列因素會讓穩定度最低（活動度最高）：

- 支撐面小
- 重心拉高
- 重心落在支撐面邊緣
- 質量較小
- 摩擦力小

13.40 這兩位選手的質量（還有穩定度）顯然不成比例。雖然男孩比較瘦小，與他的對手相比，也相對比較靈活。

13.41 他的右腳平衡了向外伸出的左手。

13.42 釘鞋增加了摩擦力。

章節回顧問答：生物力學，第二部分

（你可以上網在 booksdiscovery.com 學生專區找到解答）

1. 設定槓桿需要支點和……？（p. 190）
   a. 堅硬的棍棒
   b. 平面
   c. 三角形
   d. 球

2. 開罐器、剪刀和一根長撬棍，是哪一類的槓桿？
   （p. 191）
   a. 第一類槓桿
   b. 第二類槓桿
   c. 第三類槓桿
   d. 第四類槓桿

3. 下列哪一個是第二類槓桿的例子？（p. 192）
   a. 撬棍
   b. 鏟子
   c. 獨輪車
   d. 鑽子

4. 下列選項何者會為活動度產生必要的支持？
   （p. 196）
   a. 離心性
   b. 延展性
   c. 柔軟度
   d. 穩定度

5. 撐著拐杖走路，是應用了生物力學的什麼原則？
   （p. 197）
   a. 向量定律
   b. 支撐面
   c. 扭轉平面
   d. 重力軸

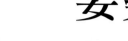

姿勢

目的

- 定義並描述各種姿勢在運動過程中的角色。
- 描述並列出站姿的各種元素。
- 分辨各種軟組織對站姿的不同影響。
- 辨識肌筋膜核心的各部位，並解釋它們對於穩定身體的功能是什麼。
- 解釋為什麼會失去穩定，疼痛的發展模式又是什麼？
- 描述何謂站姿不良？
- 描述並列出其他的姿勢不良。
- 解釋衣服、鞋子和家具，如何對身體的姿勢造成影響？

本章精華

你很幸運地贏得了一支智慧型手機，你在這支手機上花了比你預期更多的時間，這樣的姿勢，也讓你的頸椎長期屈曲。如果這些現象對你並不陌生，那你有伴了。數十億的智慧型手機用戶中，美國用戶每天花了兩到四小時在傳簡訊、閱讀資訊和上網，多半肩膀和頸部的姿勢不良。

「簡訊肩」是最新收錄到辭典的詞彙，臨床人員越來越常收到因為長期使用手機所以過度使用頸椎、頭部和肩膀的患者。傷害的來源不只是因為頭部的重量（大約 12 磅 /5.5 公斤重），而是因為頭部施加在頸部組織的力矩，牽拉了筋膜組織和肌肉，刺激神經纖維。

在你擔心「簡訊肩」之前，還有其他很多的活動（例如閱讀這本書），也會對人體脊椎有所影響。在接下來的章節，你會發現，姿勢不是靜態的，會跟好幾層意識與非意識的決定有關。例如相當私人的（是否舒服？）、社會的（別人怎麼看待我？），甚至是政治的（身體站直、抬高你的頭）。

回想一下你過去有哪些動作算是姿勢不良？隨著時間過去，這些姿勢對你的身體有甚麼影響？

你在參加「歌劇之夜」的時候，你看到一位踩著五吋高高跟鞋的女人。你覺得她的身體做了哪些改變，好適應這雙鞋子，維持平衡？

想像一下，你坐在電腦前已經工作了八個小時的樣子。一整天下來，你的姿勢有甚麼改變？一年下來，這樣的姿勢又會如何改變你的身體？

本章節內容

姿勢與步態

兩大挑戰

該是進行人體實測的時候了。我們已經為其裝備了能夠承受壓力及張力的骨架（骨骼及筋膜）、允許運動的接合處（關節）、大量的運動馬達（肌肉）以及電力系統（神經），還有物理定律及概念（生物力學）。

要判定我們打造出來的人體是否得當，可以採用許多體能挑戰，例如騎單輪車同時用筷子吃東西，或是在繩索上搖呼拉圈。事實上，就只要兩個表面上很簡單的動作——保持直立以及用雙腳移動，也就是站立或行走，就夠了。

人體的構造為雙足且脊椎直立，其姿勢及步態在動物界中可謂別具一格。讓我們先大略瀏覽一下，接下來幾頁再一一深入探討。

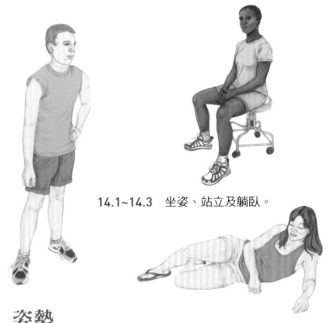

14.1~14.3　坐姿、站立及躺臥。

姿勢

姿勢（posture）指的是「身體部位彼此之間的相對位置」，主要涵蓋頭部、脊椎及下肢，包括坐姿、站立、躺臥、彎腰等等各種姿勢。換句話說，其實是身體所有部位的各種位置都算在內（**14.1～14.7**）。

姿勢其實是一連串不斷的變動，為了達到平衡所做的連續調整。即使是站得直挺挺地覲見女王，你的身體也還是在輕微搖晃擺動。（這是正常的，否則你就要昏倒在女王懷裡了。）

此外，也沒有所謂的「完美姿勢」。有些調整姿勢確實可以增加舒適度、提高活動力（我們很快就會討論到），但姿勢完全是因人、因事而異。不過，這並不是說你可以任意改變姿勢而毫無任何副作用。

我們在打造人體時的原則是「對稱、排列、平衡」，因此關於姿勢的問題將是：你打算具備多少實用價值？就像車輪不正的汽車坐起來歪歪斜斜、傾斜的摩天大樓終將倒塌一樣，不平衡的肌肉、排列不佳的關節（及其他組織）將會導致效率不佳、疼痛的姿勢及步態。

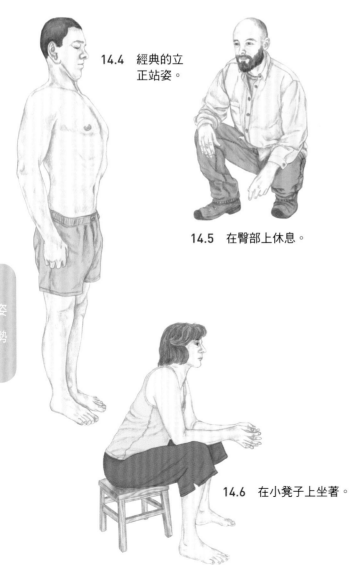

14.4　經典的立正站姿。

14.5　在臀部上休息。

14.6　在小凳子上坐著。

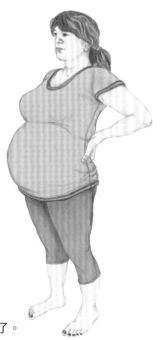

14.7　隨時準備生產了。

步態

步態（gait）指的是「行走的方式」。讓站姿往前動起來，就看得到步態了（14.8～14.10）。

跟姿勢一樣，步態也是因人而異，且受到本身站立時的姿勢影響。若是站立或坐下時的髖部僵硬、左肩聳起，則在行走時也會呈現出這些特質。

舉例來說，觀察剛從公路車上下來要走進咖啡廳的車手，你很有機會看到圓起的胸椎及傾斜的骨盆，可見姿勢是會影響步態的（14.11）。

現在，讓我們站起來看看理想站姿的幾個要素，再藉由行走來觀察步態（步態的討論從第 225 頁開始）。

14.8　骨盆前傾。下背有何感覺呢？

14.9　步態是移動中的姿勢。這位小姐的左腳是扁平足，對她的下肢、髖部及脊椎都將造成影響。

14.10　這位小姐匆匆忙忙的，下巴「一馬當先」。

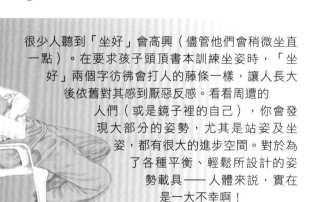

很少人聽到「坐好」會高興（儘管他們會稍微坐直一點）。在要求孩子頭頂書本訓練坐姿時，「坐好」兩個字彷彿會打人的藤條一樣，讓人長大後依舊對其感到厭惡反感。看看周遭的人們（或是鏡子裡的自己），你會發現大部分的姿勢，尤其是站姿及坐姿，都有很大的進步空間。對於為了各種平衡、輕鬆所設計的姿勢載具——人體來說，實在是一大不幸啊！

某種程度來說，
這樣還挺舒服的。

14.11　即使下了腳踏車，原本騎車的姿勢依舊影響其站立及行走的姿態。

站姿

人體如何直立？

在遠古的某個時候，原為四足動物的人類出現了某位大膽的先驅，選擇向上 90° 以雙腳站起。為了跟隨其腳步，我們因此得做一些改變。雙足直立的姿勢必須不斷與重力相抗（如果我們像狗一樣四腳著地就容易多了），但採用理想的姿勢將可減輕肌肉及結締組織的壓力，最終將帶來好處。那麼，我們該如何將你拉起，使雙腿在雙腳上、軀幹在髖部上、頭部在肩膀上呢？

讓我們從人體骨架——骨骼及筋膜（還有關節）看起。我們將校準這些部位，使其能夠將身體撐起直立。簡單來說，身體就只是軀幹加上五個突出物（雙臂、雙腿以及頭部），因此我們將從核心的骨組織：**脊椎**，開始著手。

脊椎不像層層堆疊的積木（14.12），而是由許多前後相抗的彎曲所構成。如此彈簧般的設計在運動或靜止時，將具有吸收震動的效果，並且降低受傷的機率。頸椎及腰椎的部分將向**前凸**（lordotic），胸椎及薦椎的部分則向**後弓**（kyphotic）（14.13）。**脊椎側彎**（scoliosis）：脊椎向側邊的病態彎曲，則不在我們的藍圖之中（見第 215 頁）。

健康的姿勢有賴脊椎的自然彎曲，以便維持平衡。當其中部分的彎度增加或減少時，姿勢便會不對稱而歪斜。例如「平背」便是胸椎的後凸角度變小、「後甩背」則是腰椎前凸的角度變大。

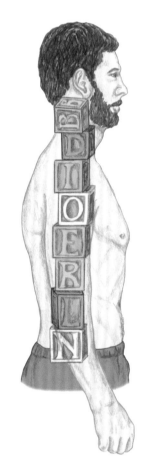

14.12　人體並非一疊積木。

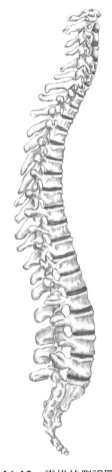

14.13　脊椎的側視圖。

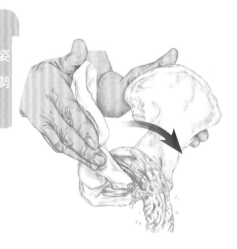

14.14　想像在骨盆裡裝滿水，若是骨盆前傾，則水會往前流出。

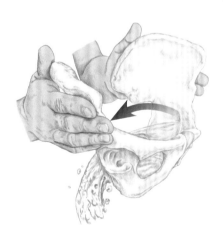

14.15　若是骨盆後傾，則水會向後傾洩。

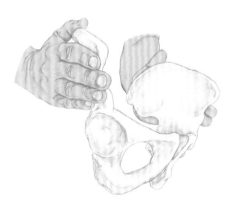

14.16　骨盆擺正，則水保持靜止不動。

與脊椎緊鄰（甚至可說是其自然延伸）的是**骨盆**。連同楔形的薦椎，骨盆的運動將大大影響腰椎的彎曲程度。若是骨盆前傾（臀部翹起），則腰椎前凸的角度增加，若是後傾則腰椎前凸的角度減少（14.14～14.16）。理想的狀況是骨盆擺正（髂前上棘與髂後下棘平行），那麼腰椎便可保持適當的彎曲。

脊椎及骨盆皆就定位後，接著便可連結你的頭部、雙臂及雙腿，使你站起直立了。若是我們將一條想像的**重力線**貫穿身體中央，從側面來看即可發現好幾處骨骼標的會落在（或接近）該條線上（14.17）。

顯示這些骨骼標的理想位置（相對於重力線）的目的在於使你能夠以最小的施力及最低的張力維持站姿。站立時使線上所有或幾乎全部的點都到位，對身體組織將是最輕鬆且最愉快的經驗，何樂而不為呢？

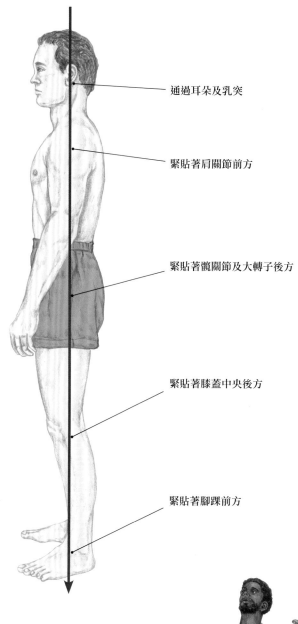

通過耳朵及乳突

緊貼著肩關節前方

緊貼著髖關節及大轉子後方

緊貼著膝蓋中央後方

緊貼著腳踝前方

14.17　側視圖顯示重力線穿過身體。

老番顛

銷售員

「裝腔作勢」

姿勢不只是身體部位相對的位置，還可反映出個人的態度及氣質。例如一個慍怒的人可能會以夾緊的骨盆、垂下的肩膀及緊繃的下顎展現其性情乖戾（如左圖）。同時，一位成功的銷售員會挺起胸膛、伸直頸部（如右圖）。一個人內在的心理狀態是會影響其外表的。

當然，反之亦然，也就是姿勢也會影響心情。以沮喪的姿勢在屋裡閒晃幾圈當作運動，注意心情會如何轉變以反映姿勢。相反地，以歡欣鼓舞的姿勢再走幾圈，感受一下心理狀態的改變。

垂肩及其他歪斜的姿勢
將導致身體重心前移。

其他觀點看姿勢

其中一個考量姿勢的方式是從**關節排列**（joint alignment）的觀點來看。在站姿中，承受體重的關節是呈「伸直」的姿勢，而非旋轉或屈曲。試著做出一個「不良」的站姿，隨著不適感的發生及代謝變差，可以看得出來這個姿勢並不符合人體工學。適當的關節排列非常實用，原因在於它能夠使身體重心盡量靠近穿過身體的重力線（見第 196 頁）。回到剛剛歪斜的姿勢，你便可感覺到重心的偏移，通常是往前遠離重心線（如左圖）。

另一個考量姿勢的觀點則是**頭部位置**。或許你也注意到了人類是一種以頭部為中心的動物，大部分主要的感覺器官都位在身體頂部。理想姿勢的好處：體重均勻分布、有效利用體能、肌肉與韌帶的平衡，有沒有可能只是為了提供頭顱良好的視線以及平衡呢？也許直立的姿勢就是要保持頭部端正呢！

健康的姿勢

那麼，什麼算是「適當」的姿勢呢？理想姿勢須能夠（1）反映人體構造，（2）支撐關節及組織，以及（3）優化效率及平衡。只要符合這些條件，大概就是健康的姿勢了（如右圖）。

「了解。但是為什麼彎腰駝背感覺比抬頭挺胸還舒服呢？」簡單來說，若你習慣躬身，你的結締組織及神經肌肉系統將大大感謝你保持如此姿勢。但仔細看看我們以上三個條件，便會發現懶懶散散的姿勢雖然一時之間很舒服，但並非長久之計。同樣道理，脊椎僵直、膝蓋內鎖的立正站姿也不是適當的姿勢。只要身體沒有呈現健康的排列，就都算是姿勢不良了。

確切地說，「平衡」及「運動」這兩個詞應該與「姿勢」合稱為「衡動勢」。這當然是一個字典上找不到的怪異詞組，但至少暗示了姿勢在動靜之間不停調整的本質，表明其並非靜止不動，而是更接近搖擺舞動的狀態，事實上也的確是如此。

*利用亞歷山大技巧：一種身心調整方法，和緩地鼓勵身體自然排列。

*亞歷山大技巧：一種由佛雷德瑞克·亞歷山大（F.M. Alexander，1869 −1955）所提出的身心調整方法。上網搜尋更多相關資料。

軟組織在站姿中的角色

截至目前為止，我們已經將你拉起成站姿，並且建立了一些理想擺放關節的準則。但是就如同我們在前幾章所討論過的，骨骼及關節完全依賴周圍的組織提供支撐以維持穩定，單靠它們自己是會瓦解崩塌的。我們需要軟組織的協助，也就是韌帶、關節囊、肌肉及筋膜。讓我們從內開始往外研究吧！

還記得嗎？**韌帶**及**關節囊**會以被動限制來限制運動，因此會有關節的活動範圍。那麼，它們在站姿中又扮演著什麼角色呢？在理想狀況中，它們的影響是有限的。承受體重的關節早已被巧妙地設計成讓韌帶及關節囊能夠在站姿中保持鬆弛，僅提供少量的支撐。韌帶及關節囊並非設計來支撐你站著，那是肌肉及筋膜組織的工作。

說到**肌肉**，尤其是姿勢肌，便是靠其張力及反射性收縮支撐人體站立，並提供所需的穩定度以維持關節處的骨骼接合（**14.18**）。不太教人意外的是，一個排列良好的站姿用不太到肌肉收縮，只要少數支持肌便可以極高的效率撐起身體（關於姿勢肌更深入的討論，請參閱第 212 頁）。

提到肌肉，當然不能不提其**筋膜鞘**（fascial sheathing）。這些薄鞘及相鄰的結締組織構成一個網絡，使你的肌腹運作更有效率。若無有如網狀的筋膜組織連結脊椎、骨盆及其他骨組織，人類將永遠無法站立。我們稍後就會看到，變形的筋膜將削減

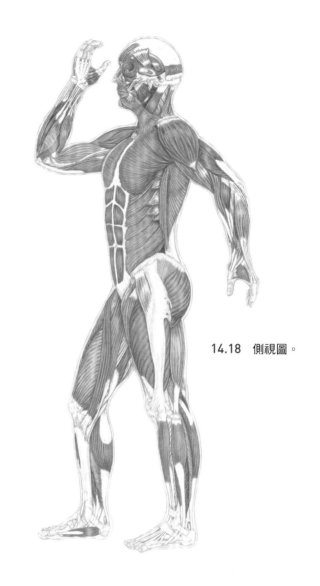

14.18 側視圖。

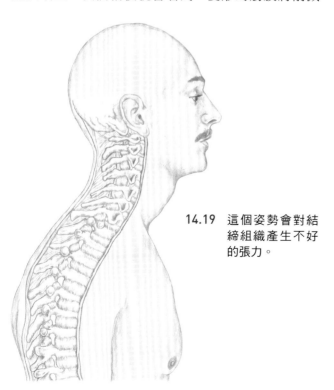

14.19 這個姿勢會對結締組織產生不好的張力。

你所能做出的姿勢。

那麼，當你做出一個沒那麼理想的站姿時，會發生什麼事情呢？對韌帶及關節囊而言，弓背、骨盆歪斜或頭部前移都會產生不必要的張力。日積月累，原本並非設計來保持身體直立的韌帶及關節囊為了要執行這項分外的工作，便因為過度伸展而變弱變鬆了（**14.19**）。

儘管不情願，但還是得上場救援的是你的**肌肉**。虛弱的關節組織使得肌肉必須承擔更多提供力量以支撐站姿的責任（肌肉也因此得執行原先不屬於它們的任務）。之前本來說直立站姿所需的肌力不多，但現在情況不同了。只要身體因為躬身或彎曲而偏離重力線，就需要更多的肌肉收縮。同時，由於部分包覆肌肉的結締組織縮短或伸長，筋膜組織也因此失去平衡，於是整個站姿的支持系統受到連累而效率大減。我們可以歸納如下：排列不佳、平衡不佳的站姿對身體來說是一大負擔。

打造肌筋膜核心

有了骨骼的理想順位方式並考量過軟組織在支撐站姿的角色後，讓我們來打造作為身體基礎鷹架的肌筋膜核心，無論是站姿、坐姿或剪腳指甲都派得上用場。

肌筋膜核心（myofascial core）是由許多深層肌腹及其周圍的筋膜成分所組成，是一組基礎而重要的結構，負責保護、穩定及驅動身體的中心（14.20）。

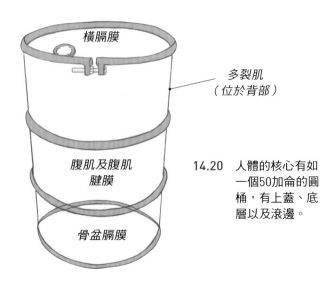

14.20　人體的核心有如一個50加侖的圓桶，有上蓋、底層以及滾邊。

要打造這個由其他與運動相關的組織所環繞之中心，我們得從腸子看起。

首先，讓我們在骨盆底部鋪上多層肌筋膜，形成**骨盆隔膜**（14.21）。這些骨盆底部的肌肉在呼吸、排便以及分娩時格外重要。

接著，我們要沿著胸廓底緣以及腰椎前部鋪上第二層水平組織——**呼吸膈膜**（14.22）。

14.21　我們從肌筋膜核心的底部開始。在此他們將於骨盆底部安放骨盆膈膜。

14.22　以橫膈肌替我們的核心肌群桶加蓋。

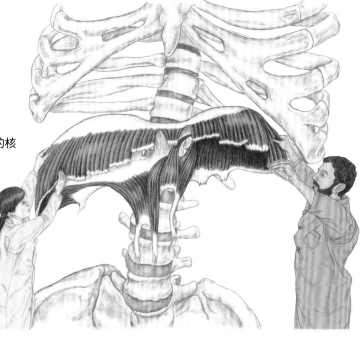

14.23　核心肌群的背部由多裂肌組成。

在腰椎的後側表面，我們將垂直串上一綑綑的**多裂肌**（14.23）。由此我們還要繞著肚子鋪上兩片**腹橫肌**，再藉著白線（linea alba）將其連接至前方的腹部筋膜（14.24），並且再多加兩層，分別是**腹內斜肌**以及**腹外斜肌**。這三層筋膜都會向後固定在脊椎骨上的**胸腰筋膜**（thoracolumbar fascia）內。

你也許有注意到這些肌肉幾乎都位於身軀（而非四肢）深層並且靠近關節處。這樣的安排並非巧合。

它們所形成的桶狀肌筋膜核心不僅維持內臟的完整、於呼吸及運動時擔任穩定作用的腰帶，還負責啟動手、腳大部分的動作。在理想的狀況下，一切都從這裡開始。它們也許不是在健身房裡會被拿出來炫耀的肌肉，但能幫你在皮拉提斯課程中獲得確實的肌力及柔軟度。

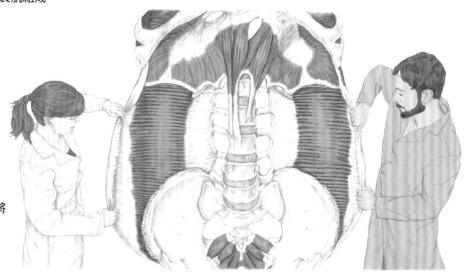

14.24　用層層筋膜及肌肉將腹部各邊裹起來。

站好！那個……好像沒辦法

　　任何一位父母一定會三不五時就得叮嚀孩子「站好」。但以小孩的立場來說，其實是沒有這種事的。即便當小孩或大人處於其最穩定的站姿時，也還是會有一些起伏。這個身體自然的反射動作稱為**姿勢搖擺**。

　　以腳踝的距小腿關節為起點，前後、左右的正常搖擺距離並不算小，大概是以頭部為中心成20公分的直徑範圍。其功用除了促進下肢靜脈回流外，也是在不斷調整位於支撐面上的重心。

　　試試看。站立時雙腳微微張開。接著，腳踝彎曲，全身慢慢向前傾，並在失去平衡前停住。注意蹠屈肌如何收縮以便將你拉回中心。現在，慢慢往後移回，注意背屈肌的介入影響。

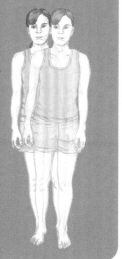

姿
勢

打造姿勢支持肌

除了核心的肌筋膜單元（之所以不稱為「肌群」，是因為這樣將會忽略其重要的筋膜成分），還有另一串也會直接影響直立姿勢的肌腹，也就是**姿勢支持肌**（postural supporters）（14.25、14.26）。

如同我們在第 134 頁所討論過的，左右各有 12 組肌肉從腳趾往上到頭部發展。它們不只支持站姿，而且還能穩定承載重量的關節。一些位於核心的肌肉（尤其是腹橫肌及下方的多裂肌）也扮演姿勢支持肌的角色，它們不但將你「撐起」，更使你維持「完整」。舉例來說，多裂肌撐起你的脊椎，並將脊椎骨綑在一起。當你在郵局排隊辦事時，這些姿勢支持肌幾乎全部都會動起來（14.27～14.30）。

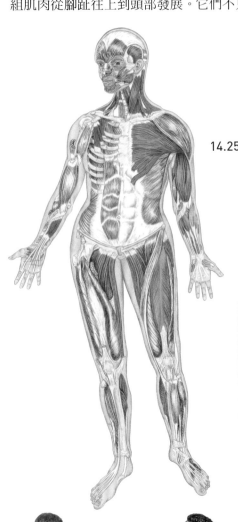

14.25　姿勢肌前視圖。

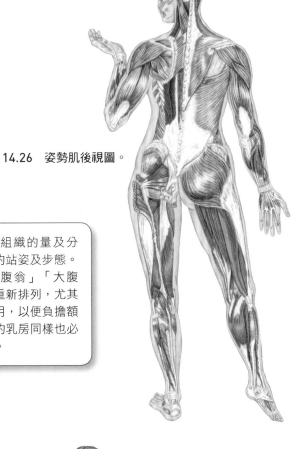

14.26　姿勢肌後視圖。

全身上下脂肪組織的量及分布會影響一個人的站姿及步態。舉例來説，「大腹翁」「大腹婆」便需要身體重新排列，尤其是脊椎伸肌的運用，以便負擔額外的體重。豐滿的乳房同樣也必須做出姿勢代償。

姿勢

14.27~14.30
排隊中。這些姿勢看起來有沒有很眼熟？

穩定度失能及疼痛模式

人體雖然具備了核心結構以及姿勢肌，但並不表示從此就免於關節不穩定、失能及疼痛等不幸的可能。

舉例來說，假如你的站姿偏移成「歪斜」的樣子，這還不是世界末日了，現在滿街都是垂肩以及頭部前移（14.31）。然而，一點點的肌肉怠惰又是如何發展成頸部疼痛呢？

讓我們一步步看下去吧！

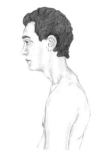

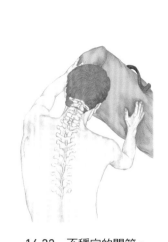

14.31　頭部前移。

1 起初，每天不平衡的頸椎／胸椎運動使得韌帶以及軟組織過度伸展，於是相關的關節漸漸失去穩定（14.32）。在起起伏伏的脊椎運動中，這些脆弱的關節持續惡化，許多小動作的副作用累積起來，開始造成範圍更大的傷害。

14.32　不穩定的關節。

2 疼痛就這麼冒出頭了（14.33）。面對如此大敵，原先被設計來強化關節但現在卻受傷的姿勢肌於是遭到壓迫而停止運作。

14.33　肌肉受傷。

Oww!

3 我們不能夠只因為支撐站姿的肌肉停止運作，就讓你跌倒在地上。相反地，我們別無選擇，只能徵召原本負責運動的肌肉，像是斜方肌、提肩胛肌以及闊背肌等較大且位在外圍的肌腹，來增加站姿的穩定性（14.34）。如此規劃的問題在於，哪些肌肉現在必須以替代的角色長期收縮，但這並非它們原先被設計來執行的任務（我們在下一頁將有更深入的討論）。

4 現在這些運動肌肉充作穩定姿勢用，被迫進行等長收縮。如此錯誤的使用方式，將導致它們迅速疲勞、缺血縮或纖維化，並且誘發擴散至肌肉內外的週期性代謝刺激。最重要的是，這些肌肉將因此無法正常運動，例如活動範圍縮小（14.35）。

14.34　啟動替代模式。

5 每一塊肌肉都有其極限，就像失效的姿勢支持肌一樣，這些替代的肌肉也會開始出現痙攣、引發疼痛。於是更多周圍的肌肉陸續被徵召加入整個惡性循環，神經肌肉系統的效率變得每況愈下。而這都只是起源於一個小小的垂肩姿勢。

14.35　活動範圍縮小。

另一個常見情形

還記得「穩定度先於活動度」的原則嗎？也就是說，身體及其組織在動起來之前，必須先繃緊做好準備。注意了，這個原則在本頁上方所描述的情況尚未發生時，就會先體現在另一個常見的病理狀態了。讓我們來仔細看看其經過吧！

1. 若是組織運作得當，穩定姿勢的肌肉會在運動前便收縮（穩定度先於活動度）。
2. 然而，如果它們未在負責運動的肌肉進行強力收縮之前運作，則運動的關節很可能會超出其正常的活動範圍。重複發生達到一定次數後，將會引起「關節不穩定」。
3. 持續使用這些受損的關節，將導致韌帶及關節囊所承受的壓力增加。
4. 最後，損壞的關節組織變得脆弱不堪，誘發「穩定度失能」，你將無法在活動範圍內控制關節的活動度，並開始出現外傷。

不良站姿

這時候，若能辨識經常出現在身體的不良站姿，將會是一大助益。

為什麼要避免不良站姿呢？一言以蔽之：沒有效率。垂直站立已經是一大挑戰了，沒必要再增加身體的負擔。以下各種不良站姿都使身體至少有一處偏離重力線（那條通過身體中心的假想線），這將迫使身體的另一半往反方向移動。

往反方向移動的目的是為了恢復平衡，不過代價是花更多的力氣。原本非關姿勢而有其他重要任務在身的肌肉為此所做的回應，則是動起來協助撐起歪斜的姿勢。由於並非設計來進行長時間的收縮，這些肌肉會變得相當疲勞，並漸漸適應縮短的狀態，而其拮抗肌則被拉長、削弱。

由於這些姿勢適合從後面或側面來看，因此我們需要一條「鉛錘線」（14.36）。儘管鉛錘線只是一條從天花板上垂下來掛著小重物（重型墊圈或一串車鑰匙）的長繩，但能當作一條用來比較各種姿勢的垂直參考線。讓我們從脊椎開始往外看起吧！

14.36　鉛錘線。

後弓前凸姿勢

後弓前凸（kyphotic-lordotic）的姿勢發生於骨盆的穩定肌肉組織：腹肌、多裂肌及膕旁肌變弱而骨盆略往前翹時。這個看似微不足道的傾斜放大了脊椎前後凸出的曲度，對整條脊椎造成長鞭效應。這些大於正常弧度的脊椎增加脊椎骨間的壓力，導致姿勢支持肌的疲勞（14.37）。

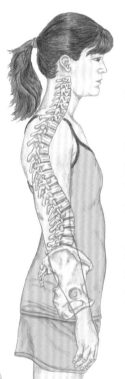

14.37　後弓前凸姿勢。

圓背

駝背的鐘樓怪人可說是**圓背**（rounded back）——胸椎過度屈曲的經典代表人物（14.38）。圓背是由長期保持的屈曲姿勢，像是伏案就座所引起或惡化所致。其影響不僅如此，異常的後凸迫使頸部為了保持頭部水平而過度伸直，胸椎伸肌於是因伸展而變弱，頸部伸肌及胸大肌則漸漸適應變短的狀態（14.39）。

14.39　圓背。

14.38　別嘲笑鐘樓怪人，他很可能罹患了舒爾曼氏症，一種出現於幼年的上胸椎先天不良症。

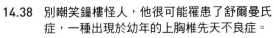

後甩背

後甩背（swayback）發生於骨盆向後傾斜，接著相對於雙腳位置向前平移時。由於髖關節的伸直，使得膕旁肌及髂肌縮短。腰椎變得扁平，而胸椎則屈曲得更彎。如此一來將導致頭部前移而拉長、削弱上背伸肌以及頸屈肌（14.40）。

14.40　後甩背。

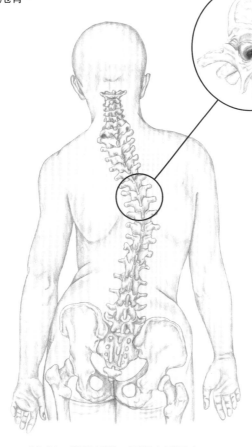

14.41　脊椎側彎，圓圈中則是脊椎骨旋轉的上視圖。

脊椎側彎

脊椎的設計並沒有側向曲線，若是產生任何向某一邊偏離的異常現象，即是所謂的**脊椎側彎**（scoliosis）。脊椎側彎除了會在脊椎形成 S 形彎曲外，部分脊椎骨還可能有某些程度的旋轉（14.41 紅圈中）。

罹患「先天性脊椎側彎」者通常是脊椎變形，胸腔傾斜。而「後天性脊椎側彎」則有各式各樣的發生原因，像是其中一腿變短、姿勢錯誤或身體兩側的使用不平均。舉例來說，若是有個坐辦公桌的工作要你整天以奇怪的姿勢向左旋轉身軀，便可能使肌筋膜組織產生一個力矩，讓脊椎往側邊偏移。

斜頸

和胸椎比起來，頸椎有許多與之相連的肋骨或肌肉能夠減輕其負擔，但仍然可能有兩側不平衡的情形。這個症狀稱為**斜頸**（torticollis），發生在頭部或頸部有不正常的移動時，包括頭部及／或頸部固定或不固定的旋轉、傾斜及屈曲。其中一個常見的原因是受損的胸鎖乳突肌將頭部拉向該處肌肉（14.42）。

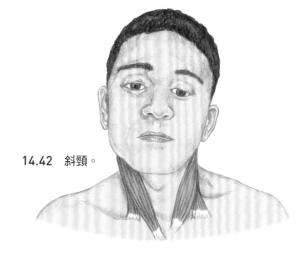

14.42　斜頸。

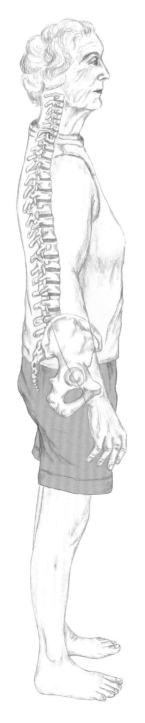

不良站姿（續）

平背

平背（flat back）類似後甩背，也有骨盆的後傾，但多了近乎扁平的胸腰椎（**14.43**）。膕旁肌再次縮短緊繃，而髖屈肌則伸展拉長。

14.43　平背。

姿勢代償

　　我們可以視站姿為一種終身與重力的對抗，而重力身為宇宙最主要的力量之一，往往是最後的贏家。（看看周圍的年長者就明白了。）而每個人在一生當中，都會用三種方式來對其姿勢不平衡做出**代償**（compensate）（使出相反的力量）。這些方式都很常見，可惜沒有一個是完美的。

　　首先，人體可藉由朝反方向移動身體部位達到**反向抵銷**（counterbalance）的作用。舉例來說，若骨盆左側抬高而推擠腰椎向右，則身體會把胸椎往左擺，藉此抵銷該不平衡。或是如右圖所示，某部位產生大量的位移，鄰近部位便須做出反應，不管代價如何，目標都是為了保持平衡。

　　其次，就像我們在第六章所討論過的，如果某個關節的活動度受到限制，導致關節**活動度不足**，則另一個關節必定會變得異常可動，也就是關節**活動度過大**，而兩種症狀都可能導致其他更進一步的病態。

　　最後，人體還能改變**作用肌／拮抗肌**的關係。讓我們回想一下，一個肌筋膜單元的動量乃取決於其鄰近拮抗肌的張力。（超緊繃的膕旁肌會影響髖屈肌，是吧？）換句話說，一塊肌肉的張力改變將會迫使其拮抗肌在張力上做出代償調整。

　　會引發什麼結果呢？如果你的左側腰方肌變得又短又緊，為了要平衡施加在脊椎上的拉力，右側腰方肌也會變得又短又緊。若是沒有像這樣增加張力（雖非上策），腰椎將會被拉往左邊，導致姿勢失調。如此一來，雖然解決了一個問題，卻又製造出另一個問題，但這也是沒有辦法中的辦法。

其他常見的不良姿勢

頭部前傾

　　當顱骨長期被往前拉時，頸椎及頭部便可能出現頭部前傾的症狀，俗稱「電腦頸」。隨著頭部前傾，頸椎失去其前凸的弧度，並且一步一步慢慢向前傾動（14.44）。如此發展使得頸部後側韌帶及關節囊在試圖保持關節原有的完整性時必須承受莫大的壓力，並且縮短了頸伸肌（上斜方肌、提肩胛肌）而拉長了屈肌（胸鎖乳突肌、頸長肌及頭長肌）。

　　更糟糕的是，**頭部前傾**（forward head posture）的影響還擴及舌骨及顳頜關節。隨著顱骨前傾錯置，舌肌及其周圍的筋膜都會被拉長（把手放在下巴底部，然後呈頭部前傾的姿勢，就能感覺得到了）。

　　這樣的肌筋膜張力會傳遞到下頜骨，並施加張應力於顳頜關節（14.45）。

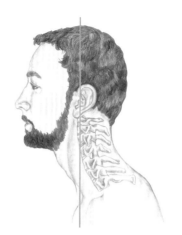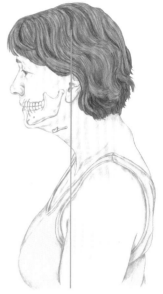

14.44　頭部前傾。

14.45　注意頭部前傾對下頜骨位置所造成的影響。

14.46　伏案苦讀時所呈現的圓肩。

14.47　即使是輕便的小包包也可能引起聳肩。

圓肩

　　經常伴隨頭部前移發生的是**圓肩**（rouned old shoul-der），也就是胸廓周圍肩胛的向前突出以及盂肱關節中的肱骨內轉（14.46）。圓肩好發於在電腦前或其他伏案工作者身上，這種崩倒的姿勢會導致縮短、緊繃的肩胛前突肌群（前鋸肌及胸小肌）與拉長、虛弱的後縮肌群（菱形肌及中斜方肌）。其脊椎的向前陷落也會產生脊椎過度後突（胸椎的曲度增加）。

聳肩

　　如果你習慣把手提包或後背包掛在單邊肩上，你很可能已經發展出長期的**聳肩**（raised shoulder）習慣（14.47）。你或許已經注意到肩膀的上部並非平坦，而是傾斜的。因此為了固定包包，你必須使上斜方肌及提肩胛肌進行等長收縮。這樣的動作不僅提高了肩膀，還對神經肌肉系統傳遞了一個強烈的訊息。即使你已經把包包放下了，肩膀仍然受原先的指令影響而反映出前一個撐住的姿勢。解決方案：兩邊肩膀輪流背手提包、兩邊肩膀一起背後背包。

其他常見的不良姿勢（續）

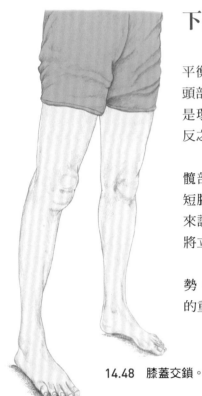

下肢的姿勢要素

到目前為止，我們主要焦點都在脊椎姿勢的不平衡上。這些變形部分是源於身體的主軸（脊椎及頭部），部分實則來自骨盆或下肢的代償作用。（都是環環相扣的，記得嗎？）下半身會影響上半身，反之亦然。

當問題出在下半身時，「功能上」病患，例如：髖部上抬、膝蓋交鎖，或「結構上」變異，像是長短腳，都會影響脊椎及頭部的平衡（14.48）。舉例來說，站立時成鎖膝姿勢（過度伸直），注意骨盆將立刻往前傾斜，腰椎受擠壓而更向前突。

要試試上半身如何影響下半身，可以呈頹倒姿勢，感覺一下骨盆的位移。膝蓋可能會屈曲，全身的重量將落在雙腳及腳踝上（14.49）。

14.48　膝蓋交鎖。

14.49　頹倒姿勢向下壓在雙腳上。

旋前過度

旋前過度（Hyperpronation）也就是所謂「扁平足」或「足弓下陷」，指的是足弓向下延伸直到足底與地面接觸的現象。這種症狀會改變距小腿關節的角度，向上引發一連串骨架的不平衡。若雙足皆旋前過度，會使膝蓋近側內移形成 X 型腿（見對頁），並使骨盆落下，導致一連串脊椎、頭部及肩膀的代償調整（14.50）。

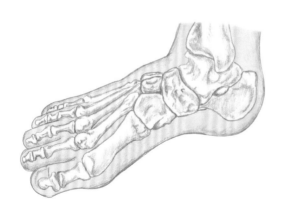
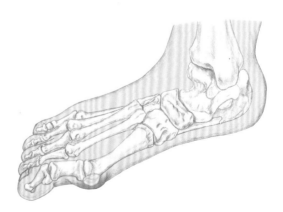

14.50　左圖是正常的足弓，右圖則是旋前過度且帶有大拇指的拇指囊腫的足弓。

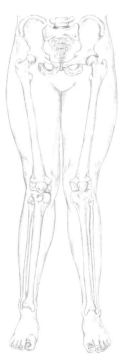

X 型腿與 O 型腿

X 型腿（genu valgum）或膝外翻是脛股關節向內側移位，扁平足是起因之一，一般為雙腳同時發生（14.51）。

O 型腿（genu varum）又稱為弓形腿，症狀與 X 型腿相反，即膝蓋呈現內翻（14.52）。

14.51　X 型腿。

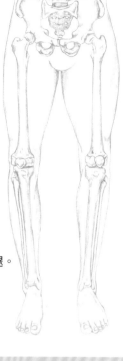

14.52　O 型腿。

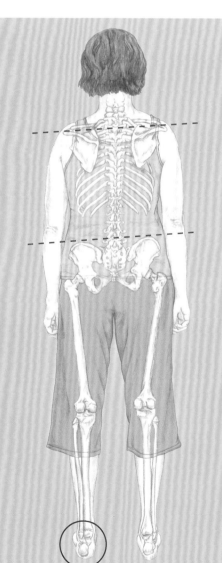

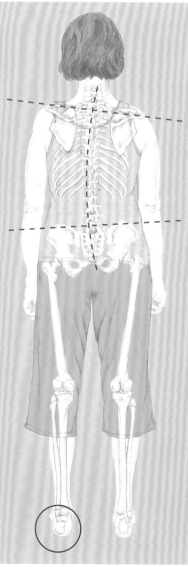

牽一髮動全身

姿勢不良的影響很少僅限於局部，通常會由該處擴散出去。例如髖部外旋影響的不只是髖關節旋轉肌，還包括膝關節及薦髂關節的組織。

在上述髖部外旋的狀況中，**主變形**（primary distortern）──發生於身體某處的問題，便是外旋的髖部；**次變形**（secondary distortion）──由身體其他部位的不平衡所導致的問題，則是膝關節或薦髂關節的組織。將主變形與次變形結合在一起，就是所謂的**變形模式**（distortion pattern）。

有些變形模式的影響範圍可遍及全身。例如左腳的足弓陷落會引起左側髖部及肩膀下斜（如左圖），右肩因此顯得比較高。較高的右肩很容易被誤會成是肩膀肌肉過度收縮所造成，但原因事實上是對側腳踝的主變形，這樣的漣漪效應看起來就嚴重了。

次變形不一定是主變形所直接導致，而可能是人體的一種代償機制。讓我們回到剛剛左腳足弓陷落的例子。如前所述，左側髖部會跟著下斜（如右圖），但是為了抵銷這樣的歪斜，會發展出向左突出的側彎曲線，藉此使肩膀保持水平。於是為了矯正（代償）原有的歪斜，又造成了另一種歪斜（脊椎側彎）。

坐姿、彎腰及仰臥

在章節前段中，我們拉起你的身體使其直立了，現在讓我們來減輕一點重量吧！當你坐到椅子上時，姿勢的變動將不再是垂直發生，而有多種不同的動作與位置。

如同我們在前一章所看到的，人體會花一點點時間在維持平衡及對稱的站姿上。不過坐姿的情形就大不相同，而是具有相當的可塑性及多樣性。你會在雙腳之間轉移體重，不斷調整脊椎、搖擺骨盆，做出一切追求舒適及效率的必要動作。

你也會彎腰、席地而坐或攤平仰臥。這些姿勢的擺法是很寶貴的資訊，如何從站姿轉換過去也相當值得探究。

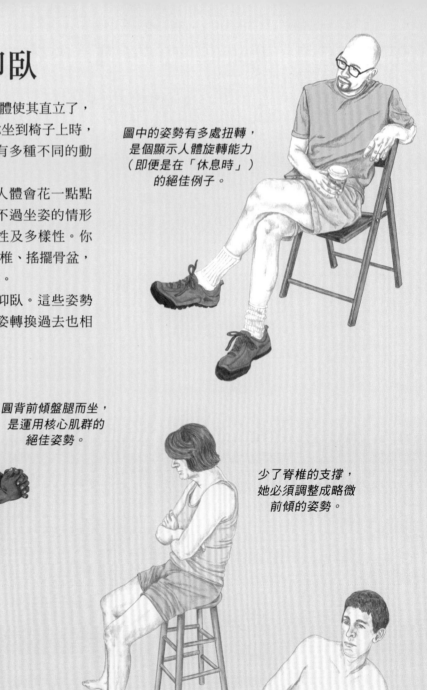

圖中的姿勢有多處扭轉，是個顯示人體旋轉能力（即便是在「休息時」）的絕佳例子。

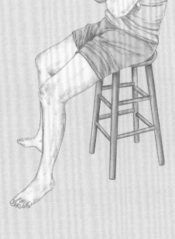

圓背前傾盤腿而坐，是運用核心肌群的絕佳姿勢。

少了脊椎的支撐，她必須調整成略微前傾的姿勢。

乍看之下，他的坐姿似乎出奇地「標準」，從頭到腳趾都非常平穩、對齊而輕鬆。（在此都得感謝亞歷山大技巧。）

以大腿支撐肩帶。注意這樣的姿勢扭轉對頸部角度所造成的影響。

你在廚房彎腰擦拭地板上的柳橙汁（然後回復為站姿）或在床上翻身的方式，都顯示出你選擇如何使用自己的身體。

身處二十一世紀初期，我們已經慣於犧牲平衡對稱來換取斜倚或躺臥的姿勢。基本上，這並沒有錯，畢竟算是可塑性及多樣性的表現，沒錯吧？只要你曉得損壞的關節及疲憊的肌肉是有可能帶來充滿疼痛的結果的。

在你還在思考的同時，讓我們瀏覽一些日常生活中經常出現的體位、姿勢及動作吧！

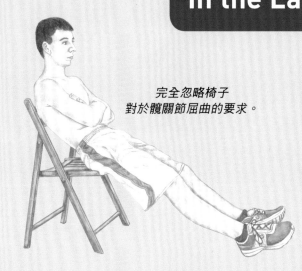

完全忽略椅子
對於髖關節屈曲的要求。

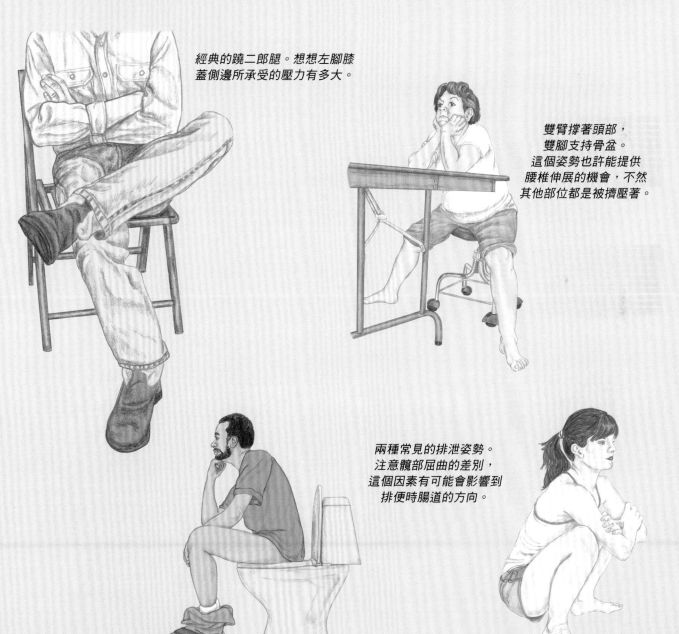

經典的蹺二郎腿。想想左腳膝蓋側邊所承受的壓力有多大。

雙臂撐著頭部，
雙腳支持骨盆。
這個姿勢也許能提供
腰椎伸展的機會，不然
其他部位都是被擠壓著。

兩種常見的排泄姿勢。
注意髖部屈曲的差別，
這個因素有可能會影響到
排便時腸道的方向。

坐姿、彎腰及仰臥（續）

當屈曲並非發生在髖關節，
而是藉由骨盆前傾進行時，
動作也會轉移到其他部位，像是脊椎。

利用全身的力量來舉起加重球。
仔細觀察這個動作如何使髖部、
膝蓋及腳踝都完全參與其中。

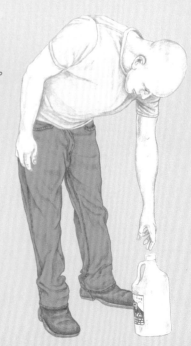

從腰部及髖部向下彎曲。
注意身體上半部
及下半部的區分。

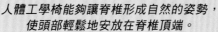

這個半坐半站的姿勢乃真有其事，
為了一封電子郵件而犧牲掉身體的
舒適、平衡及穩定。

人體工學椅能夠讓脊椎形成自然的姿勢，
使頭部輕鬆地安放在脊椎頂端。

宿舍房間的走道。是一個促進靜脈
及淋巴從小腿回流的好方法。

愛因斯坦發現站著比坐著更合適。
現在,你還買得到可配合站姿
或坐姿調整高度的書桌。

頭部變得沉重,
甚至需要用手撐著。
但這麼做真的有使頸部肌肉放鬆嗎?
抑或只是使其更加緊繃呢?

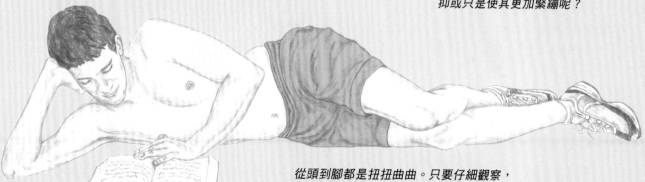

從頭到腳都是扭扭曲曲。只要仔細觀察,
便可發現這些姿勢當中有許多都是無法持久,
而必須不斷變換調整,原因在於它們從長遠來看
一般都是令人不舒服的。

章節回顧問答：姿勢

（你可以上網在 booksdiscovery.com 學生專區找到解答）

1. 姿勢包括……？（p. 204）
   a. 所有身體區塊與各種部位
   b. 只有骨盆與下肢
   c. 只有上下肢
   d. 只有骨盆、脊椎和頭部

2. 良好的姿勢指的是？（p. 208）
   a. 當脊椎垂直的時候
   b. 專注於外觀，而非平衡的排列
   c. 反映身體結構與關節的支撐
   d. 將書擺在頭上的平衡，可以決定什麼是良好的
      姿勢。

3. 彎腰駝背的姿勢比站立的姿勢更舒服，是因為：
   （p. 208）
   a. 適合關節的結構
   b. 對結締組織較輕鬆
   c. 比站姿花費的力氣更小
   d. 身體設計自然如此

4. 對於良好的垂直姿勢需要……？（p. 209）
   a. 明顯的肌肉收縮
   b. 肌肉的參與相當少
   c. 筋膜不會參與
   d. 動作肌全然的輔助

5. 肌筋膜核心的肌肉包括……？（p. 210–211）
   a. 腹橫肌和胸鎖乳突肌
   b. 胸大肌和腹斜肌
   c. 多裂肌和橫膈膜
   d. 腰大肌和菱形肌

6. 後弓前凸姿勢指的是？（p. 214）
   a. 脊椎 Z 字形的形狀
   b. 骨盆後傾
   c. 緊實的腹肌和臟旁肌參與
   d. 脊椎曲度減少

7. 斜頸是因為……？（p. 215）
   a. 胸椎後凸程度減少
   b. 頭頸部不正常的傾斜
   c. 下背部和骨盆的不正常變化
   d. 腰椎前凸程度減少

8. 頭部前傾是因為……？（p. 217）
   a. 延長胸椎側屈肌
   b. 延長頸椎側屈肌
   c. 縮短胸椎側屈肌
   d. 縮短頸椎側伸肌

9. 當哪個選項發生的時候，足部會旋前過度？
   （p. 218）
   a. 前足旋前
   b. 足弓塌陷
   c. 足弓過高
   d. 足跟旋前

10. 下列選項何者正確地敘述了次變形？（p.
219）
   a. 因為身體有兩種主變形導致
   b. 因為身體一層一層的排列不佳所導致
   c. 因為部分身體的排列不佳所導致
   d. 由身體其他部位的不平衡所導致的問題

這裡有三種舉起箱子的方法，各有利弊。

15

步態

目的

- 定義步態。

- 辨識和描述步態的不同組成和它們個別如何影響人類動作。

- 對比步態的兩個階段。

- 描述髖關節在步態擺盪期和站立期的兩種不同角色。

- 指出步態循環的八個狀態，和每個時期運用的肌肉。

- 列出並解釋不正常的步態。

- 評估並討論同學的步態造成什麼影響。

本章精華

2001 年，看到美國長跑隊遠遠落後在其他國家之後，紐約馬拉松的冠軍與教練阿爾貝托・薩拉查，開始發起 Nike 奧勒岡計畫，復興美國長跑運動。

他招募來的組員，都是大學畢業的運動員，兼具才華與潛能，他很快地就注意到生物力學的重要。跑者的身體和步態都全數被仔細分析，包括步幅、軀幹角度，腳步落下時腳踝的角度，手肘在前臂的高度配合甩動的方式，甚至是拇指擺放的位置。

改變一位菁英運動員跑步的方式，需要非常細膩。經過多年、幾千英里的訓練，跑者的節奏和姿態排列，已經和他們的神經系統緊密結合。即便是姿勢上極小的改變，他們的身體也可能會引發連鎖效應，甚至受傷。薩拉查教練卻認為這值得冒險，即便他自己在膕旁肌和膝蓋組織受傷後，也因為生物力學表現不佳，因而終生退役。

在接下來的這一章，你會發現我們走路的方式，並不適合用在馬拉松。沿著海灘散步或是拉著行李衝過機場的走路方式，也都非常不同。

◆ 馬拉松選手的步幅和奧林匹克短跑選手的步幅有何不同？

◆ 馬拉松選手和其他運動員，通常會彎曲手臂奔跑。這會如何影響他們的步態？

◆ 從靜止姿態起跑，哪一條肌肉是你啟動步態循環的第一條肌肉？

◆ 從走路的狀態開始，哪一條肌肉的參與讓你完全停下來？

本章節內容

步態

在我們將人體全身上下的零件組裝完成並使其站起直立後，接下來便是最終的挑戰——藉由行走將身體從某處移動到另一處。

我們在第 205 頁曾經簡單提到，所謂**步態**（gait）就是「行走的方式」。只要使站姿往前移動，便可產生步態，行走的方式同時還帶有站姿的特性。簡單來說，步態是移動中的姿勢，而站姿會影響行走的方式。

對直立的雙足動物，也就是人類來說，行走是需要一些技巧與協調的。這麼說一點也不誇張，畢竟如此不穩、直立的姿勢可說是把一切的希望都寄託在「於動作中」還能夠保持在兩條垂直的下肢頂端的脊椎。

你所踏出的每一步，都必須先刻意失去平衡再重新取得，接著又迅速失去平衡，只為了繼續下一步。（一言以蔽之，行走就是這麼一回事了。）只要這個擺動能夠持續下去，便可形成向前的移動，也就是行走。我們的計畫是要為你打造一套平穩、舒適而又機動的常態行走循環。然而，你的步態最終將會有屬於自己的癖好及小動作，從中將顯露出你的性格、心情及健康狀態。不過，無論你（或其他人）的行走方式如何，步態的一般要素都是相同的，就讓我們來仔細看一看吧！

15.1 你可以齊足跳（hop）。

15.2 蹦蹦跳（skip）。

15.3 躍起跳（jump）。

> 步態顯然與雙腳大有關係。不過，更精確地說，應該是與任何需要用到下肢，以便使你向前產生位移的運動系統有關係，例如行走、跑步、齊足（或單腳）跳或蹦蹦跳（15.1～15.5）。儘管你有所選擇，但沒有任何移動模式的效率、舒適度及距離比得上老派的走路。

15.4 使用助行器。

15.5 呃，這不算是典型的方式。

步步為營

為了讓你走起來，我們必須能夠辨識行走的分解動作，就從最小的部分——**一個跨步**（step）開始吧！穿過一間房，注意一下當你的左腳跟著地後，右腳跟也跟著著地時，在這兩者間所發生的動作便是一個跨步，也就是將一隻腳放在另一隻腳前面的動作。兩腳腳跟之間的距離便是**步長**（step length）。漫步走過森林的步長較短，搶免費冰淇淋的步長則較長。若是不管速度，則自己每一腳的步長應該都是相等的。

再次穿過一間房，這回每次走兩步：左腳跟、右腳跟、左腳跟。恭喜，你已經完成了一個**步態週期**（gait cycle）。在同一腳腳跟首次與再次著地之間的動作便是一個**步伐**（stride）。行走便是由一連串左右步態週期的交替所組成。你在一個步態循環中（在兩隻左腳跟之間）所移動的距離，便是你的**步幅**（stride length）。

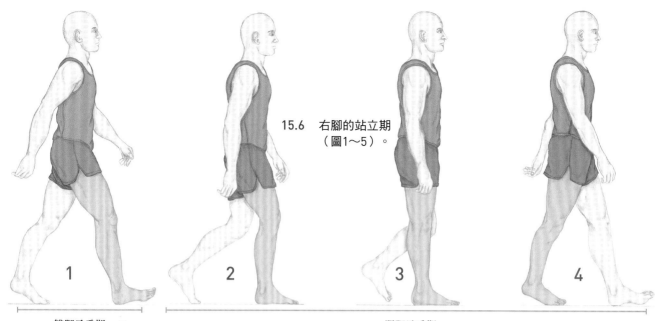

15.6 右腳的站立期
（圖1～5）。

1　雙腳承重期

2　3　4　單腳承重期

站立期及擺盪期

　　更進一步來看，步態週期可再分為兩個部分：站立期以及擺盪期（15.6、15.7）。

　　顧名思義，行走中的**站立期**（stance phase）發生於足部仍在地面的時候。站立期始於腳跟著地、終於足部懸空，占了整個步態週期的 60％。**擺盪期**（swing phase）則是足部懸空時所發生的活動，占了整個步態週期的 30％。

　　你或許沒注意到，在每個步態週期中，會發生三件重要的工作以遂行正常的移動。首先，是所謂的**承重**，發生在站立期開始，足部與地面接觸時。

　　第二是在站立期間承受體重的**單腳承重期**。第三是另一隻腳在擺盪期間向前擺動以便進行**下肢推進**。

　　除非你是拖著腳步走過房間，否則在一個步伐內一定會有單腳或雙腳離地的時候。在步態週期中的站立期內，會發生兩次雙腳皆著地的**雙腳承重期**，每次各占整個週期的 10％。在步伐中也會出現兩次只有單腳著地的**單腳承重期**，各占整個週期的 30％。

　　若你想要有雙腳皆離地的**無承重期**，又稱為滯空期，那就奔跑、齊足跳、蹦蹦跳或躍起跳看看，這是走路過程中不會有的。

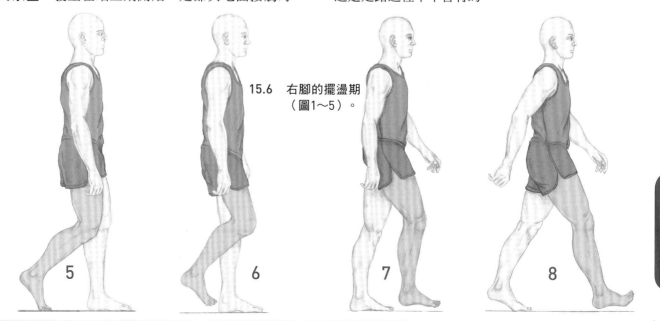

15.6 右腳的擺盪期
（圖1～5）。

5　6　7　8　下肢推進

雙腳承重期　　　　　　　　單腳承重期

步

態

站立期及擺盪期（續）

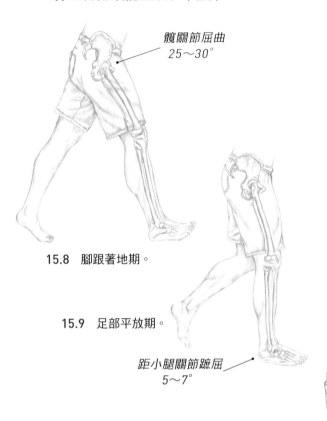

髖關節屈曲
25～30°

15.8　腳跟著地期。

15.9　足部平放期。

距小腿關節蹠屈
5～7°

脛股關節屈曲5°

15.10　站立中期。

　　準備進入**站立中期**：也就是身體通過承受體重的支撐腳時嘍（15.10）！當腳踝呈現背屈（並非背屈肌收縮所致，而是身體往前的動量造成），蹠屈肌則開始收縮，它們身負控制腳踝上的腿部移動速度之重責大任。膝關節及髖關節仍然是伸直，軀幹及雙臂皆處於自然姿勢。

　　接著是站立期的後半，來到了**腳跟離地**的階段（15.11）。背屈的踝關節很快又變成蹠屈，於是開啟了蹠屈肌將身體往前推的「推進期（propulsion phase）」。此時膝關節及髖關節皆呈現伸直，軀幹轉向支撐腳的對側，與支撐腳同側的手臂則向前擺動。

　　腳趾離地期告訴我們推進期及站立期的結束（15.12）。踝輕輕蹠屈，膝關節及髖關節也開始屈曲。當站立期結束時，擺盪期隨之展開。

站立期

　　站立期：步態週期中足部與地面接觸的部分，可以再細分為五個階段，從**腳跟著地期**（heel strike）開始，經過**足部平放期**（foot flat）、**站立中期**（midstance）及**腳跟離地期**（heel-off），最後則是**腳趾離地期**（toe-off）。

　　當「腳跟接觸到地面」（**腳跟著地期**）時，踝關節是處於正中位置（未朝任一方向屈曲）（15.8），接著膝關節開始屈曲，吸收部分著地所產生的震動，而髖關節則屈曲呈25°。脊椎在整個步態週期中都保持直立，但軀幹則會朝支撐腳該側旋轉。稍後當你準備好以正常速度步行時，軀幹的旋轉對於保持上半身的擺動平衡來說是相當重要的。

　　當身體重量開始落到支撐腳時，腳跟著地會轉換成**足部平放期**（15.9）。此時「整個足部都與地面接觸」，踝關節則蹠屈成5°左右。為了避免腳底直接拍打地面，背屈肌會離心收縮替足部「踩煞車」。同時，膝關節會屈曲成20°，髖關節則進行伸直，以便身體其他部位「跟上」支撐腳。

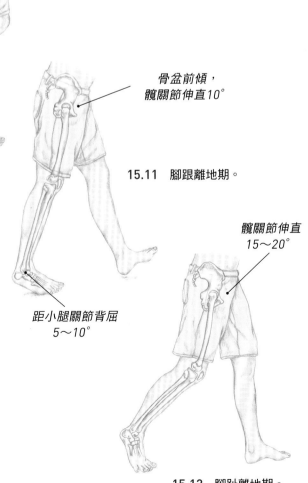

骨盆呈水平

15.11　腳跟離地期。

骨盆前傾，
髖關節伸直10°

髖關節伸直
15～20°

距小腿關節背屈
5～10°

15.12　腳趾離地期。

步態

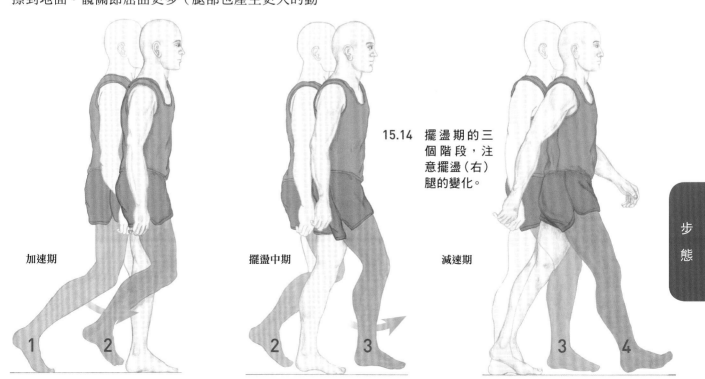

骨盆後傾

脛股關節屈曲30°

髖關節屈曲 15～20°

脛股關節屈曲 60°

髖關節屈曲 25～30°

15.13 擺盪期的三個階段，注意骨骼的變化。

加速期　　　　　　　擺盪中期　　　　　　　減速期

擺盪期

我們不能就這樣把腳拋在身體後方吊掛著，而必須展開**擺盪期**。擺盪期發生於足部未承受重量時，由三個階段組成：加速期、擺動中期以及減速期（15.3、15.4）。

擺盪期始於**加速期**（acceleration），原本在身體重心後方的腿部及足部開始急起直追。此時踝關節背屈，髖關節及膝關節則屈曲。

在**擺動中期**（midswing）內，腿部及足部被往前拉，此時踝關節呈正中位置，膝關節及髖關節更進一步屈曲，以確保腳趾在通過身體底部時不會摩擦到地面。髖關節屈曲更多（腿部也產生更大的動量），使腿部更接近前方。

為了避免你的腿像美國喜劇演員馬克斯兄弟（Marx Brothers）那樣誇張地向前飛，我們得設法讓它慢下來。**減速期**（deceleration）正是讓腿部及足部「踩剎車」，為即將開始的站立期，也就是腳跟著地期做好準備。因此踝關節成正中位置，膝關節伸直，而膕旁肌則是離心收縮以限制腿部。待髖關節屈曲，腿部便無法再繼續前進。

完整的站立期及擺盪期即代表一個完整的步態週期。

15.14 擺盪期的三個階段，注意擺盪（右）腿的變化。

加速期　　　　　　　擺盪中期　　　　　　　減速期

1　2　　　2　3　　　3　4

步態

步態及髖部

到目前為止，我們的重點幾乎都擺在腿部及足部上，但真實的步行是需要全身都動起來的。（試著保持上半身僵直走走看看，你連一步都跨不出去。）

當你在走路時，可以輕易地注意到腿部、足部、軀幹及手臂的動作。不過有一個在幕後連結所有這些部位的關鍵角色，那就是你的骨盆。

為了產生自然而完整的步伐，骨盆必須朝三個方向（沿著三個軸）運動。首先，在步態週期中，骨盆會有大約 5 公分的**上下位移**，當骨盆的一邊升起時，另一邊便降低。而骨盆在站立中期達到最高點，在腳跟著地期時達到最低點。如此波動讓足部在擺盪期有更多上下移動的空間（15.15）。怎麼觀察這樣的位移呢？站在白板前與之平行，拿一支白板筆放在髖部的高度，

然後試著一邊直走一邊畫出一條直線。你所畫出來的線將會依循骨盆運動而呈現波浪狀（15.16）。

其次，骨盆也會進行大約 5 公分的**側向位移**。如此擺動會在步態週期之間藉站立中期所產生的最大位移使身體重心左右搖晃。這個位移亦構成骨盆為了使足部足以往前擺盪而必須移動的距離（15.17）。

最後，骨盆還會進行**前後位移**。例如骨盆左側在左腿跨出以腳跟著地時，會向前旋轉最大的距離。把雙手放在骨盆上稍微走幾步路，便能發現這個細微的骨盆前後運動。加大步伐可使其旋轉幅度變大，縮小跨步則會使其變小（15.18）。因此，健康的步態週期需要骨盆進行上下、左右以及前後位移的動作。

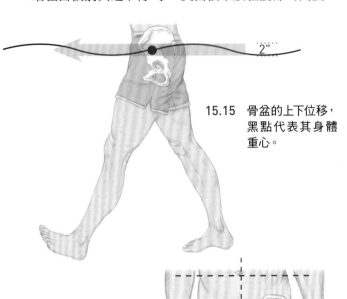

15.15　骨盆的上下位移，黑點代表其身體重心。

15.16　從白板看骨盆的上下位移。

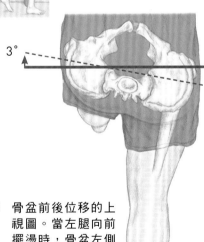

15.18　骨盆前後位移的上視圖。當左腿向前擺盪時，骨盆左側也向前位移。

15.17　骨盆側向位移的前視圖。當右腳向前擺盪時，骨盆右側會下墜，同時整個向左位移。

為什麼骨盆在腳趾離地期及接下來的擺盪期間不會大幅下墜呢？畢竟，隨著腿部抬離地面，該側的骨盆將失去支撐而理應下墜，沒錯吧？這多虧對側（承重）的髖外展肌群以及同側豎脊肌的合作，才讓骨盆得以保持水平。

影響步態的其他因素

各種測量方式

一般人的**步長**（例如左腳腳跟至右腳腳跟的距離）大約是38～46公分，身高越高則步長越長。步長的兩倍便是一般人的**步幅**，大約是76～91公分。

除非是在走鋼索，否則步態必定包含一些**步寬**（step width），也就是兩腳跟的橫向距離，約5～10公分。

雙足並非筆直朝向前方，而是略微向外張開，其角度稱為**足角**，約介於5～8°，步行速度越快則足角越小。

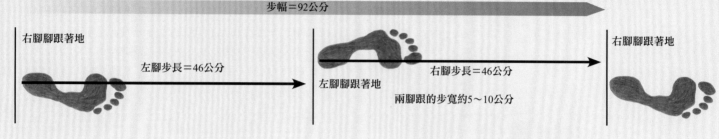

步幅＝92公分

右腳腳跟著地　　　左腳步長＝46公分　　　左腳腳跟著地　　　右腳步長＝46公分　　　兩腳跟的步寬約5～10公分　　　右腳腳跟著地

步頻

你也許會覺得奧運競走的選手很好笑，但若要你試著跟上他們的**步頻**（cadence），你大概就笑不出來了。一般人的步頻是每分鐘100～120步，慢一點的話大約70～90步，奧運選手每分鐘則可高達145步以上（**如左圖**）。

如果你想追過競走選手，試試「跑步」吧！如此一來大約可達到每分鐘180步，並且會產生「滯空期（float moment）」，一段雙足皆離開地面的無承重期。

若你想讓雙腳保持在地面，那就慢慢走。藉由拉長站立期、縮短擺盪期，增加雙腳承重（雙足皆位於地面）的時間。因此，平衡不佳的人，例如年長者，就必須慢慢走，以延長其足部與地面接觸的時間。

軀幹旋轉及對側肢體動作

走路最後看起來似乎是個沿著矢狀面的線性運動，但這個前進的動作若無全身其他數個關鍵的旋轉配合，將無從發生。

讓我們將你在大街上行走的樣子拍下來吧！為了觀察對側的行走組織，我們將「凍結」一個鏡頭。在該快照中，你的右腿及左臂同時向前擺動（如右圖）。右側骨盆隨著右腿往前，同時將左側骨盆往後帶。當左臂向前擺動時，上半身將向右旋轉，使得全身看似有許多矛盾的動作。

現在，讓我們倒帶並且重播一次吧！在此我們見到了腿部的震盪擺動所產生的向前動量，當一腳向前踢時，另一腳則往地上蹬。同時，你的軀幹旋轉以及手臂的來回擺盪都有助於保持體重平衡，並產生更多向前的推進力量。

競走。

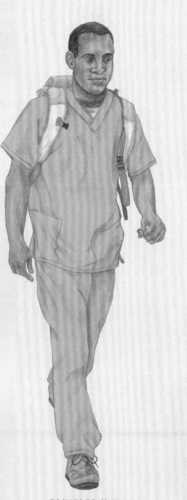

對側肢體動作。

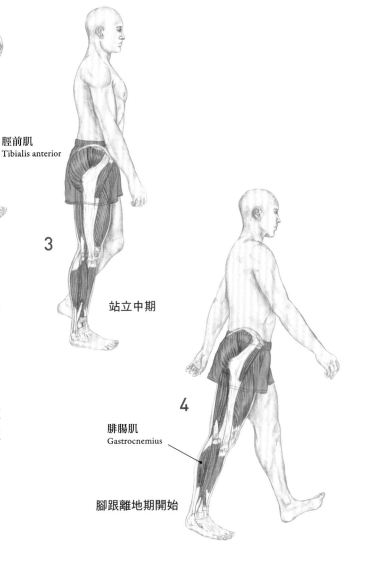

步態中的肌肉活動

讓我們將步態週期分解成八個部分，仔細看看不同階段的下肢肌肉是如何運作的吧（15.19、15.20）！

腳跟著地期

當腿部完成向前擺盪後，便需要減速。因此，髖伸肌（臀大肌及膕旁肌）、膝屈肌（膕旁肌及腓腸肌）以及蹠屈肌（腓腸肌及比目魚肌）會進行等長收縮，使髖部及腿部穩定，停止繼續動作。

（一連串重複的肌肉，很有趣吧！）

同一時間，髖屈肌（髂腰肌、股直肌）及膝伸肌（股四頭肌群）則會進行向心收縮，使腿部擺放成腳跟著地的位置。

多裂肌
Multifidi

腰大肌
Psoas major

股四頭肌
Quadriceps

1

腳跟著地期

15.19　站立期的四個階段

臀大肌
Gluteus maximus

膕旁肌
Hamstrings

2

脛前肌
Tibialis anterior

足部平放期

3

站立中期

腓腸肌
Gastrocnemius

4

腳跟離地期開始

足部平放期

當背屈肌進行離心收縮，使前足放下至地面時，膝屈肌（膕旁肌）則進行向心收縮，為站立中期時關節所要承受的重量預做準備。

站立中期

當身體重量移至腿部時，我們需要一些等長收縮的穩定。因此，髖外展肌群（三塊臀肌）會收縮，使髖部穩定並避免過度內收。而為了支撐膝蓋及腳踝，膝伸肌（股四頭肌）及蹠屈肌也會進行等長收縮。

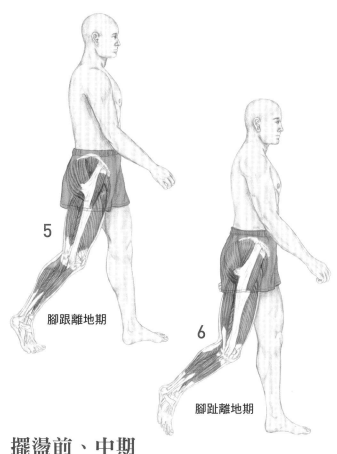

腳跟離地期

在腿部移動到身體後方，腳跟準備離地時，蹠屈肌（腓腸肌及比目魚肌）便會進行向心收縮，使腳跟抬起；髖伸肌（臀大肌／膕旁肌）及膝伸肌（股四頭肌群）也會同時進行向心收縮，以伸直髖關節及膝關節。

腳趾離地期

髖伸肌及蹠屈肌會產生更進一步的向心收縮，尤其是後者的肌群（腓腸肌及比目魚肌），藉此將腳趾推離地面以方便拖移，背屈肌（伸趾肌及伸拇長肌）則伸有腳趾。而為了避免腿部往後擺動的幅度太大（並為接下來的擺盪期做準備），髖屈肌（髂腰肌及股直肌）會進行離心收縮。

腳跟離地期

腳趾離地期

擺盪前、中期

為了確保在擺盪中期時你的腳趾不會刮到地面，你的一些膝屈肌和背屈肌需要進行向心收縮來保持膝關節及踝關節屈曲。而當你的重量不輕的腿部要往前時，將會透過髖伸肌的離心收縮來保持動量。這些動作會持續到擺盪中期，確保腳趾安然掃過地面。

擺盪後期

為了使足部準備腳跟著地，髖屈肌（髂腰肌及股直肌）及膝伸肌（股四頭肌）會進行向心收縮。而就像我們在腳跟著地期看到的一樣，髖伸肌及膝屈肌會進行等長收縮，以幫助腿部「踩煞車」。

擺盪前、中期

15.20　腳跟離地期（圖5）及擺盪期的三個階段（圖6～8）。

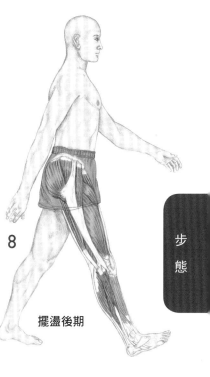

擺盪後期

跌倒或不跌倒

走路可説是一個差點就要跌倒卻又成功化險為夷的連續動作。大多數人都把這個充滿動態的行為視作輕而易舉，不做多想。但是對分布在年齡層兩端的成員——幼兒及長者來說，跌倒是貨真價實可能發生的事情。

對小孩子而言，跌倒是站立及學步的必經過程。由於重心較低（不會跌太遠）且關節吸震功能絕佳，跌倒反而是在發展站姿及後續行走的平衡感及協調性中不可或缺的一部分。

然而，對高齡九旬的祖父來說，一個跌倒有可能會帶來可怕的後果。隨著行動及平衡能力的日漸衰弱，晚年生活不只充滿跌倒的可能，甚至時時伴隨對此意外的恐懼。

步態

家具及衣著

在數百年前，一個原始人從蹲姿站了起來，並且一屁股坐在巨石上。從那一刻開始，姿勢與動作有了巨大的變化。就在那一瞬間，以及從此之後的家具發展，對姿勢短暫放鬆的追求勝過了功能上的完整性（人體的原始設計是可以蹲下，而非坐下）。後來，當第一塊鹿皮被披上肩膀保暖，一切就變得更有趣了。舒適輕鬆再次遮蔽姿勢平衡的重要。

時至今日，人類已發展出各式各樣精妙的方式以便於維持種種不同的姿勢。以歷史與文化的觀點上來看，你的姿勢與活動度影響的不只是皮膚下的身體結構，也影響著外表的樣貌。

靠坐在辦公椅上，與站姿非常
類似，只是歪斜了45°。

輪椅人生。
即便行動力受到限制，
生活品質還是有辦法維持下去。

古老的「升降機」一步步高升。
對人類運動所造成的影響之大，
或許莫過於樓梯的發明了。

踮起腳尖。
有時就算有凳子或其他器具
卻還是差了那麼一點。

小小的輔助能帶來大大的改變。
想想原本左腳所負擔的體重減少後，
造成的不平衡會對左側髖部
及肩膀帶來什麼影響。

緊身牛仔褲、舒適環繞的椅子、束衣、水泥地、領帶以及柔軟的床，這些東西都需要身體組織做出一些偏移、扭轉或擠壓。就算是一支智慧型手機也會對活動度造成限制，塞一支在褲子前方的口袋，然後屈曲髖關節看看就知道了。

一切聽起來似乎都是負面的，或許是因為在我們的文化中，大部分家具設施及服飾幾乎都被刻意設計以負面的方式來改變你的動作，換句話說，就是對其造成限制。這四頁便讓你一窺衣著及家具的世界如何影響人類搬運、放下並調整骨骼、肌肉及筋膜的位置。

該午睡的時候，
無論在哪裡，就睡吧。

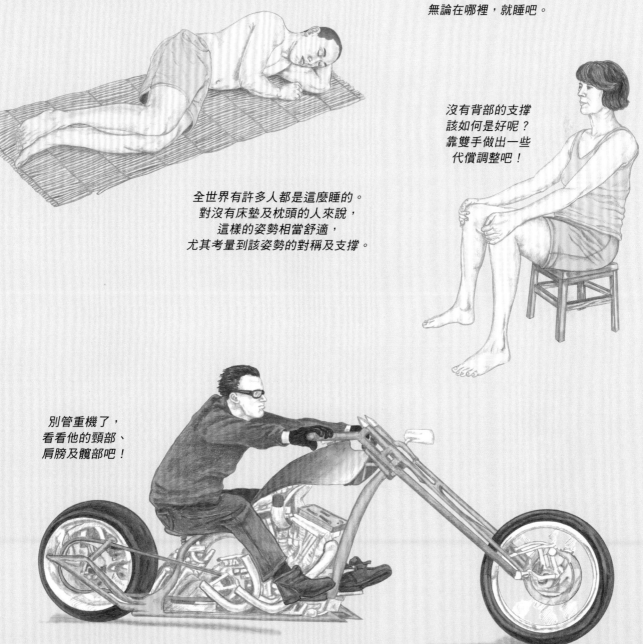

全世界有許多人都是這麼睡的。
對沒有床墊及枕頭的人來說，
這樣的姿勢相當舒適，
尤其考量到該姿勢的對稱及支撐。

沒有背部的支撐
該如何是好呢？
靠雙手做出一些
代償調整吧！

別管重機了，
看看他的頸部、
肩膀及髖部吧！

家具及衣著（續）

皮帶及領帶是環繞
並繃緊身體的例子。

啊！時尚的代價。
長褲不只限制活動範圍，
還可能限縮血液及淋巴的流量。

談及服裝選擇（以及與其相應的姿勢），
好萊塢一向是引領潮流的重要指標，
無論虛構與否。在此，不只是帽子、
腰帶、靴子（還有槍枝），
連寬距的站姿、高翹的臀部及堅定的眼神
在在都傳遞著特定訊息。

剛上岸的她是覺得冷，
還是另有隱情呢？
比基尼（或其他布料較少的衣著）
展示的不只是身材，
還有個人穿著它的感受。

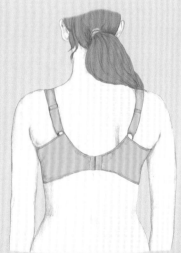

束腹及馬甲的進化——胸罩，
明顯是為了避免乳房下垂而發明，
這個限制胸廓的服飾
甚至已經創造出數十億的商機。

步態

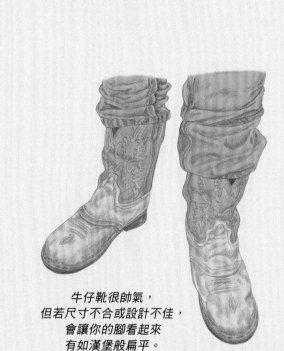

X光顯示穿著高跟鞋的足部骨骼。
就算不是足科醫師,
也看得出這可能
導致往上對腿部的影響。

現代都會區的腰線已經降到臀部中段區。

牛仔靴很帥氣,
但若尺寸不合或設計不佳,
會讓你的腳看起來
有如漢堡般扁平。

X光顯示穿著拖鞋的足部骨骼。
即使沒有足弓支撐,足部仍可維持其穩定,
但可能沒辦法長時間持續下去。

西裝一開始在19世紀是一種極度緊貼合身的設計,
傳遞出穿著者不可能是低下勞工階級的社會訊息,
因為穿著西裝時許多功能性的動作會受到限制,
時至今日仍然顯而易見。

異常步態

莫非定律說了：「凡是可能出錯的事必定會出錯。」交通、天氣、人際是如此，連步態也不例外。步行並非毫無風險，肌肉緊繃或衰弱、癱瘓、關節受傷、神經影響或疼痛等等都可能造成異常的行走模式。

這和獨特的走路風格不一樣。如前所述，每個人都有自己專屬的行走節奏，這也就是為什麼朋友能夠大老遠在認出你的臉之前就看出你來。你的移動方式也是身分辨識的方法之一。

不過，步態獨有而細微的特色：手臂的擺動、骨盆的傾斜、跨步的長短，與**異常步態**是不同的。帶有個人風格與帶著失能、失衡及不適的行走方式完全是兩回事。

異常的步態有許多種類及成因。腳踝扭傷後可能會造成短期的跛行；中風後從頭到腳都可能對行走產生永久的影響。異常的步態可能是下列原因造成的：

- 肌肉無力／癱瘓
- 關節活動範圍受限
- 神經影響

肌肉無力／癱瘓

在前幾頁中，我們找出了與行走相關的主要肌肉。在不同的狀態身體會對特定的肌肉有所需求，但若肌力減弱或癱瘓，那些肌肉便無法完全照著劇本走。

肌肉缺乏完成特定任務所需張力的情形很普遍，但還不算嚴重（只是肌肉無力而已），此時人體通常會將身體重心移往相關的肌肉，藉此代償肌力不足。如此安排看似不合常理，但稍後便會明白，這麼做的確是能減少肌肉負擔的。

臀大肌步態

回想一下，臀大肌在站立中期負責的是穩定髖關節在伸職狀態。若是臀大肌無力，則步態週期的這個階段將會失控。因此，人體會啟動防衛機制，使軀幹在腳跟著地時向後移，將身體重心挪到骨盆後側上方。雖然看起來笨拙蹣跚，但這樣的步態能夠減輕臀大肌在站立期維持髖關節伸直的負擔（15.21）。

臀中肌步態

若你的右側臀中肌無力，則會導致兩個後果。首先，在右腳站立期間，身體軀幹會向右傾斜，藉此減少臀中肌穩定骨盆所需的力量。其次，未受右側臀肌支撐的左側骨盆在左腿離地開始擺盪時，會降得比平常更低。此步態又被稱為**搖擺步態**（Trendelenburg gait）（15.22）。

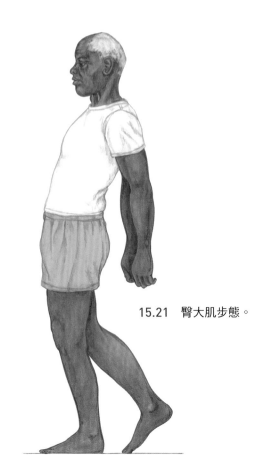

15.21　臀大肌步態。

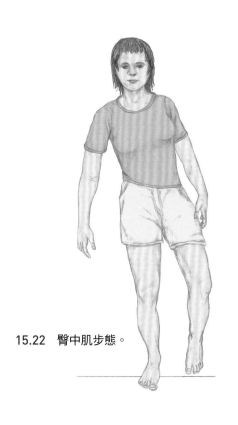

15.22　臀中肌步態。

股四頭肌無力

根據腿部其他肌肉的狀況，股四頭肌無力可能會引起數種代償模式。最常見的是身體在站立初期向前傾斜（至股四頭肌上方）。股四頭肌在步態週期的這個階段通常會出力避免膝關節彎曲，無力的股四頭肌則會讓關節容易受傷。因此，藉由將身體重心往前移，強迫膝關節向後退呈伸直的狀態（15.23）。

若是這樣行不通，可以試著在腳跟著地期時用臀大肌及腓腸肌來伸直膝關節。以臀大肌及腓腸肌作為髖伸肌及踝蹠屈肌，會產生一個閉鎖式的「反向動作」，將膝關節拉回伸直。

若是上述的代償策略皆無效時，還可以自己手動按壓大腿前側，使膝關節保持伸直，休·羅利（Hugh Laurie）在影集《怪醫豪斯》（House）中所飾演的豪斯醫生便常出現這個動作。

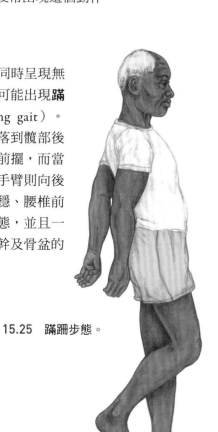

15.23
股四頭肌無力。

蹣跚步態

當多個肌群同時呈現無力的狀態時，便可能出現**蹣跚步態**（waddling gait）。此時，雙肩會滑落到髖部後方，身體整面向前擺，而當腿部往前伸時，手臂則向後揮，導致骨盆不穩、腰椎前凸增加、搖擺步態，並且一如所料地減少軀幹及骨盆的旋轉（15.25）。

15.25　蹣跚步態。

膕旁肌無力

若是膕旁肌在步態週期中無法產生足夠的肌力，可能會導致兩個後果。第一，膝關節在站立期會有過度伸展的現象，形成所謂的**膝反屈步態**（genu recurvatum gait）（15.24）。

第二，由於膕旁肌在擺盪期的減速階段中負責的是讓腿部慢下來，因此若膕旁肌無力提供該阻力，則會使膝關節猛然伸直。

15.24　膝反屈步態。

踝背屈肌無力

背屈肌的正常運作為適當的行走所不可或缺，若是少了背屈肌，便會產生一些常見的失能。讓我們分段來慢慢看吧！在站立期開始（腳跟接觸到地面）時，無力的背屈肌會使足部以相當平坦的方式落地。若是肌肉無法產生任何背屈，則足部將更加蹠屈，使腳趾成為著陸先鋒，呈現**馬蹄足步態**（equinus gait）（15.26）。

腳跟著地期後，在進入「足部平放」時，背屈肌被設計來進行離心收縮，使腳底緩緩回到地面。若是背屈肌無法承受身體的重量，便會發生**腳掌拍地**（foot slap）的情形，整個腳掌拍擊地面。

隨著步態週期進行到擺動期（腿部往前甩），若是這些肌肉無法有效使踝關節背屈，則會發生**垂足**（drop foot）。而由於足部無法在蹠屈時垂吊著，因此為了確保腳趾不會磨地，膝關節會被抬得比平常還高，形成**跨閾步態**（steppage gait）。

15.26
踝背屈肌無力。

異常步態（續）

關節活動範圍受限

有朝一日你可能會驚覺自己的關節無法再像以前那樣，在正常活動範圍內來去自如。這些由軟組織例如關節囊或周圍肌肉所造成的限制，也可能對步態有所影響。

髖關節屈曲攣縮

若是患有**髖關節屈曲攣縮**（hip flexion contracture），在站立中期及腳趾離地期時將無法完全伸直髖關節。為了彌補這項動作能力上的不足，軀幹必須前傾成類似鞠躬的姿勢（15.27）。

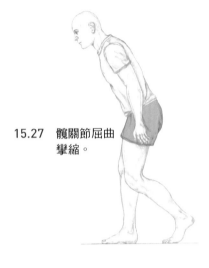

15.27 髖關節屈曲攣縮。

鐘錘步態

鐘錘步態（bell-clapper gait）是由髖關節融合鎖死所引起。我們曾經提過，若身體某部位的活動度受限，則會導致另一個部位的活動度增加（反之亦然），本例中的代價便是交由腰椎及骨盆執行。要將腿部向前擺盪時，腰椎前凸的幅度會減少，同時骨盆向後傾斜（15.28）。

相反地，當腿部在站立後期要向後擺盪時，腰椎前凸的幅度會增加，而骨盆則向前傾斜。

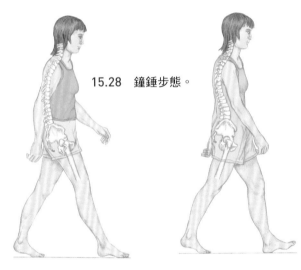

15.28 鐘錘步態。

跳躍步態

若你發現自己的膝關節有融合鎖死的現象，便表示你的整個下肢（從髖部到腳踝）是固定在一定長度的。其確切的長度將取決於脛股關節的位置——伸直、微屈等。若膝關節固定在伸直的位置，腿部在擺盪期便無法縮短。幸運的是，還有一些代償選項可單獨或同時執行。

假設融合鎖死的是左膝關節，那麼第一，你能做的是**跳躍步態**（vaulting gait），利用右腳腳趾將身體抬起（15.29）。第二，你能舉起左側髖部，以期向上抬升整個下肢。第三，你能將腿向外側擺盪。此一**環行步態**（circumducted gait）開始時腿部是位於腳趾離地期的中線，但當腿部要被往前帶時，卻以弧形往外側旋轉，而非筆直向前擺盪，接著再回到中線進行腳跟著地期（15.30）。

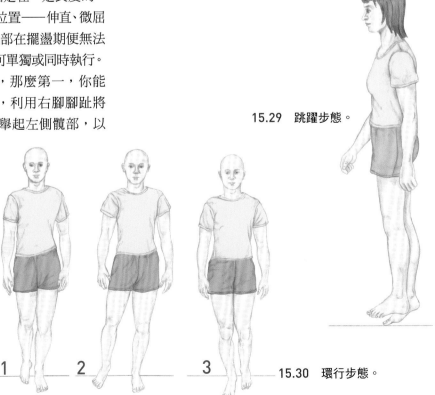

15.29 跳躍步態。

1 2 3   15.30 環行步態。

神經學的影響

即使你的軟組織及關節都很健康，步態還是有可能受到神經損傷的影響。這種損傷是由外傷、疾病或中風引起，可能造成痙攣及僵直，導致對步態週期中的某部分失去控制能力。

偏癱步態

若是受**偏癱步態**（hemiplegic gait）之擾，則行走方式將會因神經損傷及痙攣程度而有所不同。一般來說，髖關節會是伸直、內收及內旋。同時，膝關節則是伸直（但經常不穩定），足部呈現垂足且踝內翻。同側的手臂關節可能皆呈現屈曲姿勢。在行進時，該側通常沒有手臂擺盪的動作，也無法跨出較大的步長（15.31）。

帕金森步態（Parkinsonian gait）

帕金森氏症患者的步態受其疾病影響，行動因此受到限制。在站立時，手肘、腰部及下肢關節皆呈現屈曲的狀態。在行走時，大部分體重會落在前掌而導致小碎步（15.32）。

剪刀步態

剪刀步態（scissor gait）的模樣常見於微微傾倒的牽線木偶，包括腰部、髖關節及膝關節的屈曲。由於緊繃的內收肌造成過度內收，使雙腳的膝蓋及大腿彼此相碰，甚至交疊成剪刀的動作（15.33）。

運動失調步態

小腦是人體腦部中掌管運動的重要部位，一旦受損，可能導致**運動失調步態**（ataxic gait）。協調能力不足將引起動作不穩、平衡不佳，迫使你必須尋求較大的支撐面以便行走。此外，動作還會呈現搖晃、偏離的誇張行走風格。

屈膝步態

腦性麻痺以及其他動作控制病症患者，經常會出現**屈膝步態**（crouch gait），通常在行走時髖部及腿部會有習慣性屈曲，並有誇張的手臂側向擺盪以及軀幹旋轉。

不管你相不相信，人體的雙腿並不等長。兩腳通常會有 0.6公分的差距，有時甚至更大。對那些雙腿長度差異大者來說，在其中一腳加個小小的鞋跟墊便有幫助。但若無任何外在支援，便可能發展出往短腿側傾斜的模式，長腿側的膝關節及髖關節則越顯屈曲，使得長腿側的膝關節及髖關節會自然地屈曲。單腳穿鞋在屋子周圍走一圈，便能有所體會。

15.31 偏癱步態。

15.32 帕金森步態。

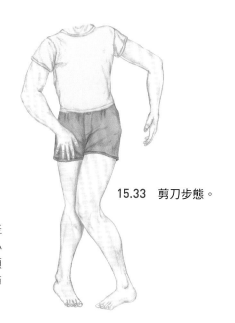

15.33 剪刀步態。

步
態

環顧四周

評估自己和他人的姿勢及步態

現在的你已經擁有完整的身體,並且熟悉站姿及步態,讓我們來散散步吧!這趟旅程的目的並非要測試你的腿部功能,而是要思索日常生活的姿勢及步態。觀察並評估他人的站立及運動方式,對於了解人體組織及關節將大有助益。

如果你是個學生,大可和同學相約穿上泳衣,方便分析彼此的站姿及步態,好處多多。不過一開始就直接前進大千世界觀察一般人在日常生活中如何保持穩定及活動以便進行各種事務,不但真實,而且更能發掘未加掩飾的缺點。來吧!出發嘍!

走在一條繁忙的街道上,你會

15.34 坐在長椅上,一切盡收眼底。

發現沒有兩個人的步態或站姿是完全一樣的。每個人的姿勢都是獨一無二,其行走方式及手腳擺放位置似乎還透露出內在特質的點點滴滴。

當我們有所發現時,記得別妄下判斷或指指點點,而要保持開闊的心胸及善意的雙眼。我們只要「見林不見樹」,收集第一印象即可。觀察的對象不是身體的部位或零件,而是同步一致移動的一個整體。

如果你沒什麼這方面的經驗,一開始可能會覺得困難重重。但就跟任何其他可習得的技能一樣,多練習就行了。讓我們找張公園的長椅坐下來更進一步探索吧(15.34)!

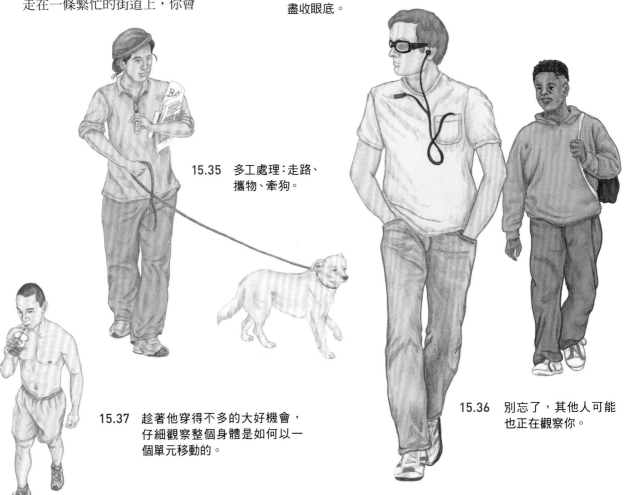

15.35 多工處理:走路、攜物、牽狗。

15.37 趁著他穿得不多的大好機會,仔細觀察整個身體是如何以一個單元移動的。

15.36 別忘了,其他人可能也正在觀察你。

步態

讓我們從姿勢看起吧！當我們環顧廣場四周時，注意到有許多人正站著等公車。太好了。你選了一位戴著帽子的紳士，但要從何看起呢？就讓我們從一些基本的問題開始吧！

1. **你對這個姿勢的第一個想法是什麼？** 答案可能各式各樣：放鬆的、平衡的、扭曲的、鬆垮的，你說了算。別想太多，記下第一印象就對了。

2. **你實際上看到了什麼？** 匆匆一瞥後，接下來就好好觀察全身吧！足部及髖部相對於脊椎位於何處？頭部擺放在什麼位置？肩膀呢？在此我們能深入細究，但別忘了整體大方向。

3. **你有察覺任何姿勢上的對稱或變形嗎？** 肩膀有一邊隆起嗎？骨盆從前到後、從左到右，有多平衡呢？身體重量是平均分布在雙足，還是偏重在某一腳的腳跟（或前掌）？

4. **你能想像被觀察者全身的骨架嗎？** 跟寒冷的冬天比起來，在穿著較少的海邊顯然是容易多了。不過，還是讓我們戴上想像的透視鏡，聚精會神一窺其髖部及脊椎吧！骨盆是傾斜還是平衡的？脊椎是直立還是彎移的？好好觀察其下肢，仔細思量肩胛骨、股骨以及其他骨骼的位置吧！

15.38 隨著他右側闊筋膜張肌完全收縮準備坐下，步態即將告一段落。

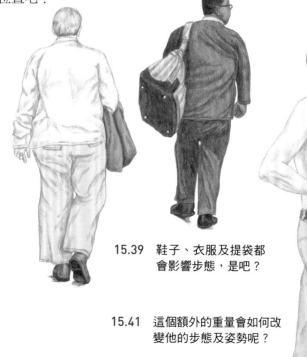

15.39 鞋子、衣服及提袋都會影響步態，是吧？

15.41 這個額外的重量會如何改變他的步態及姿勢呢？

15.40 即便是在休息，身體也有話要說。

步
態

環顧四周（續）

接下來，讓我們把焦點轉移到步態吧！你偷偷觀察一位從身旁走過的女性。下面有幾個討論問題：

1. 這個行走方式的特色是什麼？是慢、是快、輕快、笨重或平穩？你能辨析出帶給你如此印象的因素嗎？

2. 身體哪些部位產生動作？ 哪些部位沒有？兩側的動作相同，還是某一邊的手或腳擺動較多或與另一邊不同？

3. 身體哪個部位一馬當先？ 是頭部？還是髖部？有哪個部位看起來「被拋在後面」嗎？

4. **你是否能根據被觀察的步態來想像其靜止的姿勢呢？** 別忘了，步態只不過是移動中的姿勢。

5. 該步態（或姿勢）對稱或平衡嗎？ 若否，又是哪裡不協調呢？

藉由上述等等問題探究，我們會開始注意，步伐的長短、肩膀的寬窄、足部的旋轉、駝背或跛行以及四肢的擺動或僵硬。

15.42 請朋友從後方幫你錄影，能夠讓你用一個全新的角度觀察自己。

15.43 三種不同的跑步步態。問題來了：跨步伐通過鞋底的方式為何？肩膀及手肘的位置在哪裡？頭部相對於軀幹的位置呢？用哪裡呼吸──胸部、腹部或是整個胸腔呢？

這四頁（或者說整本書）可說是善意的詛咒。一旦你開始觀察別人的動作、站姿及手勢，就一輩子都停不下來了。就像音樂家會忍不住辨別周遭的聲音及節奏一樣，你也會發現自己不斷在注意他人的動作。

由此看來，本書就像是一支文字注射劑，一針下去讓你從此具備不得不注意的知覺。當你走過購物中心、觀賞體育賽事或照鏡子時，便會不自覺地感知到人體的姿勢及行為。你對他人選擇（或不選擇）擁有的方式之好奇或著迷，將會成為終生的嗜好。想一想，或許這是上天的恩賜呢！

步態

如果從解剖學的觀點來看，你可以開始想像哪些肌肉及結締組織可能呈現縮短或拉長的狀態，當你分別觀察關節承受體重、神經協調動作時，關節及神經也都活了過來。

現在輪到你了。拿出手機拍攝一小段你走過公園的影片。第一次看時你自己忍不住大笑，再次重播，你則開始以全新的角度注意自己步態的組成要素。商店正面、舞蹈教室或任何其他有大面反射玻璃的地方，都是能夠看看自己行走及站姿的大好機會。

當我們漫步走回車上時，我們討論了關於這種應用在自己及他人身上的評估，認為最好的方式是保持客觀。

要指出被觀察者「是好是壞」並不困難，尤其是當其動作明顯受到病痛干擾時。較為投入的心態（會收集完整而正確的全身狀況）是那種富有同理心與願意接納眼前實情者。

這一切都證明了肌動學並非只存在於書頁之間（例如本書），而是延伸、漫步，有時甚至沿著日常生活中有血有肉的人身上蹣跚而行的。

15.44　吉他手特別有擠壓自己身體組織的傾向。

15.45　與人同行時，會為了調整步調、個人空間而改變步態。

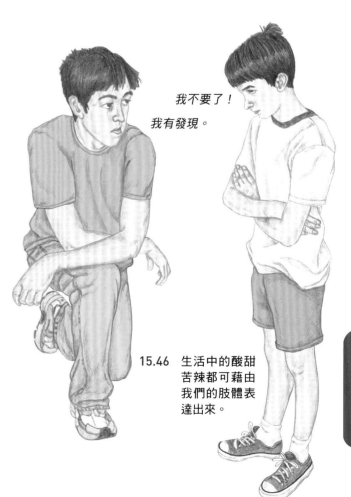

我不要了！

我有發現。

15.46　生活中的酸甜苦辣都可藉由我們的肢體表達出來。

步
態

日常動作，第二部分

精彩回顧

我們這一系列的旅程是從觀察一天 24 小時的人體動作開始的（第 6 頁）。接下來，我們組裝了一個具有保持平衡、收縮及協調功能而能運動的人體。在結束之前，讓我們再次看看日常生活的各種動作，重新檢視物理移動的關鍵概念及設計。

1 一切都是從結締組織開始。我們結合了這樣無所不在的基本材料，依其獨特的排列特性構成各種設計。接著，我們從結構及功能兩方面對結締組織檢視，發現某些組合適合壓縮，某些則適合伸展。

2 為了組裝出具有張力又能承受壓力的人體，我們合成了堅固僵硬的支撐系統（骨骼）及碰墊（軟骨），還有板金、管索（筋膜組織）。逛了一趟肉品走道後，我們將這些原料（加上幾桶液體）編織成一套結締組織網絡。

我的。

3 我們帶來鐵鎚及鋸子，接著從骨頭打造出滑液關節。然後，我們探討了六種滑液關節，有些是為了活動度而設計，有些則是為了穩定度。我們暫時停工，討論了活動範圍、終端感覺以及不同種類的關節運動。

4 接下來，我們聚焦介於骨骼之間，讓運動得以發生的關節。我們到馬戲團去認識了基面及轉軸，並探究人體的動作。我們發現能夠根據結構或功能對關節分類。

5 我們需要一些能夠收縮的組織，於是開始著手打造肌肉。我們將動作的過程大略描述了一下：肌肉收縮後拉扯肌腱，使骨骼繞著關節旋轉，身體某個部位就開始動了。接著我們「縮小」，從奈米等級的肌小節開始建構肌腹。待肌腹完工後，我們便檢查肌肉組織的各種功能。

6 單靠肌肉起不了什麼作用。事實上，如果沒有神經系統（更精確地說，是神經肌肉系統來介入、指揮及協調動作），肌肉連要抽搐都有困難。於是我們從零開始，先打造一個神經元，並及時為你做出了整個大腦及脊髓。接著，我們便「布線」，插入數個神經叢以及周邊神經貫穿你的雙手雙腳。

7 肌肉之所以具備如此功能，都得歸功於其四種驚人的特性。不過，若是少了有組織的結構，肌腹也只能無用武之地，為此我們替肌肉纖維設計了兩種基本的排列：平行及羽狀。然後，我們安裝三種收縮纖維將肌肉程式化。最後，這些肌肉就能夠以三種模式來收縮：縮短、拉長或維持原長。

8 肌肉扮演多種角色：作用肌、拮抗肌等等，如果不同肌肉沒有彼此協助，將無法發揮任何功能。我們學到為了產生平衡的動作，一個肌腹的收縮需要周圍的肌肉配合繃緊或放鬆。我們也分析了幾個影響肌肉角色的因素，並將肌筋膜單元分成姿勢肌及相位肌。

日常動作，第二部分（續）

9 在安裝了必要的神經零件後，我們啟動開關，卻發現事情變得一團亂，才知道原來活動度是需要接受相當程度監控的。於是，我們以本體感覺受器的形式安裝了一些探測裝置。肌梭等設計讓身體能夠探測到肌筋膜單元、肌腱及關節的動作，藉此修正其神經設定，反映出正常的活動。最後，我們帶了一位病患到治療床上實際操作。

10 你的結締組織、關節、肌肉及神經全都按照物理法則在運作。更確切地說，我們還需要將對生物力學的理解應用到人體上。我們略述了幾條有關運動的重要原則，並聚焦在人體最原始的力量來源之一——重力。接著，我們討論並應用牛頓的三大運動定律。

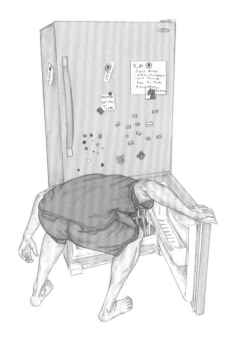

11 再來，我們探究了力及力矩。這些對你的病患甚至是你自己的動作都相當重要。當我們討論三種槓桿時，發現它們不只存在於工地，也活在你的體內。我們最後細想了在活動度中較少被提及的穩定度，發現「在每個好的動作肌背後都有好幾個絕佳的穩定肌」。

12 為了打造你的身體，我們買了零件來組裝，並應用一些物理學，接著就該是實測的時候了。對雙足直立的動物來說，站立及行走是兩大挑戰，因此我們將你垂直排列，仔細檢查你的姿勢。我們探究了軟組織在站立時的角色，在姿勢支持肌之外，還打造了一個肌筋膜核心。而直立也少不了有許多潛在的扭曲變形危險，於是我們又列舉了一些常見的狀況。

13 在你能夠站立後，我們便提高難度，讓你挑戰行走。走路的過程除了有一大群肌肉負責移動或穩定下肢、髖部及軀幹，還需要兩個不同階段：站立期及擺盪期，才能完成。途中我們暫停休息，探究家具器材、服飾衣物及身體位置會如何影響姿勢及步態。

在檢視數種異常的步態後，這趟旅程才畫上句點。接著，我們一起散步。現在你的身體已經完全具備維持直立姿勢以及向前行進的活動能力，我們便四處閒晃，觀察他人的姿勢與步態，用一雙溫柔凝視的雙眼與開放的心胸，接納周遭形形色色的人體奇觀。

14 我們在這四頁中呈現了人體一天的動作，如果拉長成一生來看呢？活動度會像一顆慢慢洩氣的氣球，隨著時間穩定地削弱。

要如何在年歲增長的狀況下，繼續維持柔軟度、肌力與身體活力呢？答案或許就藏在你自己的組織裡。畢竟，你生來就是一個要動的生物。就像「不使用、就失去」這句話所說的，人往往是越動越能動。你今天運動的程度將決定你明天的功能是否繼續維持正常。

動作是生命最好的指標，直到進入棺材才真正靜止。即便是躺在床上不動，肌肉張力依然保持姿勢穩定，呼吸肌肉及其他生理進程也不停地持續運作。誠摯希望這一趟書面的平衡、協調世界之旅已經帶你領略了自己及他人的動作之美。

誰知道呢？也許你將放下本書，然後到戶外用最簡單的方式散步。你永遠不知道會有什麼新發現，搞不好會遇到一對熱烈舞出內心渴望的八旬夫婦呢！

章節回顧問答：步態

（你可以上網在 booksdiscovery.com 學生專區找到解答）

1. 步態和行進用於形容人的什麼動作？（p. 226）
   a. 跑步
   b. 走路
   c. 站立
   d. 跳躍

2. 什麼事件發生的時候算是一個步態週期？
   （p. 226）
   a. 兩跨步合在一起的時候
   b. 站立期結束的時候
   c. 擺盪期結束的時候
   d. 四跨步合在一起的時候

3. 站立期佔了步態週期多少百分比？（p. 227）
   a. 20
   b. 40
   c. 60
   d. 80

4. 站立期的前三個動作依序排列？（p. 228）
   a. 腳跟離地期、足部平放期、腳跟著地期
   b. 腳跟著地期、足部平放期、站立中期
   c. 腳趾離地期、站立中期、腳跟著地期
   d. 足部平放期、腳跟著地期、站立中期

5. 擺盪期的三個階段？（p. 229）
   a. 加速期、擺動中期、減速期
   b. 加速期、減速期、動量
   c. 減速期、擺動中期、動量
   d. 減速期、擺動中期、加速期

6. 走路的時候，骨盆約往側向位移多少？（p. 230）
   a. 3 公分
   b. 5 公分
   c. 9 公分
   d. 11 公分

7. 步頻指的是？（p. 231）
   a. 一個人腳步的節奏
   b. 一個人走路的速度
   c. 每分鐘走的跨步數
   d. 每一跨步之間的距離

8. 哪一個肌群會在站立期的站立中期負責穩定髖部？（p. 232）
   a. 身體的屈肌群
   b. 髖部內收肌群
   c. 髖部外展肌群
   d. 腰部屈肌群

9. 腳踝背屈肌無力會導致哪一種異常步態？（p. 239）
   a. 蹣跚步態（Waddling gait）
   b. 搖擺步態（Trendelenburg gait）
   c. 馬蹄足步態（Equinus gait）
   d. 馬斯勒步態（whistler gait）

10. 當你準備回顧日常生活中的姿勢與步態時，最重要的是？（p. 242）
    a. 果決的態度和明確的判斷指標
    b. 開闊的心胸和善意的雙眼
    c. 批判性的眼力和一本筆記本
    d. 錄影機和幽默感

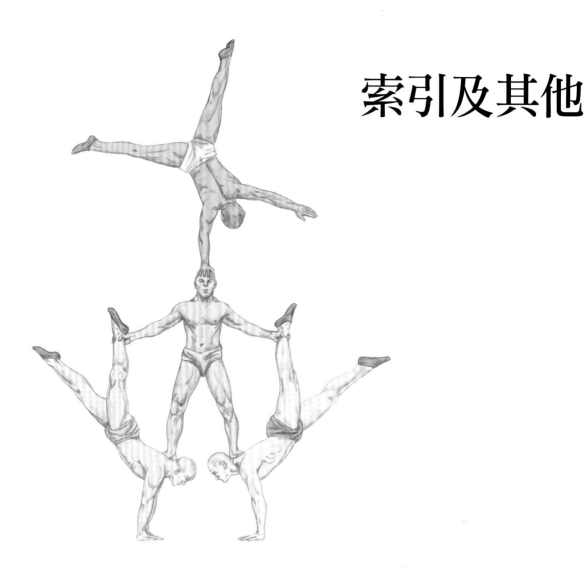

索引及其他

本章節內容

關節活動範圍一覽表（第57 - 62頁）

這些角度和指標，指的是身體各主要關節一般的活動範圍大小。

頸椎（從 C1-C2 到 C7-T1）

屈曲	40–60°
伸直	40–75°
側屈	45°
旋轉（往任一側）	50–80°

寰枕關節

屈曲	5°
伸直	10°
側屈	5°
旋轉（往任一側）	5°

寰樞關節

屈曲	5°
伸直	10°
側屈	40°
旋轉（往任一側）	40°

胸椎

屈曲	30–40°
伸直	20–25°
側屈	30°
旋轉（往任一側）	30°

腰椎

屈曲	50°
伸直	15°
側屈	20°
旋轉（往任一側）	5°

脊椎完整活動範圍
（頸椎 + 胸椎 + 腰椎）

屈曲	120–150°
伸直	75–115°
側屈	95°
旋轉（往任一側）	85–115°

顳頜關節

下壓	35–55mm
上提	0mm
前伸	3–6 mm
後縮	3–4 mm
側向偏移	10–15mm

盂肱（肩）骨關節

屈曲	100°
伸直	45°
外展	120°
內收	10°
外旋	50°
內旋	90°

肩鎖關節處的肩胛活動範圍

上旋	30°
下旋	0°

肩胛肋骨關節處的肩胛活動範圍

上旋	60°
下旋	0°

胸鎖關節

上提	45°
下壓	10°
前伸	30°
後縮	30°
上旋	45°
下旋	0°

肱尺（肘）關節

屈曲	145°
伸直	0°

橈尺關節

旋後	0°
旋前	160°

橈腕（腕）關節

屈曲	80°
伸直	70°
橈側偏移（外展）	30°
尺側偏移（內收）	20°

第一腕掌關節
（大拇指鞍狀關節椎）

屈曲	40°
伸直	10°
外展	60°
內收	10°

骨盆

前傾	30°
後傾	15°
下壓（往任一側）	30°
旋轉（往任一側）	15°

髖關節

屈曲	90°
伸直	20°
外展	40°
內收	20°
外旋	50°
內旋	40°

脛股（膝）關節

屈曲	140°
伸直	5°
內旋	15°
外旋	30°

距小腿（踝）關節

背屈	20°
蹠屈	45°

距下關節

內翻	20°
外翻	10°

詞彙表

肌動學 針對動作的研究。

力 任何造成物體發生改變的影響。

力矩 使物體繞著轉軸旋轉的力。

力偶 兩塊或兩塊以上的肌肉走向不同但造成同軸的關節運動。

力臂 肌肉的作用力線與旋轉軸心之間的垂直距離。

大腦 神經系統的中心，功能為協調知覺、智能及神經活動。

不動關節 無法移動的纖維關節。

不穩定平衡 物體穩定性易受些微力量擾亂的狀態。

中和肌 藉由收縮以便在主要動作進行時能夠抑制次要動作。

隨遇平衡 物體重心在受擾亂時，既不提高也不下降的狀態。

中軸骨 位於骨架中心的骨骼，包括頭骨、椎骨、肋骨、胸骨以及舌骨。

中間神經元 一種形成其他神經元間連結的神經元。

中樞神經系統 神經系統中負責整合接收自全身之資訊並協調各個部位活動的部分。

旋前過度 又稱為「扁平足」或「足弓下陷」，即足弓向下延伸直到足底與地面接觸的現象。

反射弧 引起反射動作的神經脈衝路徑。

反射動作 身體面對刺激時自動做出的無意識反應。

巴齊尼氏小體 一種本體感覺受器，能夠偵測關節囊周圍壓力的快速變化。

支持肌 在主要動作發生時維持身體其他部位在適當位置的肌肉。

支持帶 像繃帶般的條狀結締組織，通常用來提高肌腱穩定性。

支撐面 人體（通常是雙腳）與地面、地板或其他支撐表面接觸的部分。

站立期 步態週期中足部與地面接觸的階段。

比例 符合特定等分的尺寸。

主動不足 多關節肌肉已縮到最短而無法繼續提供有效的肌力。

主動活動範圍 在手法治療中，病患能夠靠自己肌力及意志所產生的運動幅度。

主動限制 有助於穩定關節的組織收縮。

主變形 發生於身體特定區域問題。

加成 收縮力量會藉由運動單元活化所傳遞神經訊號的速率決定。

加速度定律 物體的加速度與其所受的力量成正比，與其質量成反比。

活動度 移動能力。

可動關節 可以自由移動的滑液關節。

可塑性 變形並保持的能力。

四肢骨 骨骼中包含雙臂、雙腿、肩帶（肩胛骨、鎖骨）以及骨盆帶（髖部）的部分。

巨噬細胞 一種大型細胞，以固定細胞的形式存在器官組織中，或是以白血球的形式游離。

平行力 作用於同一平面，且互相平行的力。

平行肌 由相當長條但小於該肌肉全長的肌肉纖維所組成的肌肉。

平面 空間中一個想像的二維扁平面。

平衡 重量的平均分配。

本體感覺受器 一種對刺激特別敏感的受體細胞，會透過感覺神經將訊息送至中樞神經系統進行處理。

正常靜止長度 肌肉未受到刺激、無外力影響時的長度。

生理動作 人能夠主動以某個關節做出的運動。

矢狀面 將人體分成左右兩部分的垂直平面。

矢狀軸 貫穿軀幹前後的轉軸。

交互抑制 關節某側肌肉為了配合對側肌肉收縮而放鬆的生理現象。

共點力 兩個或兩個以上的力匯集在同一點，但各自朝不同的方向拉扯

合力 兩個或兩個以上不同的力之淨合。

向心收縮 一種肌肉長度會變短的收縮方式。

向量 帶有方向與大小的力。

成骨細胞 負責形成骨骼的細胞。

收縮性 肌肉受到刺激後收縮產生張力的能力。

收縮循環 肌肉中產生肌肉收縮的分子運動規律。

次變形 由身體其他部位的不平衡所導致的問題。

羽狀肌 肌肉纖維以傾斜角度與中央肌腱相連的肌肉。

肌小節 肌肉的基本單位。

肌內膜 包住每一條肌肉纖維的結締組織薄層。

肌外膜 由緻密不規則結締組織所構成的一層膜，包覆著整塊肌肉。

肌肉纖維 肌肉細胞。

肌束 由肌束膜一種結締組織包裹的一束骨骼肌纖維。

肌束膜 將肌肉纖維綑綁成肌束的結締組織。

肌原纖維 構成肌肉的柱狀基本單位，內含肌絲。

肌張力 由少量而不自主的肌肉收縮所引起的些微緊繃。

肌梭細胞 一種本體感覺受器，負責估計肌肉收縮及其改變長度的速率。

肌凝蛋白 肌肉纖維中可收縮的蛋白質，能組成粗肌絲。

肌筋膜核心 由許多深層肌腹及其周圍的筋膜成分所組成的結構。

肌筋膜單元 由肌肉及筋膜所組合，構成肌腹及其肌腱。

肌絲 由蛋白質所組成的肌原纖維細絲。

肌絲滑動機制 透過位於粗肌絲兩端的肌凝蛋白頭部與肌動蛋白連接，逐漸將細肌絲拉往 M 線（也就是肌小節中線）的過程。

肌腱 連結肌肉與骨骼的纖維組織。

肌腹 介於肌腱之間的肌肉（或肌筋膜單元）。

肌漿 一種環繞肌肉纖維組織的膠狀物質。

肌漿網 一套由充滿體液的導管所組成的精密系統，負責傳送鈣離子來引起收縮。

肌漿膜 骨骼肌、心肌或平滑肌細胞的細胞膜。

自由度 某處關節所能允許的最大運動平面數量。

自律神經系統 周邊神經系統中扮演控制系統的部分，幾乎都在潛意識中運作，控制內臟的功能。

伸展 延長而不會受傷的能力。

延展性 肌肉組織伸長而不會受傷的能力。

作用肌 收縮以產生主要動作的肌肉（或肌群）。

作用與反作用定律 每一個作用都有一個力量相等而方向相反地反作用。

扭傷 大多指的是如韌帶或其他非收縮性結締組織，發生拉扯或撕裂的情形。

抗力臂 抗力及支點之間的距離。

抗阻活動範圍 在手法治療中，要病患試圖做出對抗治療師阻力的動作。

步伐 同一腳腳跟首次與再次著地之間的動作。

步幅 步態循環中同腳兩次腳跟著地之間的距離。

步長 不同腳腳跟著地之間的距離。

步態 行走的方式。

步態週期 又稱為步伐，也就是發生於某足接觸地面與該足再次接觸地面之間的活動。

步頻 每分鐘所跨的步數。

沃爾夫定律 骨組織在承受壓力時會變得更緻密，形成更堅固的骨骼基質。

走向 肌肉施力於關節的方向。

足部平放期 步態週期中整個足部都與地面接觸的階段。

樞軸關節 一種滑液關節，由一塊骨骼的某一面在另一塊骨骼的環狀面中旋轉。

協同肌 輔助作用肌產生主要動作的肌肉。

協調 將各個不同的部位組織起來

周邊神經系統 神經系統中大腦及脊髓以外由神經及神經節所組成的部分。

屈肌逃避反射 一種脊髓的反射動作，目的為保護身體免於傷害。

拉力線 肌肉力量作用在關節上的方向。

拉伸強度 被拉往兩個不同方向而不會受傷的能力。

拉傷 肌肉或肌腱的拉扯或撕裂傷。

附屬動作 無法主動做出而必須依靠旁人協助的關節動作。

前凸曲度 脊椎中頸椎及腰椎的部分向前彎曲凸出的曲度。

姿勢 身體各部位相對於彼此的位置。

姿勢肌 維持身體直立及關節穩定的肌肉的曲度。

後弓曲度 脊椎中胸椎及薦椎的部分向後彎曲凸出。

拮抗肌 執行與作用肌動作相反的肌肉，在主要動作中會拉長。

施力臂 施力及支點之間的距離。

活動量 肌肉改變其長度的程度。

活動度不足 關節活動範圍受限。

活動度過大 關節活動範圍過度。

活動範圍 某個關節所能活動的範圍，通常以度數

表示。

相位肌 在關節運動中進行運動的肌肉。

突觸 任兩個神經元或一個神經元與終端器官（例如肌肉或腺體）間的連結。

重力 將物體往地心吸引的力。

重心 人體的平衡點，位於人體中線的第二節薦椎骨的前方。

海綿骨 構成骨骼的兩種骨組織之一。

神經 周邊神經系統中成束的軸突（神經元長條柔軟的突出物），封閉而呈纏線狀。

神經內膜 由神經內膜細胞所構成的一層結締組織，包覆著脊髓神經纖維的髓鞘。

神經外膜 由緻密不規則結締組織所構成的一層外膜，包覆著周邊神經。

神經束膜 將神經內的神經纖維綑綁成束的結締組織。

神經系統 神經細胞及纖維的網絡，能夠在身體各部位間傳遞神經脈衝。

神經叢 一群彼此相交的神經。

站立中期 步態週期中身體通過承重支撐腳的階段。

脊椎側彎 脊椎向側邊的病態彎曲。

脊神經 從脊椎中鑽出的神經。

脊髓 一條細長的管狀神經束組織，支撐自大腦延伸出來的細胞。

逆向動作 當肌肉原本的固定端與機動端角色互換時的動作；也就是（通常較為固定的）起點往止點移動，而（通常較為機動的）止點則保持不動。

釘狀聯合關節 一種將牙齒固定在上下顎骨之凹槽間的關節。

骨細胞 在成熟的骨骼中相當常見的細胞，與生成骨基質有關。

骨間膜 一層分離兩骨的細薄纖維膜。

骨膜 除了長骨形式的關節處以外，所有骨骼外層表面的膜。

骨骼肌組織 橫紋肌組織的一種，受體神經系統控制。

骨骼運動學 骨骼在關節軸上的運動。

高基腱器 一種本體感覺受器，負責察覺肌肉張力的改變並做出反應。

副交感神經系統 自律神經系統中三個子系統之一，負責刺激「休息與消化」的反應。

旋轉動作 身體的某一部分環繞一個固定點（或支點）移動。

動力學 針對作用於人體而產生或改變動作之力量的研究。

動量 質量與速度的乘積。

動態生物力學 運動系統的面向。

動力鏈 運動模式中可預測的連續步驟。

基面 相交於人體中心的三個主要平面。

基質 一種環繞細胞的無定形膠狀物質，由細胞外基質的非纖維成分組成。

密合位置 關節面以其最大的可能面積相互接合，而韌帶及關節囊則呈現緊繃。

斜面 結合兩個或三個基面的平面。

斜軸 通過斜面並與之垂直的轉軸。

旋轉動作 身體某部位繞著一定點（軸心）轉動。

梭內纖維 一種構成肌梭的骨骼肌纖維，同時也是一種本體感覺受器，能夠偵測肌肉長度的變化量及變化速率。

梭外肌肉纖維 相對於梭內纖維的一種典型的肌肉纖維，能夠藉由收縮製造張力，產生骨骼運動。

淺筋膜 是一種疏鬆結締組織，就位於皮膚之下，包覆著全身。

牽張無力 肌肉長期處於伸展狀態而發展出的一種慢性無力症狀。

球窩關節 一種由一塊骨頭的球面嵌合進另一塊骨頭的碟狀凹面所構成的三軸關節。

細胞 所有已知生物的基本結構、功能及生命單位。

細胞外基質 動物組織的一部分，通常提供動物細胞結構上的支撐，並執行多項其他重要功能。

終端感覺 關節進行動作到其極限時所產生的一種極限感知能力。

被動不足 多關節肌肉的長度短少，不足以進行正常的伸展而無法同時涵蓋兩個關節。

被動活動範圍 在手法治療中，病患關節靠治療師被動移動所能產生的幅度。

被動限制 非收縮組織對關節所提供的穩定作用。

軟骨結合關節 由透明軟骨或纖維軟骨所形成的骨骼連結。

軟骨關節 一種能夠進行動作比纖維關節幅度要大但比滑液關節幅度要小的微動關節。

透明軟骨 又稱為關節軟骨，是一種常見於關節面的軟骨。

速度 物體位移的速率。

等長收縮 一種肌肉長度沒有改變的肌肉收縮方式。

等長收縮後放鬆 肌肉在收縮過後會放鬆的生理定律，同時也是一種肌肉能量技術，即藉由前述定律引導肌肉進行放鬆的反應。

等張收縮 一種肌肉長度有所改變的肌肉收縮方式。

筋膜沾黏 過量的結締組織使兩個組織互相附著，限制活動範圍。

筋膜組織 人體的板金、繩索、導管以及填料，由疏鬆或緻密結締組織構成。

軸突 由神經細胞延伸出的長條分支，通常負責將電脈衝從神經元細胞體傳導出去。

開放位置 關節接合面積最小、韌帶最鬆弛、關節腔內體液最多的狀態。

韌帶 將骨骼連結在一起的帶狀結締組織。

韌帶聯合關節 由強韌的纖維組織所形成的骨骼連結。

微動關節 能夠進行一些小幅度動作的關節。

感覺神經元 一種負責將各式外部刺激轉成相應內部刺激的神經元。

滑動 一個關節面滑過另一個關節面，就像輪胎滑行至戛然而止。

滑動關節 一種位於兩個平坦關節面之間的單軸滑液關節。

滑液 充滿在可動關節間隙的一種黏液。

滑液膜 關節囊的內層。

滑液關節 具有潤滑物質（滑液）以及滑液膜或關節囊的關節。

滑囊 一個充滿滑液的小囊，能夠減少兩組織之間的摩擦。

腦神經 由大腦直接延伸出來的神經，相對於由脊髓各段延伸出的脊神經。

腱膜 一種附著在肌肉末端而寬寬扁扁的肌腱。

腳趾離地期 步態週期中推進及站立期結束的信號。

腳跟著地期 步態週期中腳跟接觸地面的階段。

腳跟離地期 步態週期中腳跟離開地面的階段。

解剖學姿勢 身體直立，臉部朝前，雙臂位於兩側。

前臂內轉 （使兩隻手掌面向前方），所有手指皆展開。

運動（輸出）神經元 位於中樞神經系統的神經元，其軸突伸出中樞神經系統外直接或間接控制肌肉。

運動單元 一個運動神經元及其所控制的所有肌肉纖維。

運動學 以力學的角度針對動作進行分析。

隔膜 區隔四肢多種肌群的筋膜層。

對稱 對向的部分完全重疊相似。

慣性 物體在動態或靜態時對狀態改變的抵抗。

慣性定律 靜止下的物體傾向保持靜止，運動中的物體則傾向保持運動。

槓桿 一種將施力轉成力矩，藉此放大力量的簡單機械。

槓桿作用 以力量移動物體的機械優勢。

滾動 一個關節面沿著另一個關節面滾的動作，就像在馬路上滾動的輪胎一樣。

網狀纖維 結締組織中的一種纖維，由網狀細胞所分泌的膠原蛋白組成。

蝕骨細胞 負責吸收骨組織的骨細胞。

鉸鏈關節 一種單軸關節，能夠在一個轉軸（及一個平面）上移動。

彈力 在伸展（或變形）後回復或彈回原來長度（或形狀）的能力。

彈性 肌肉在收縮或伸展後回復原來長度的特性。

彈性軟骨 外耳、耳咽管以及會咽中所含的一種軟骨。

彈性纖維 結締組織中的一種蛋白質，具有彈力，能夠讓身體許多組織在伸展或收縮後回復原形。

摩擦力 兩個相對接觸面移動的阻力。

潛變 組織承受緩慢且持續的力道，諸如擠壓、緊繃或扭轉，而逐漸變形的現象。

線性力 所有力皆發生在同一條作用力線上的力。

緻密骨 構成骨骼的兩種骨組織之一。

膠狀 由懸浮在液體中的固態粒子所組成的狀態。

膠原纖維 在動物體內自然生成的蛋白質群，尤其是在肌肉及脊椎骨的結締組織中。

質量 物體所含物「質」的「量」。

鞍狀關節 橢圓關節的變形，由凹、凸兩種接合面構成，能夠進行前後及左右往返的動作。

魯斐尼氏終器 一種本體感覺受器，能夠察覺關節位置的緩慢移動。

器官 由兩種以上組織所形成的結構，用來完成某些特定功能。

樹突 神經元的枝狀突出物，負責傳遞接收自其他神經細胞的電化學刺激。

橢圓關節 由一塊具有橢圓端的骨頭與另一塊橢圓凹槽的骨頭所構成的雙軸滑液關節。

橫切面 將身體分成上下兩部分的水平面。

興奮性 肌肉對刺激產生反應的能力。

靜態生物力學 關於非（或幾乎非）運動系統的面向。

頭部前傾 顱骨長期被往前拉，造成頸關節及周圍組織額外的壓力。

壓電效應 施加壓力而產生電荷或電極的現象。

縫合關節 由一層薄薄的緻密結締組織所構成的纖維關節。

縱軸 由上往下穿過身體的轉軸。

聯合關節 由纖維軟骨所形成的骨骼連結。

擺盪期 步態週期中足部離開地面同時下肢進行擺動的階段。

離心收縮 肌肉收縮同時伴隨肌肉長度增加。

翻正反射 一種當身體偏離正常站姿時會矯正其定位的反射動作。

體神經系統 周邊神經系統中與隨意運動相關的一部分，能夠透過骨骼肌控制身體運動。

體運動神經元 一種刺激肌肉組織收縮的神經元。

轉動 發生於一個關節面在另一個固定的關節面上旋轉，就像在原地轉動的輪胎一樣。

轉軸 與平面垂直的一直線，同時是運動發生的樞紐。

額平（冠狀）面 將人體分成前後兩部分的垂直平面。

額狀軸 貫穿軀幹前後的軸線。

穩定平衡 物體的重心位於其可能的最低位置。

穩定度 保持穩固堅定的能力。

關節活動度 關節不受限制的活動範圍。

關節唇 位於髖部髖關節及肩部盂肱關節的環狀軟骨組織。

關節運動學動作 關節接合面之間微小難見的動作。

關節盤 一塊環狀的纖維軟骨，存在於人體許多關節中，包括顳頜關節以及胸鎖關節。

關節囊 覆蓋滑液關節的封包。

觸變性 能夠隨著溫度（或其他因素，例如壓力）變化而從膠狀變為液狀或液狀變為膠狀的特性。

纖維母細胞 會分泌細胞外基質及膠原蛋白的細胞。

纖維軟骨 一種白色纖維組織與軟骨組織的混合物，比例不一。

纖維關節 一種沒有滑液腔的關節，由緻密的纖維性結締組織綑綁而成。

髓鞘 環繞神經元軸突的一層絕緣體。

M線 位於肌小節中央的線。

O型腿 又稱弓形腿，是下肢的遠端節段（腳踝）排列向內側移位。

X型腿 又稱膝內翻，是下肢的遠端節段（腳踝）向排列外側移位。

兩個水桶、兩塊腰方肌、一條脊椎

一個木匠雙手分別提起一桶沉重的工具,停下來回想他把推車停在哪裡。當他站著不動時,更別說在跨步前,水桶重量所帶來的額外壓力很可能會擠壓腰椎及椎間盤,因此他需要一些支助。兩塊腰方肌便在此刻前來相救,充分發揮其多向纖維的優勢,協力將腰椎與肋骨、骨盆緊緊拉在一起。

當他的軀幹開始前後左右搖晃,腰方肌的收縮會讓胸腰筋膜緊繃,使腰部及骨盆穩定。如果兩個水桶的重量不平均,那挑戰就更大了,脊椎上段及大腿都要有額外的肌筋膜代償策略才行。啊,找到推車了。接下來的「行走」又將吹皺一池春水,或是兩只水桶,看你怎麼想。

脊椎的姿勢發展

人在剛出生的時候,脊椎只有一個曲度,而呈現微微的 C 型後凸(如左圖)。幾個月後,當這個寶寶開始對世界充滿好奇,便會開始以俯臥的姿勢抬起頭來(如下圖)。這個動作會伸直頸椎的關節,慢慢發展出頸椎前凸。此一曲度將幫助寶寶平衡與其軀幹相較不成比例的大頭。

隨著寶寶長大,逐漸會坐、會站(如右圖)。到了這個時候,腰椎將延伸形成第二個前凸,而此曲度就像頸椎一樣,能夠平衡骨盆上軀幹的重量。不過要達到平衡是需要練習的,這也就是導致小朋友經常向前跌倒的原因。

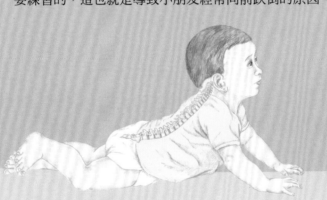

小孩＋兒童座椅＝核心肌群

一位父親準備抱起他的小女兒到車上去。孩子畢竟不像以前那樣輕了,因此他蹲低,本能地快速深吸一口氣,然後抓住她,抱起來,放進兒童座椅,最後才吐氣。觀眾都為之瘋狂。

或許這稱不上是什麼奪冠鍍金的豐功偉業,但還是讓我們倒帶來分析一下。一開始吸氣的動作讓肺部充氣,使其胸腔加壓。此時橫膈膜不僅形成充氣的空間,同時下降對腹腔造成擠壓。

這些藉由呼吸所帶來的壓力會傳播到身體核心的筋膜及肌肉組織,幫助保護脊椎面對接下來的收縮。抱起孩子的並非身體核心,而是手腳,因此筋膜的緊繃便透過漣漪效應傳遞至四肢近端。

當身體要開始帶著額外的小孩重量向上時,肩膀及髖部會繃緊以準備緊接著的動作。最後的吐氣則讓身體組織回復先前的狀態,可以吃個點心輕鬆一下嘍!

橫膈膜的抉擇

一大清早，你正在鏟雪，此時體內的橫膈膜必須做出一個決定。狀況如下：妳身體軀幹的固定姿勢，再加上手上工作的重量，需要脊椎確實的穩定，尤其是腰椎骨盆部位。許多肌筋膜都牽涉其中，包括提高胸腰筋膜張力、製造穩固腹壓的腹橫肌。

不過，在這濕氣沉沉的大雪中，橫膈膜已經被找去協助穩定脊椎，跟周圍的組織形成「組織桶」，將內臟包覆其中（第 210 頁）。深層腹肌及相連的筋膜形成桶身，骨盆底肌當作桶底，橫膈膜則是上蓋。這些層層組織協力施加壓力控制腹部內臟的安置，協助腹橫肌生成必要的胸腰筋膜張力。

但是現在你越來越疲憊，橫膈膜在呼吸過程中擔當的責任也越來越重。抉擇的時刻到了，橫膈膜必須決定要在何處出力，是「穩定」還是「呼吸」重要呢？在這種情形，橫膈膜的明智選擇會是提供呼吸更多協助，儘管如此可能會傷及背部。這的確是道難題，不過背部受傷總比窒息而死好吧！

搖頭晃腦

不知為何，重金屬音樂總是讓表演者及歌迷陷入「搖頭晃腦」的瘋狂，不斷反覆前後甩動頭部及頸椎，使其進行極度的屈曲及伸直。（平心而論，音樂類型可能與之無關，看看早期的披頭四歌迷，他們喜歡的是左右搖擺的側屈呢！）

讓我們來看看一般非瘋狂演唱會現場的頸部屈曲及伸直吧！以站姿進行的正常完整屈曲通常不是由胸鎖乳突肌及斜角肌（頸屈肌）執行，而是藉助重力，並且依靠後頸肌的離心收縮。頸部伸直（頭部從正常位置開始）也是相同的關係，胸鎖乳突肌及斜角肌會隨著頭部向後滑動慢慢延長。

然而，在「搖頭晃腦」時，這些肌肉的角色就不一樣了。主要是由於頭部大力前後甩動的速率比重力的吸引還要快。讓我們來紙上談兵試試看。首先，「猛催油門」，讓胸鎖乳突肌及斜角肌進行最大的向心收縮，使頭部猛然向前屈曲。為了避免撞上胸骨，後頸肌（頭半棘肌、斜方肌、頭夾肌等肌肉）會以離心收縮「急踩煞車」，將頭頸拉住。

在「搖頭晃腦」的下半段開始之前，頭部會保持短暫的完全屈曲。然後，頸後的肌肉便開始進行向心收縮，將頭部拉回直立（正中）的位置，再接著向後伸直。這一次，輪到胸鎖乳突肌及斜角肌踩煞車，避免頭部慘遭向後扯斷的命運。好了，也許你目前沒有斷頭之虞，但在如此離心控制機制中，這種隨意甩頸長期累積下來，其實是相當於遭後方來車追撞所造成的甩鞭式頸部創傷（第 179 頁）。

要坐要站——腰大肌的兩難

在現代的久坐文化中，人體必須不斷在站與坐的極端需求間努力調適。此一奮戰過程所傷害的對象之一便是腰大肌，並且連帶對下背造成不良的影響。

測量一下教室裡人體骨架上腰大肌起點與止點的距離，便可輕易看出腰大肌是一條長肌肉。而在站立時，原本就屬長條的纖維及筋膜更是處於被拉長的位置。

但若讓那副骨架坐下，則腰椎與股骨近端的距離會拉近30％。如果你長時間保持坐姿，這些肌肉的本體感覺及結締組織都將逐漸適應這個新的短距離。當你要恢復站姿時，這些肌肉便可能無法輕易回到原先的長度。久而久之，如此長期坐姿所導致的長度

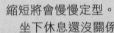

縮短將會慢慢定型。

坐下休息還沒關係，但要站起來的話，肌肉該怎麼辦呢？這時勢必要有所犧牲了。由於腰大肌有兩端：股骨及腰椎，因此必須在兩者之間擇一往肌肉中央拉近。移動股骨並不容易，畢竟股骨在站姿中是呈固定的姿勢。於是只能將腰椎向前牽引，增加腰椎前凸的幅度。

更糟糕的是，因為腰椎及骨盆彼此透過腰薦椎關節相連，所以脊椎的位移也將使骨盆前傾。腰椎前凸的情形於是更加嚴重，造成下背產生「後甩背」的危險，椎間盤的置放也可能出問題。

參考文獻

Calais-Germain, Blandine. *Anatomy of Movement*. Seattle: Eastland Press, 2007.

Chaitow, Leon, and Judith DeLany. *Clinical Application of Neuromuscular Techniques, Volume 1: The Upper Body*. 2nd ed. Edinburgh: Churchill Livingstone Elsevier, 2008.

Chaitow, Leon, and Judith Walker DeLany. *Clinical Application of Neuromuscular Techniques, Volume 2: The Lower Body*. Edinburgh: Churchill Livingstone, 2002.

Dimon, Theodore, Jr. *The Body in Motion: Its Evolution and Design*. Berkeley, CA: North Atlantic Books, 2011.

Everett, Tony, and Clare Kell, eds. *Human Movement: An Introductory Text*. 6th ed. Edinburgh: Churchill Livingstone Elsevier, 2010.

Floyd, R. T. *Manual of Structural Kinesiology*. 17th ed. New York: McGraw-Hill, 2009.

Foster, Mary Ann. *Therapeutic Kinesiology, Musculoskeletal Systems, Palpation, and Body Mechanics*. Boston: Pearson, 2012.

Hamilton, Nancy, Wendi Weimar, and Kathryn Luttgens. *Kinesiology: Scientific Basis of Human Motion*. 11th ed. New York: McGraw-Hill, 2008.

Juhan, Deane. *Job's Body: A Handbook for Bodywork*. 3rd ed. Barrytown, NY: Barrytown/Station Hill, 2003.

Levangie, Pamela K., and Cynthia C. Norkin. *Joint Structure and Function: A Comprehensive Analysis*. 4th ed. Philadelphia: F. A. Davis, 2005.

Lippert, Lynn S. *Clinical Kinesiology and Anatomy*. 4th ed. Philadelphia: F. A. Davis, 2006.

Mansfield, Paul Jackson, and Donald A. Neumann. *Essentials of Kinesiology for the Physical Therapist Assistant*. St. Louis, MO: Mosby Elsevier, 2009.

Muscolino, Joseph E. *Kinesiology: The Skeletal System and Muscle Function*. 2nd ed. St. Louis, MO: Elsevier Mosby, 2011.

Myers, Thomas W. *Anatomy Trains: Myofascial Meridians for Manual and Movement Therapists*. 3rd ed. Edinburgh: Churchill Livingstone Elsevier, 2013.

Netter, Frank. *Atlas of Human Anatomy*. Summit, NJ: CIBA-GEIGY, 1989.

Neumann, Donald A. *Kinesiology of the Musculoskeletal System: Foundations for Rehabilitation*. 2nd ed. St. Louis, MO: Mosby Elsevier, 2010.

Oatis, Carol A. *Kinesiology: The Mechanics and Pathomechanics of Human Movement*. 2nd ed. Baltimore: Lippincott Williams & Wilkins, 2009.

Osar, Evan. *Corrective Exercise Solutions to Common Hip and Shoulder Dysfunction*. Chichester, UK: Lotus Publishing, 2012.

Osar, Evan. *Form and Function: The Anatomy of Motion*. 2nd ed. 2005.

Rolf, Ida. *Rolfing and Physical Reality*. Rochester, VT: Healing Arts Press, 1990.

Rolf, Ida P. *Rolfing: The Integration of Human Structures*. New York: Harper & Row, 1977.

Salvo, Susan G. *Massage Therapy: Principles and Practice*. 3rd ed. St. Louis, MO: Saunders Elsevier, 2007.

Schleip, Robert, Thomas W. Findley, Leon Chaitow, and Peter A. Huijing. *Fascia: The Tensional Network of the Human Body*. Edinburgh: Churchill Livingstone Elsevier, 2012.

Schultz, R. Louis, and Rosemary Feitis. *The Endless Web: Fascial Anatomy and Physical Reality*. Berkeley, CA: North Atlantic Books, 1996.

Taber's Cyclopedic Medical Dictionary. 17th ed. Philadelphia: F. A. Davis, 1993.

Tortora, Gerard J., and Bryan Derrickson. *Principles of Anatomy and Physiology*. 11th ed. Hoboken, NJ: John Wiley & Sons, 2006.

索引

安德魯‧貝爾（Andrew Biel）

　　是暢銷書《人體運動解剖全書》和《人體解剖全書》的作者。任職於博爾德按摩療法學院（Boulder College of Massage Therapy）及西雅圖按摩學校（Seattle Massage School），並在巴斯帝爾自然醫學大學（Bastyr Naturopathic University）教授「大體解剖於人體功療之應用」。現與其家人：琳、格雷西及埃利亞斯居於科羅拉多州里昂（Lyons）郊區。

蘿蘋‧多恩（Robin Dorn）

　　身為醫學插畫家與合格按摩師，讓她為《人體解剖全書》繪製詳盡又栩栩如生的插圖。她曾在美國西岸及法國開過畫展。